JN085174

戦国佐竹氏研究の最前線

佐々木倫朗・千葉篤志 編
日本史史料研究会 監修

山川出版社

はじめに――北条・上杉・武田・伊達氏に比肩する戦国大名佐竹氏

一　東国で北条氏に対抗しえた唯一の存在

本書は、中世を通じて現在の茨城県北部を中心に勢力を振るった佐竹氏の最新の研究状況について紹介するものである。

佐竹氏は自らのルーツを北関東に持つとともに、戦国時代の後期（十六世紀後半）には、鎌倉幕府の成立期以前からの系譜を引く領主層が存続していた北関東の「伝統的豪族層」を束ねて小田原北条氏（以下、北条氏）に対抗する。その面では、鎌倉を中心とする南関東の勢力とは違った、独自の地域性を持つ、北関東を代表する戦国大名として佐竹氏をとらえるべきであると思う。

また、本書の読者の多くは、東国の戦国武将や大名というと、北条氏や上杉謙信・武田信玄という名前をイメージされる方が多いのではないかと思う。あるいは、〝東国の戦国争乱〟というのは、彼らの覇権争いであるというイメージを抱かれているかもしれない。

しかし、北条氏（初代・伊勢宗瑞。いわゆる北条早雲）は、戦国期に京都から駿河を経て東国に移ってきた存在であることは有名である。また、上杉謙信は、実家の長尾氏が相模を出自としているが、越後に生まれ、そして越後から関東出兵を繰り返した存在である。

それに対して、かろうじて武田信玄が、甲斐国という東国の外縁部にルーツを持つにとどまるのである。そのため、〝東国の戦国争乱〟は、東国といいながら、そこに登場する著名な人物の多くは、東国の外部ないし外縁部にルーツを持つ存在であるという矛盾した面を持っている。

では、なぜ本来の東国出身の戦国武将や大名がすぐにイメージされないのだろうか。それは南関東の多くの地域が、戦国時代の中期（十六世紀中ごろ）までに北条氏によって制圧されてしまうことにかかわると思われる。しかし、東国において北条氏に対抗できた存在がいないわけではなく、その対抗した存在の代表格が本書で扱う佐竹氏である。

二　本書の構成と意図

そのため本書は、以下のような構成をとっている。

第Ⅰ部「**河内源氏・佐竹氏が戦国大名になるまで**」では、平安時代末期から戦国時代にいたる佐竹氏の歴史的展開、いわば「通史」を紹介し、**第Ⅱ部**「**戦国大名佐竹氏の合戦史**」では、戦国時代の佐竹氏やその周辺勢力にとって重要な意味を持った合戦を説明している。**第Ⅲ部**「**戦国大名佐竹氏の領国支配と国衆たち**」では、戦国時代の佐竹氏の内部支配構造を解明し、**第Ⅳ部**「**信長・秀吉・家康統一政権下の佐竹氏**」では、戦国時代末期の織豊政権との接触、佐竹氏の近世という時代への転換や

「関ケ原合戦」での状況を紹介する。

そして最後に、戦国時代後半に佐竹氏に生まれた僧侶宥義（ゆうぎ）を紹介するなかで、武家に生まれて僧侶となった存在が果たした役割について述べる「**特論**」を設けている。

以上のように構成を概観してみると、著しく戦国時代に偏った構成となっているという批判は、免れがたいように思う。

しかし、それも史料的な問題も含めた現在の佐竹氏研究が、戦国時代の研究を中心とする現状を示す面もあり、読者諸氏にはよろしくご寛恕（かんじょ）をいただけたら幸いである。できうれば、本書の発刊を契機として、戦国時代以外の研究も含めた佐竹氏研究のよりいっそうの活性化を祈念するものである。

三　佐竹氏を理解するための「地理的・空間的」視点

これまで述べてきたように、本書は、戦国時代を中心に中世における佐竹氏の歩んできた歴史を論じた内容である。ここで、その佐竹氏を考えるときに重要であると思える点について触れさせてもらいたいと思う。

まず、佐竹氏が活動した東北地方南部を含めた東国の地理的・空間的な状況が、現代と大きく異なったものであったことである。

よく知られているように、近代に入る前の、産業革命以前の社会において、人や物資の移動で主要な役割を果たしていたのは、水運であった。さらに水運でも、海を通じた水運とともに、河川や湖沼を通じた水運がより重要な役割を果たしていた。

　これについては、東国（関東平野）の水運において、江戸湾（東京湾）を通じた内海水運とともに、古利根川（近世以前は、本流が江戸湾に注いでいた）・常陸川（近世以前は、現在の千葉県北部を流れて印旛沼に注いでいた）・霞ケ浦・印旛沼（香取海）や荒川などの河川を通じた水運が重要な役割を果たしていたことは、市村高男氏やさまざまな研究者によって明らかにされている。[*1]その意味で、河川や湖沼などは、人と人、物と物を結びつける役割を果たしていたといっても過言ではない。

　しかし、河川や湖沼が人を結びつけるとともに、逆に人を物理的に隔て、隔てられた地域では独自の地域的文化を育ませる一面を持っていたことも、見逃すことができない事実である。

　たとえば、鎌倉幕府の成立期（十二世紀末）には、先に触れた東国の主要河川の北側や東側に勢力基盤を持っていた武士団の多くは、頼朝政権に対してしばらく距離を置いた行動を取っている。その結果、本書で触れられる佐竹氏と頼朝政権の長期間にわたる抗争（「常陸奥郡十年戦争」）や「志田義広の乱」（常陸国内で頼朝の叔父・義広が寿永二年〔一一八三〕に起こした反乱）などが起きたことは、広く知られた事実である。

　そこには、南関東の武士団を中心とした頼朝政権形成への動きに対して、同調することを躊躇したり、反発したりする武士団の姿をみることができる。そのようにみると、南関東とは異なる独自の地域性を、北関東（東関東とよぶべきか）の地域が持っていたことをうかがうことができる。

また室町時代（十四世紀末）に起きた「小山義政の乱」において、義政の本拠である小山（栃木県小山市）に対して攻撃に向かった鎌倉府の軍勢は、利根川の存在のため大きく蛇行したことが指摘されている。このこと自体が、河川の存在が交通・行軍の障害になる面があったことを示している。

四　継承される「南関東の武士団、北関東の武士団」の伝統

そのような南関東から一定の距離を持った北関東の地域性は、のちの時代にも継承される。室町時代に入っても北関東では、常陸には佐竹・小田・結城・大掾氏、下野には宇都宮・小山・那須氏、上野には新田岩松氏などの鎌倉幕府の成立期以前からの系譜を引く領主層が存続していた。

本稿の劈頭でもふれたが、峰岸純夫氏は彼らを「伝統的豪族層」とよんで、南関東の状況と区別している。[*2] これは、南関東の武士団が鎌倉幕府における主導権争いのなかで、多くが滅亡したということが背景にあるが、ここからも、幕府との距離感において南関東の武士団と北関東の武士団に違いがあったことをうかがうことができる。そして、その「伝統的豪族層」とよばれる領主層の多くは、北関東ではそのまま戦国時代まで存続するのであった。

このように、現代では交通機関の発達や道・橋の造成、そして河川の整備などによって、自由に人々が往来できる状況にあるが、佐竹氏が活動した中世においては、東国はさまざまな特色を持つ地

域性を内包した社会が形成されていた。そのことを抜きにして、佐竹氏の歴史を語ることはできないのである。

五　「国衆」・「戦国領主」研究の深化に寄与する佐竹氏研究

佐竹氏は、本書の第Ⅰ部「河内源氏・佐竹氏が戦国大名になるまで」の論稿で記されているように、中世を通じて北関東を拠点に活動した領主権力として発展する。

その存在は、歴史的にみて鎌倉を中心に武家政権が成立するがゆえに、畿内との接触が多かった南関東に比べて、独自の地域性や歴史を育んだ、北関東の歴史を代表する存在であったと言ってよいように思う。あるいは、南奥の伊達氏を除いて、東国において継続的に権力を形成した存在としては、唯一無二であるということもできる。

そして、本書の第Ⅱ部「戦国大名佐竹氏の合戦史」で触れるように、佐竹氏は、戦国時代の後期である永禄年間（一五五八～七〇年）以降は上杉謙信に代わって、北関東の領主層（「東方之衆」）を束ねて北条氏に対抗する。また東北地方にも進出して、伊達政宗と南奥の覇権を争う。その影響力は、最盛期には常陸から下野・上野東部、さらには陸奥南部に及んでいた。

もちろん、佐竹氏の権力編成のなかには、第Ⅲ部「戦国大名佐竹氏の領国支配と国衆たち」で言及するような、勢力圏を統合するうえでの弱さや古さもあったことは否めない。しかし、近年の〈「国衆」・「戦国領主」研究〉の深化のなかで、「戦国大名」・「戦国期守護」による把握が、すべての「国衆」層に一律に行われてはいないことが明らかにされている。

戦国大名による「国衆」層の把握は、その存在のあり方に応じた多様な把握が行われていることが指摘されている。また、佐竹氏の権力編成において、平安・鎌倉時代以来の伝統を持つがゆえの権力のあり方や、地域性に規定された面も忘れてはならないように思う。自らが伝統を持つとともに、佐竹氏に統合されんとした領主の多くは、佐竹氏と同様の「伝統的豪族層」であった。その意味で、彼らの統合には困難がともなわれたと思われる。

そのような古さや弱さを持って、中世から近世への時代の転換点に直面した佐竹氏について述べるのが、第Ⅳ部「信長・秀吉・家康 統一政権下の佐竹氏」である。そこには、織豊政権（統一政権）による、「役」負担に耐えられる構造を持つ体制への移行の苦しみをうかがうことができる。そして、政権との対峙の結果（「関ケ原合戦」）、佐竹氏は慶長七年（一六〇二）に秋田・仙北に移封となる。

本書に記されるように、今後、東国という地域社会に育まれた佐竹氏を、戦国大名として北条氏・上杉氏・武田氏・伊達氏と比肩できる存在としてとらえ、再認識されることが必要だと思う。本書をご一読いただけると幸甚である。

編者＝佐々木倫朗

二〇二一年二月十二日

注

＊1　市村高男監修・茨城県立歴史館編『中世東国の内海世界』（高志書院、二〇〇七）に代表される。

＊2　峰岸純夫『中世の東国』（東京大学出版会、一九八九）

戦国佐竹氏研究の最前線――目次

佐竹氏系図

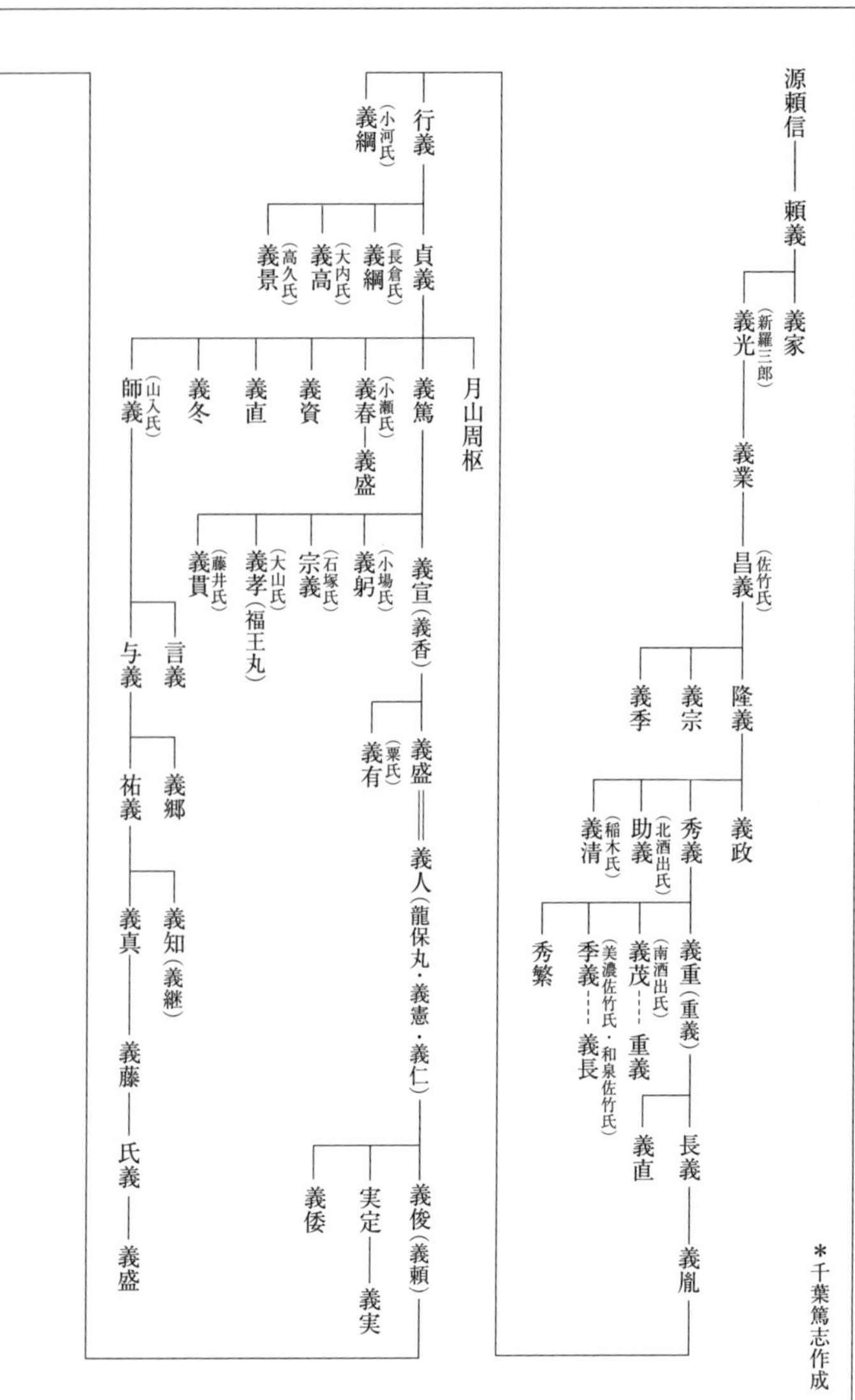

＊千葉篤志作成

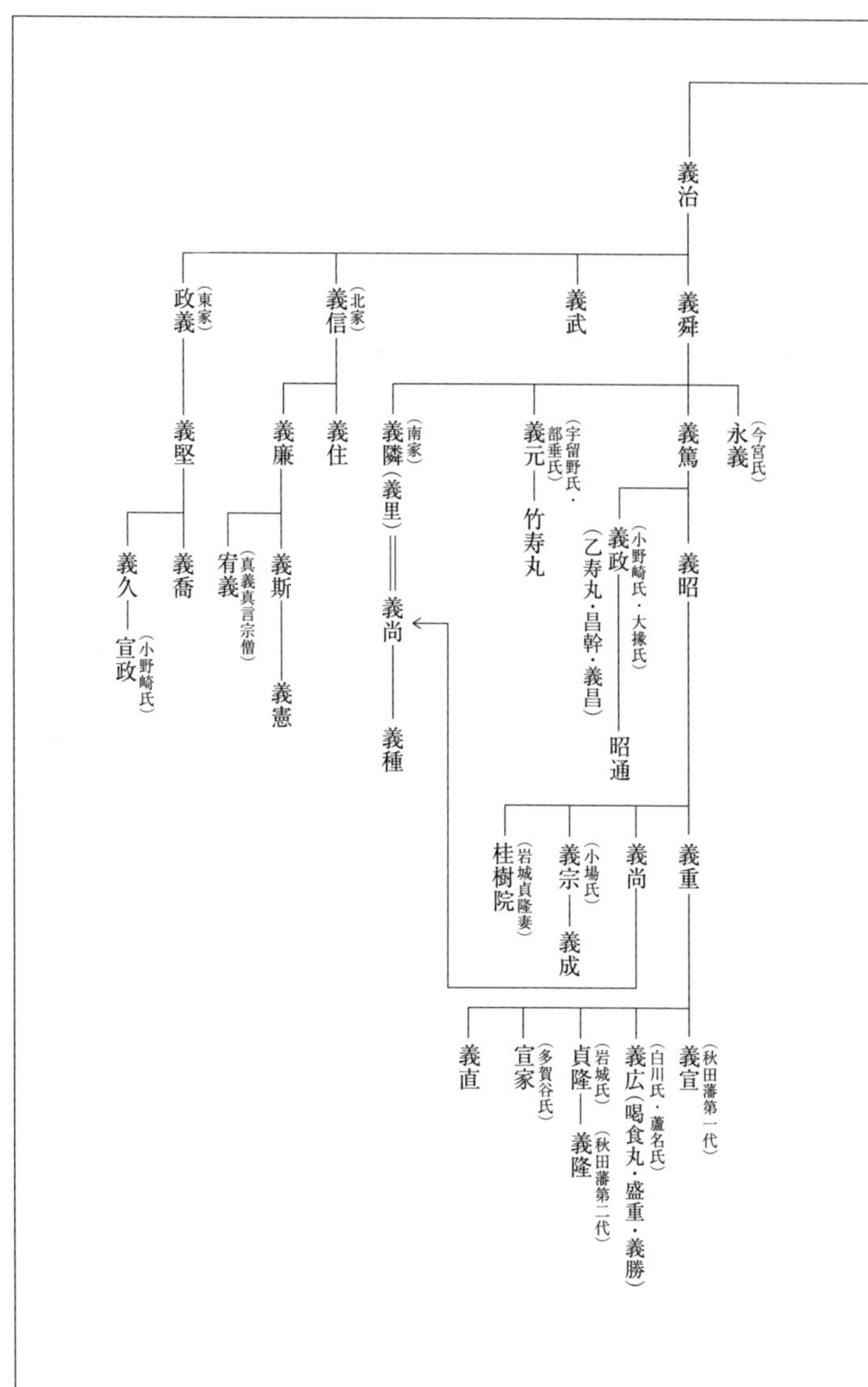

義治
義舜
義武
義信（北家）
政義（東家）
永義（今宮氏）
義篤
義元（宇留野氏・部垂氏）
竹寿丸
義隣（南家）（義里）
義尚
義種
義昭
義政（小野崎氏・大掾氏）（乙寿丸・昌幹・義昌）
昭通
義重
義尚
義宗（小場氏）
義成
桂樹院（岩城貞隆妻）
義宣（秋田藩第一代）
義広（白川氏・蘆名氏）（喝食丸・盛重・義勝）
貞隆（岩城氏）
義隆（秋田藩第二代）
宣家（多賀谷氏）
義直
義住
義廉
義斯
義憲
宥義（真義真言宗僧）
義堅
義喬
義久
宣政（小野崎氏）

序章　関東戦国史の動向を左右した義重・義宣父子

佐々木　倫朗

はじめに――思い浮かぶ人物名が出てこない

平安時代末（十二世紀末）から安土桃山時代（十六世紀末）にいたる〝日本の中世〟とよばれる時代を通じて、現在の茨城県北部を根拠地（中心地は、現在の茨城県常陸太田市）にしていた佐竹氏に関する知名度は、一般の読者には正直にいってあまり高いものとはいえないように思う。

佐竹氏が、その根拠地はもとより、周辺の北関東から東北地方南部にかけての地域に及ぼしていた歴史的な影響力を考えると、過小評価されているといわざるをえない。そして、その評価は、佐竹氏について研究する筆者にとっても、きわめて残念といえる。

さらに残念なことは、一般の方々に佐竹氏と聞いて、すぐに思い浮かぶ人物名が出てこないことである。たとえば、真田氏といえば真田信繁（幸村。一五六七〜一六一五）が出てくるし、伊達氏といえば伊達政宗（一五六七〜一六三六）が出てくるだろう。

そこで、本書の各論稿をお読みいただく前に、八百年に及ぶ佐竹氏歴代の人物のなかで、とくに戦国期から江戸初期にかけて、歴史上重要な役割を果たした二人の父子を取り上げてみたい。その注目すべき二人は、佐竹**義重**（一五四七〜一六一二）・**義宣**（一五七〇〜一六三三）である（14・15頁の佐竹氏系図を参照）。本書の編者のひとりとして、本稿が本書を読み進むうえでの指針になればと、あえて「序章」を設けたしだいである。

同時代を生きた天下人と戦国武将たち

佐竹義重と義宣の二人は、父の義重が天文十六年（一五四七）に生まれ、その息子の義宣は元亀元年（一五七〇）に生まれており、ともに戦国時代の後期に生まれ、活躍した人物である。

ちなみに有名な織田信長（一五三四〜八二）は天文三年生まれ、豊臣秀吉（一五三七〜九八）は天文六年生まれであり、徳川家康（一五四三〜一六一六）は天文十一年に生まれている。義重は、これら三人の天下人の下の世代にあたり、義重の生まれる前年（天文十五年）には、〝軍師・官兵衛〟こと黒田孝高（如水。一五四六〜一六〇四）が生まれている。

これに対して、息子の義宣と同世代にあたるのは、伊達政宗や真田信繁（幸村）で、彼ら二人は義宣に数年先んじて永禄十年（一五六七）に生まれている。翌永禄十一年には、黒田孝高の息子・黒田長政（一五六八〜一六二三）が生まれており、佐竹父子と黒田父子は、ほぼ同世代といえる。

このように、同時代の人物と比べてみてもわかるように、佐竹義重・義宣父子は、信長や秀吉、そして家康が活躍した「戦国の争乱」が、統一に向かって激化し、その後に収束していくことで、新たな近世という時代を迎えたころに活躍した人物であることがわかる。

一 父・佐竹義重の「家督相続」前後の時代

謙信の関東進出と対抗する北条氏

最初に、父親の佐竹義重について特筆すべき点に触れたい。義重は、戦国後期（十六世紀末）の「関東・奥羽の争乱」を戦い抜き、同氏の勢力を常陸北部から拡大した人物だった。

義重が、父・義昭（一五三一～六五）の死去によって、実質的に佐竹氏の家督を引き継いだのは、永禄八年（一五六五）の十七、十八歳のころであった。織田信長が、「桶狭間の戦い」（永禄三年〔一五六〇〕）で今川義元（一五一九～六〇）に勝利して五年たったころである。義重が本格的に活動を始めた永禄年間（一五五八～七〇年）という時期は、「関東の戦乱」が大きく転換していく時期にもあたっていた。

永禄三年に越後国（佐渡を除く新潟県）から長尾景虎（のちの上杉謙信〔一五三〇～七八〕。以下、上杉謙信）が関東進出を果たし、関東の領主層を糾合しながら、小田原北条氏（以下、北条氏）と対抗したのである。この「関東の戦乱」によって、今までのような一国内や一族内部の争いを中心とする天文・弘治年間（一五三二～五八年）以前の戦乱と違って、一国を超えた広域な戦いに発展していく時代に入りつつあった。

上杉謙信の関東進出は、関東管領（室町幕府が関東を統治するために設置した鎌倉府・鎌倉公方の補佐役）の上杉憲政（一五二三～七九）を支援する名目で行われた。謙信は、永禄二年に上洛して第十三代将軍・足利義輝（一五三六～六五）の許可を受けるという、周到な準備を行ったうえでの行動であった。謙信の武家社会の秩序に基づく軍事行動は、関東の多くの領主たちに支持され、永禄四年には小田原城（神奈川県小田原市）を包囲するにいたる。

佐竹義重所用の黒塗紺糸威具足（秋田市立佐竹史料館蔵）

謙信と協調する義重の父・義昭

そのころ（永禄三年から同七年にかけて）、義重の父・義昭は、奥州南部（福島県南部）の白川氏との抗争を続け、北条氏や第五代古河公方（鎌倉公方の後裔）・足利義氏（一五四一〜八三）から調停されたりしていた。義昭は、北条氏や古河公方との関係を悪化させていたこともあり、謙信とは積極的に協調していったのである。

謙信は、上野国（群馬県）を関東進出の足がかりとしており、上野・武蔵国（東京都〔島嶼部を除く〕、埼玉県、神奈川県の一部）北部周辺の領主を糾合して軍事行動を行っていた。謙信方の領主は東関東にも多くおり、佐竹氏は、下野国（栃木県）や常陸国（茨城県）の領主のまとめ役として、その役割を委ねられていた（第四章の佐々木論文を参照）。

その謙信と義昭の共同した軍事行動の代表例としては、永禄七年正月の小田城（茨城県つくば市小田）攻撃があげられる。軍勢は、大きく上杉氏と佐竹氏に分けられて行動した。その結果、小田城は攻略されるが、攻略後の小田領の支配は佐竹氏に委ねられ、佐竹氏の一族である佐竹北家の義廉（一五一六〜六五）が支配を行っている（のち小田氏によって奪還されるが）。

二　上杉謙信と距離をとる佐竹義重

「越相同盟」の交渉と信頼感の欠如

このように、謙信と佐竹氏の関係は、十六世紀半ばごろの義昭段階までは良い関係にあったが、義昭が死去する永禄八年（一五六五）前後には、北条氏の勢力回復とともに、その関係はしだいに陰りをみせる。

北条氏の攻勢のなかで、謙信が関東に残していた上杉配下の部将が、一時的に北条氏に属し、謙信と佐竹氏の間で連絡が取れなくなる状況が生まれてきた。謙信はこれに対して、義昭時代と同様の協調を求める書状を、佐竹氏配下の部将に書き送っている。謙信と義重の関係は、義昭時代のような信頼感を持った関係を結ぶには、いたっていなかったのである。

そして、両者の関係が大きく変化するのが、永禄十二年から始まる上杉氏と北条氏の「越相同盟」の交渉であった。同交渉は、武田信玄（一五二一〜七三）の関東進出に対して、武田氏と上杉氏に対する二正面作戦を強いられることを憂慮した北条氏康（一五一五〜七一）が、積極的に主導した上杉氏との同盟交渉であったと考えられている。

北条氏側からの提案に対して、有利に交渉を行えると考えた上杉謙信は、これに応じたが、交渉は、両者の和解だけでなく両勢力の領地の返還・分割交渉も含み、必然的に長期化していった。

「手這坂の戦い」に勝利した佐竹勢

そして「越相同盟」の締結（永禄十二年〔一五六九〕閏五月）後、常陸国では、自領を失っていた小田氏治（?〜一六〇二）が軍事行動を起こし、佐竹方に戦いをしかける「手這坂の戦い」（茨城県石岡市）が同年十一月に発生した（第四章の佐々木論文を参照）。

戦いは、片野城（茨城県石岡市根小屋）の元関東管領・上杉氏家臣の太田資正（三楽斎道誉。一五二二〜九一）や真壁氏などの反撃によって佐竹方が勝利し、勢いに乗った佐竹氏は、小田城を再攻略した。この戦いは、佐竹方の大勝利であった反面、「越相同盟」の締結後だったため、佐竹氏ら東関東の上杉氏方の領主たちにとっては、上杉氏への信頼を失わせる結果となった。

じつは、謙信はこの間の「越相同盟」の交渉において、太田資正を本来の領地である岩付（さいたま市岩槻区）に復帰させることを、北条氏に認めさせるにいたっている。それを受けて資正の、岩付への復帰を実現させるために、謙信は資正に自らの陣に参陣を求めた。しかし、北条氏や「越相同盟」交渉の経緯に不信感を抱いた資正は、参陣しなかったためにせっかくの交渉成立も、事実上は机上のみの成立になってしまった。

謙信は、その間に資正を批判する書状を配下の大石芳綱や資正の息子・梶原政景（一五四八〜一六一五）などに書き送っており、書状の内容からは、謙信の怒りをはっきりと読み取ることができる。謙信の怒りの原因は、おもに資正が自らに従わないことに発しているのだが、それとともに、東関東の領主たちも、自らに従わなくなっていることが怒りの背景にあったと考えられる。そして、その領主たちの中心的存在であったのが、佐竹義重だった。

東関東の「反北条氏連合」の盟主・佐竹義重

義重は、「手這坂の戦い」で活躍した真壁氏の家臣に感状（軍事面での功労を評価する文書）を発給し、自らがその戦功を評価する存在となっていた。すなわち、義重は、東関東の反北条氏方＝「東方之衆」の盟主となっていたのである。

その後、天正二年（一五七四）に北条氏による攻撃で古河公方家の重臣・簗田氏が籠城する関宿城（千葉県野田市関宿）の救援をめぐって（「第三次関宿合戦」）、謙信と義重の間では同様の事態が生まれる。早急な救援を主張する謙信は、またもや義重が自らの意向に従わないことを、佐竹氏配下の部将たちに宛てた書状で批判している。

さらに謙信は、義重の姉妹で「東方之衆」の有力なひとり、宇都宮広綱（一五四五～七六）の妻になっていた南呂院に、「義重が判断違いをした」と書き送っている（「奈良文書」）。こうした状況からも、義重が謙信の意に反して行動し、それを東関東の領主たちが支持していることが理解できる。彼らは、反北条氏の連合勢力の中核に、義重がいることをはっきりと認めているのである。

三　強敵の北条・伊達氏と戦う名将・佐竹義重

北条氏との最大の戦い「沼尻合戦」

佐竹義重の北条氏との戦いは、その後も続き、天正六年（一五七八）の「小川台合戦」（「小河原合戦」「小河台合戦」）。茨城県筑西市）では、常陸・下野などの領主と連合して北条氏と対峙する。

そして、その後、義重にとって大きな痛手となったのは、天正十年の武田氏の滅亡と、その直後の「本能寺の変」の発生であったと思われる。佐竹氏は、天正八年から九年にかけて、甲斐（山梨県）の武田勝頼（一五四六〜八二）と連携して北条氏に対抗しており、一時期は、義重が織田信長と武田氏の和解を図る動きを試みている。

その武田氏が滅亡し、その後は織田政権が関東に進出したが、「本能寺の変」をきっかけに撤収する。北条氏は徳川家康との同盟を成立させ、北条氏の上野・下野・常陸進出のための〝後顧の憂い〟をなくすことになる。したがって、北条氏の「東方之衆」への攻勢は、天正十年以降激しいものになった。

そのなかで、天正十二年五月から七月にかけて現在の栃木県栃木市藤岡町周辺で起きた「沼尻合戦」は、北条氏との最大の戦いであった。義重は、この戦いで常陸・下野・上野東部の諸領主を糾合するとともに、同盟関係にあった会津（福島県会津若松市）の蘆名氏からは、鉄炮衆がはるばると援軍のために派遣されており、義重の勢力圏が広域にわたっていることがわかる。

また、この合戦は、同時期に起きていた豊臣秀吉と織田信雄（一五五八～一六三〇）・徳川家康が対峙した天正十二年三月から十一月に行われた「小牧・長久手の戦い」（戦場は、愛知県を中心とした各地）と連携していたことも指摘されている（第五章の千葉論文を参照）。

その後、北条氏との抗争は、北条氏有利に展開することとなるが、義重が、反北条氏の連合勢力の中核であったことは動かしがたい事実だった。

政宗以前の〝南奥の覇者〟

義重は、奥州に対しても、天正六年に白川氏との抗争を制し、自らの次男・義広（一五七五～一六三一）を同氏の養子に入れることを認めさせ、優越性を確立する。

さらに、会津の蘆名盛隆（一五六一～八四）との連携を深め、南奥（現在の福島県域）の中通り（福島県中央部、奥羽山脈と阿武隈山地に挟まれたエリア）地域に影響力を拡大していく。天正九年には、盛隆と協調して田村清顕（?～一五八六）に圧力を加え、田村氏に所領を割譲させている。

義重は、田村氏に所領を割譲させた「和平策」を、自ら「惣無事」（「伊佐早文書」）と表現し、それを伝え聞いた武田氏は、この事態を「佐竹奥州一統」（「真田文書」）と表現している。この時期に佐竹氏が、南奥に持っていた大きな影響力をうかがうことができる。佐竹義重は、一時的であったとしても、伊達政宗が登場する以前の〝南奥の覇者〟といってもよい存在であった。

このように、義重の関東と南奥における活動をみると、「東国の戦国史」を語るときに欠かせない人物であることがわかる。その活躍の度合に比して、佐竹義重の知名度はあまりにも低いといわざるをえない。

四　義重の知名度は、なぜ低いのか？

連合勢力の結びつきに弱点あり

そこで、その知名度が低い理由を考えてみたい。

義重の活動の特徴は、連合勢力を主導して、関東や南奥の旧来の領主層を糾合し、勢力を拡大する形で行動していることである。これは、ある意味で上杉謙信の関東進出も同様の手法であると考えられる。「勢力下」に入る、あるいは「影響下」に入る勢力に対して、明確に家臣化したり、支配下に置くのではなく、それまでの領主としてのあり方を許容し、連合勢力として位置づける手法である。

この手法をもって領主層の糾合を行うと、連合下の領主たちは、それぞれ独立の領主としての性格や体面を保持し、自立的な活動を行う余地を残している。そのため、勢力を比較的簡単に拡大できる反面、連合勢力の結びつきには弱体な面もあった。

謙信の場合は、室町将軍の足利義輝の命を受けていたり、自らが関東管領を継承するなかで、その勢力の求心性を補っていた。

「東国の戦国史」を語るうえで欠かせない存在

謙信や義重が、このような手法をもって領主層を糾合した理由には、彼らが活動した地域が、平安・鎌倉時代からそれぞれの「家」を保って戦国時代まで存続してきたことがあげられる。こうした領主の多い北関東や南奥の地域性を、自覚していたためであったと思われる。

伝統ある「家」に対する意識が強固な地域においては、領主層を糾合するために、「家」の自立性を認める手法がとられたのであった。もちろん義重自身が、この地域に生まれ、新羅三郎（河内源氏の源義光〔一〇四五～一一二七〕）以来の家柄を誇る佐竹氏という「家」を出自としていることも、影響しているといえよう。

その面では、古河公方を擁しながら関東管領に自らを擬して勢力を伸ばし、印判状（花押〔サイン〕の代わりに印章を押した文書）の大量発給によって在地掌握を強化し、領国支配を展開した北条氏に劣った面があったことは否めない。

そして、そのような連合勢力を基本に、領主層を糾合したことによって、勢力下に入った領主層は、自立性を有した〝半ば独立した存在〟であった。そのため、いきおい連合勢力の盟主である義重の存在感を、薄いものにさせてしまったと思われる。

　しかし、それを差し引いても、その旺盛な活動を考えれば、佐竹義重という存在は、「東国の戦国史」を語るうえで欠かせない存在であった。

五　天下統一の翌年に家督相続した佐竹義宣

蘆名氏滅亡と南奥情勢の転換

父親の佐竹義重は、北関東に生まれ育った環境のなかで、同地の特性を利用しながら勢力を拡大した。ある意味では、周囲の歴史的な環境を引きずった、いわば「古い」面を持って時代に対処した人物であった。その義重に比べて、息子の佐竹義宣の活動の特徴を述べてみたい。

　義宣は、天正十七年（一五八九）という、豊臣秀吉の天下統一が翌年に迫った時期に家督を相続した。義宣が家督を相続した約三カ月後の同年六月五日に、義宣の実弟・蘆名義広が「磨上原の戦い」（「摺上合戦」。福島県磐梯町・猪苗代町）で伊達氏に敗北した。佐竹氏の有力な同盟者であった蘆名氏は、直後に領主権力として自壊現象を起こし滅亡してしまう。それにより、佐竹・蘆名氏を中心とした連合勢力に属していた南奥の石川・白川氏などの領主層も動揺し、伊達政宗との帰属交渉を行う。そして、最後まで政宗の勢力拡大に抵抗した須賀川（福島県須賀川市）の二階堂氏が、同年十月二十六日に滅亡すると、石川・白川氏も、旗幟を明らかにして伊達政宗に帰属することになる。

　このように、義宣が家督を継承して以降、南奥の情勢は急速に転換してしまう。さらに、十一月には秀吉の北条氏攻撃が決定し、「小田原合戦」（神奈川県小田原市ほか、関東一円）が翌天正十八年に開始される。

　そして、義宣は、同年五月末に豊臣秀吉に拝謁して従属を認められ、八月一日には常陸国と下野国の「当知行分二十一万六千七百五十八貫文」を安堵されるにいたる（「佐竹文書」）。

秀吉の天下統一直前に家督を継いだ佐竹義宣（天徳寺蔵。秋田市立佐竹史料館提供）

統一政権への従属と「軍事動員」の負担

　このように、義宣が家督を継いで以降、佐竹氏をめぐる情勢は、大きく転換した。ある意味で義宣は、家督相続直後に〝戦国時代の終焉〟という事態に直面したのであった。

　佐竹氏は、統一政権に従属することにより、存続を認められたのだが、それは同時に、政権が要求するさまざまな責務を履行しければならないことを意味していた。要求のなかで、即時の対応を求められたのが「軍役負担」、つまり政権が求める軍事動員への出兵であった。

佐竹氏は、安堵を受けた直後に奥州へ出兵し、翌天正十九年には、「九戸一揆」（南部氏家臣の九戸政実の乱）への対応として、再度の奥州出兵を行った。さらに翌年の文禄元年（一五九二）には、朝鮮出兵の動員指示を受けこれに対応している。

しかし、安堵された佐竹氏の領国内の状況は、戦国期の各領主層の独立した領主経営を認めながら、その所領を包摂する性格を多分に持っていたため、安堵された領国エリアに含まれる常陸大掾氏、江戸氏、額田小野崎氏などは、強固な自立性を保持する状況にあった（第八章の泉田論文、第九章の中根論文、第十一章の佐々木論文を参照）。

当時の佐竹氏の領国は、戦国期の領主層のいわば割拠状態を引き継いだものであり、政権の要求へのすみやかな対応は、現実的に困難な状況にあった。

領国内の武力制圧と「太閤検地」の受け入れ

このように軍役の負担を迫られ、苦しい状況に置かれた佐竹氏がとった手段が、強圧的な常陸大掾氏、江戸氏、額田小野崎氏への攻撃と、「鹿島・行方三十三館」（常陸南部〔鹿島郡・行方郡〕に割拠していた大掾氏配下の国人たち）の謀殺による領国の統一であった。天正十八年から翌年にわたって行われた、不意打ちといってよい一連の処置は、義宣の危機感を示すものであるといえる（第八章の泉田論文、第九章の中根論文を参照）。

そして義宣は、その翌年の文禄元年に「文禄の役」に出陣して肥前国（佐賀県、長崎県〈対馬・壱岐を除く〉）名護屋（佐賀県唐津市）に在陣する。この在陣生活は、約一年半に及ぶもので、東国生まれの義宣と家臣たちが、当時の上方で最先端の文化であった能や茶の湯のほか、異国の文化にも触れる機会にもなった。それは、半ばカルチャーショックをともなうものであったと思われるが、彼らの在陣生活を記す史料からうかがえるのは、軍役を果たさなければ改易されるかもしれないという危機意識であった（第十一章の佐々木論文を参照）。

帰国後の義宣は、石田三成（一五六〇〜一六〇〇）の援助を得ながら文禄三年に太閤検地を行う。検地の結果、豊臣秀吉から従来の二倍を超える石高である五十四万五千八百石の安堵を受ける。「太閤検地」とは、多くの戦国大名の場合は「指出検地」（領主側からの自己申告による検地）によって確認するにとどまっていた大名領国の収穫高を、原則的に実測検地である「竿入検地」によって把握するものである。それと同時に家臣の所領の収穫高を確定し、家臣にその収穫高に基づく軍役・普請役などの「役」負担を義務づけるものであった。

「在地領主制」の終焉と「役」負担の成立

佐竹氏の領国における太閤検地は、政権と佐竹氏の間に成立していた「役」負担の構造を、佐竹氏と家臣の間にも成立させるもので、義宣が「俄に成しがたい」とした豊臣政権の「役」負担を、家臣にも責任を分有させるものであった。

義宣は、翌年の文禄四年に家臣団の領地の配置替えを大々的に実施する。それまでの佐竹氏の領国は、それぞれが基本的に先祖伝来の領地を支配する国衆（郡規模で独立した領地を持つ地方領主）や一族・家臣という中世の「在地領主制」に基づいて治められてきていた。しかし、太閤検地によって、具体的に家臣らの領地の収穫高が把握されると、それと同量の収穫高の領地であれば、家臣の領地の配置転換も理論的には実行可能となる。

義宣とそれを支える重臣層は、「検地」と「再安堵」を受けて、家臣団に大幅な領国内部における配置転換を行い、家臣層と領地の結びつきを断とうと試みたのである。

おわりに——ある意味では好対照な父子

豊臣政権と佐竹氏

豊臣政権の天下統一によって、時代は大きく転換しはじめていた。戦国期までの中世という時代は、先祖伝来であることや、実力をもって他者の介入を排除する（「自力救済」）などのさまざまな理由で、実際に領地を支配する者の権利が優先される時代であった。

しかし、豊臣政権の統一事業のなかで、たとえば伊達政宗に服属した白川氏や石川氏が、実際に領地支配していても、政権からはその存続が認められなかった。たとえ実効支配をしていても、政権が認めなければ領主が領主たりえない状況が生まれたのである。そのために、佐竹氏やその家臣は、軍役負担を果たせないなかでの改易（かいえき）を恐れたのであった。

統一政権が認めない大名は領主たりえない状況は、見方を変えれば、検地によって領地の収穫高を把握され、それに見合う「役」負担を義務づけられる国衆・一族・家臣たちのあり方にも、適用されることになった。佐竹氏と家臣の関係は、政権と大名との間の関係と同様の変化が求められ、その関係性を明確に改めるためにも、領地の配置替えが行われたのであった。

もちろん現実的に太閤検地が佐竹氏の領国すべてで行われたかは不明であり、また家臣の領地の配置替えでも領地を変更されなかった人々もいるため、その事態が徹底されたとは言いがたい面もある。

〝近世への転生〟を行った佐竹義宣

義宣が、従来の〝中世的な大名と家臣との関係〟から、〝新しい近世の大名と家臣との関係〟への転換を図ろうとしたことには重要な意味がある。佐竹氏が、近世という新たな時代に即した存在への転換を、義宣は図ろうとしたのであった。その意味で佐竹義宣は、〝中世最後の佐竹氏当主〟であるとともに、〝近世への転生を行った人物〟でもある。

以上のように、「中世・戦国期の佐竹氏を代表する人物」として、佐竹義重・義宣父子を紹介してきた。彼ら二人は父子ではあるが、

佐竹義重＝中世的な、そして東国的な大名としてのあり方を尊重し、戦国時代を生き抜いて佐竹氏を発展させた。

佐竹義宣＝中世から近世への時代の転換のなかで、新たな時代に対応するために、新たな佐竹氏を生み出そうとした。

というように、ある意味では好対照な父子であると思う。こうした分類は、学問・研究上はあまりにも厳密性に欠ける印象を拭えないが、一方で一般読者に対して「中世・戦国期の佐竹氏」の特徴を一言でいうとすれば、許される範囲のものであると考えたい。

本書では、佐竹氏の祖である源義光（新羅三郎）から、江戸期の出羽(でわ)国久保田(くぼた)藩（秋田藩）の第一代藩主・佐竹義宣までの、約六百年の歴史を綴(つづ)ることになる。

【主要参考文献】

市村高男『東国の戦国合戦』（『戦争の日本史』10、吉川弘文館、二〇〇八）

佐々木倫朗『戦国期権力佐竹氏の研究』（思文閣出版、二〇一一）

藤木久志「豊臣期大名論序説—東国大名を例として—」（『歴史学研究』287号、一九六四）

第Ⅰ部——河内源氏・佐竹氏が戦国大名になるまで

〈第一章〉

【平安末期から鎌倉期の佐竹氏】

常陸国に留住・土着し、鎌倉幕府の御家人となる

高橋　修

はじめに――「義光流」源氏の成立

清和源氏の祖となった源経基（?～九六一?）の子に、摂関家に仕えた武者・多田満仲（九一二?～九九七）がいる。その満仲の三子のうち、河内国（大阪府東部）内に勢力基盤を築いた源頼信（九六八～一〇四八）に始まる家系を「河内源氏」とよぶ（次頁の河内源氏略系図を参照）。

頼信は常陸介時代（十一世紀初め）に房総（ほぼ千葉県）の兵・平忠常（?～一〇三一）との私戦に勝利し、続く「平忠常の乱」（一〇二八年）で追討使に起用されその鎮圧に成功している。頼信の子・頼義（九八八～一〇七五）は「前九年合戦」（一〇五一～六二年）で陸奥国（東北地方）の安倍氏の反乱を抑え、親子二代にわたって東国の武士たちと戦場で主従の関係を培った。

河内源氏略系図

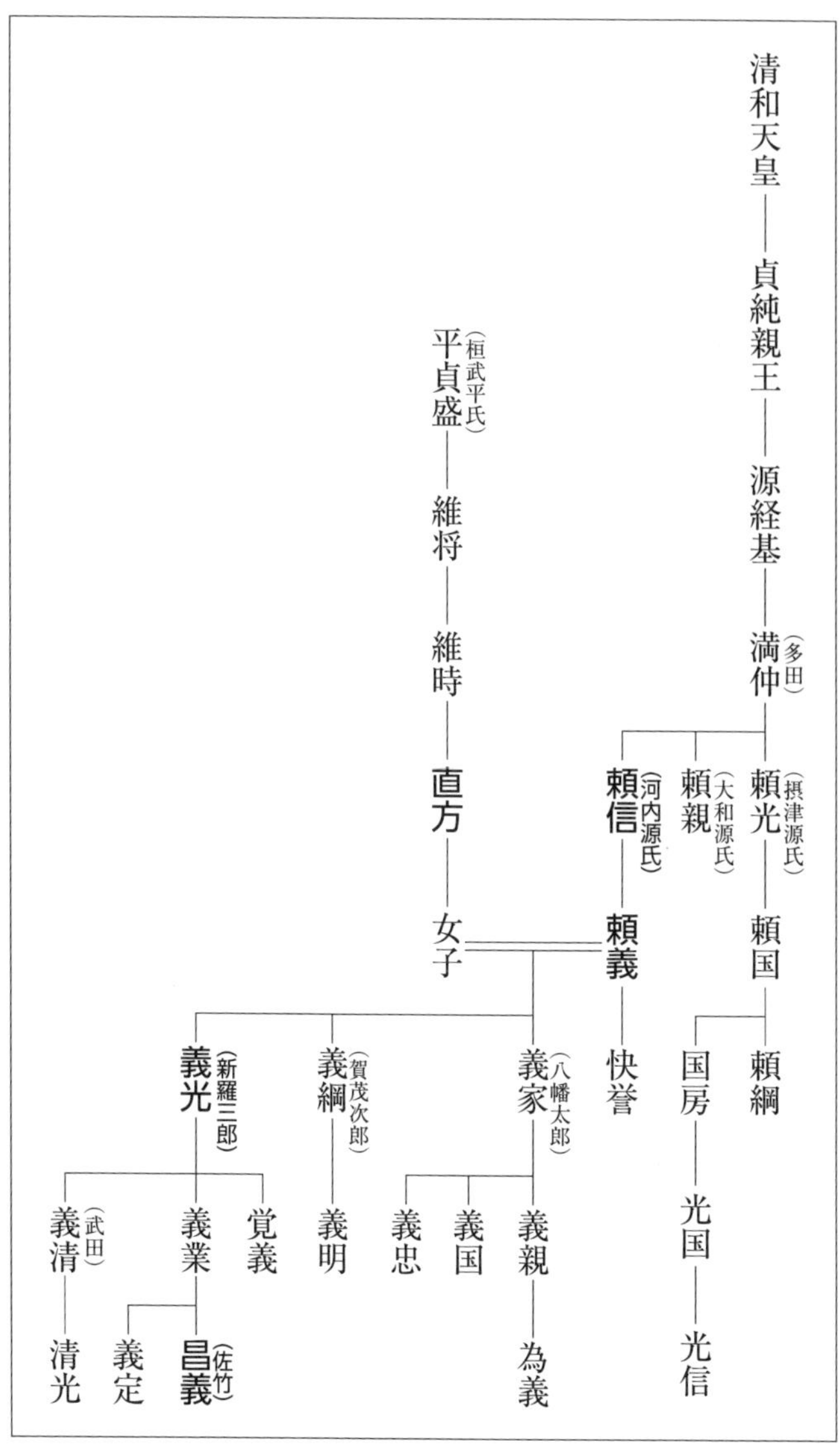

清和天皇
貞純親王
源経基
満仲（多田）
頼光（摂津源氏）
頼親（大和源氏）
頼信（河内源氏）
頼国
頼綱
国房
光国
光信
平貞盛（桓武平氏）
維将
維時
直方
女子
頼義
快誉
義家（八幡太郎）
義綱（賀茂次郎）
義光（新羅三郎）
義親
為義
義国
義忠
義明
覚義
義業
昌義（佐竹）
義定
義清（武田）
清光

頼義には、武士の家を継ぐ三人の男子があり、それぞれゆかりの神格を通称とした。義家（一〇三九〜一一〇六）は「八幡太郎」、義綱（一〇四二?〜一一三二）は「賀茂次郎」、そして義光（一〇四五〜一一二七）は「新羅三郎」とよばれた。この義光こそが、常陸佐竹氏をはじめとする「義光流」源氏諸家の始祖となった人物である。

義光は、父・頼義が信仰する新羅明神の神前で元服を遂げ、その「氏人」となったという（『寺門伝記補録』）。新羅明神とは、天台宗寺門派の三井寺（園城寺。滋賀県大津市）の鎮守神である。

一 三井寺の義光

都での活動・地方拠点の経営

義光は日常生活を三井寺で営んでいた（『尊卑分脈』）。法華経を読み念仏を唱え『往生要集』をひもとく日々を送り、三井寺で没したという（『後拾遺往生伝』）。寺内に金光院を建てて所領を寄進し、丈六（背丈が約四・八五メートル）の阿弥陀像を刻ませ、息子の覚義をその住持としている（『寺門伝記補録』）。

義光の武士としての活動の場は都にあった。貴族の警固を職務とし、ときには暗殺をも手がけたであろう。義光の武士としての活動の一面をあらわした例がある。白河院（一〇五三〜一一二九）の近臣で、義光と主従の関係を取り結んでいた六条顕季（一〇五五～一一二三）の危難を、彼は家来を遣わすことで未然に防いだ。これは、『古事談』（十三世紀初めの説話集）に語られた説話である。

また義光は、一方で河内源氏の地方拠点の経営に深く関与していた。義家の招きに応じて都に向かう信濃諏訪社大祝・神為仲を、道中の美濃国筵田荘（岐阜県本巣市）で迎えたのは義光であった（『諏訪大明神絵詞』）。東国の所領や家人（家臣・郎党）と連絡を取るうえでも重要な位置を占める美濃国には、祖父・頼信の時代から河内源氏は深い関心を寄せ、勢力の扶植に努めていた。

佐竹氏の祖・源義光（天徳寺蔵。秋田市立佐竹史料館提供）

のちに源頼朝（一一四七～九九）により武家政権が開かれることになる相模国鎌倉（神奈川県鎌倉市）は、桓武平氏の平直方の軍事拠点であった。「平忠常の乱」の追討に失敗した直方は、乱を収めた源頼信の嫡男・頼義を娘婿に迎えて、鎌倉を譲っていた（37頁の河内源氏略系図を参照）。

以後、鎌倉が河内源氏の関東における拠点となっていたことは『詞林采葉抄』（十四世紀の『万葉集』の注釈書）に語られている（野口：一九八三）。そしてその管理を担ったのは、義光とその子孫であった可能性が高い（高橋：二〇一五）。

河内源氏の「影」として

以上のように、義光が都で武士として活動し、一方で河内源氏の地方拠点の経営に携わっていたこと、三井寺に拠点をもっていたことは、どのように結びつくのであろうか。

それは、なによりも三井寺の立地から考えなければならない。三井寺は、京から東海道に沿って逢坂山（滋賀県大津市）を越えて琵琶湖畔に出た場所に広大な寺域を占めた天台宗の権門寺院（特権的有力寺院）である。その一角が、都で際どい活動をしなければならない義光にとっては、いわばバックヤード（隠れ家）としての役割をもっていたことになるだろう。

また東国諸国へと向かう諸街道（東海道、東山道、北陸道など）は、京を出た後、すべて三井寺の寺域をかすめて進むことになる。義光やその子孫の所領も、近江国（滋賀県）内のこれらの街道の沿道に分布していた。東国の河内源氏ゆかりの地から、都に集まる家人や物資を、いったんここで集約し、洛中の一門のもとに送り込む役割を、三井寺の義光が果たしていたのではないか。

じつは三井寺への関与は、父・頼義や兄・義家が先行している。すなわちこうした三井寺の立地に象徴される義光の役割は、河内源氏の棟梁である父や兄から負託されたものとみるべきなのである

（高橋：二〇一五）。

義光の官位は五位には届かず、四位まで進んだ二人（義家・義綱）の兄たちには及ばない。都の武士として華々しく活躍し、受領（現地に赴任する国司）に任じられる兄たちに対して、河内源氏の庶子としての義光は、いわば「影」の存在であり、河内源氏一門の分業として、平素、近江三井寺にあって、都での警固・暗殺、地方拠点の経営といった役割を担っていたのである。

二　「坂東乱逆」――義光、常陸平氏と結ぶ

無断で坂東へ下向する

新羅三郎義光が、東国にかかわるようになるのは、都の官職をなげうち出羽国（山形県・秋田県）を戦場とする「後三年合戦」（一〇八三～八七年）に参戦した結果、陸奥国菊田荘（福島県いわき市）を所領として獲得したことに起点がある（『古事談』『続群書類従』所収の「佐竹系図」）。太平洋沿岸を北に向かう東海道の要衝として、東北と関東とをつなぐこの荘園は、義光が関東で手にした最初の所領であろう（45頁の地図を参照）。

『永昌記』（公卿・藤原為隆〔一〇七〇～一一三〇〕の日記）嘉承元年（一一〇六）六月十日条によると、同年六月の「常陸国合戦」につき、義光・平重幹（常陸平氏）らの党を国司に命じて逮捕すべき

こと、あわせてその相手である源義国（一〇九一～一一五五）を父・義家に連行させるべきことが命じられている。義光は常陸平氏の平重幹と結び、兄・義家の子・義国と常陸国（茨城県の大部分）で合戦沙汰を起こしたことがわかる。

両勢力による抗争は、『殿暦』『中右記』といった公家の日記に「坂東乱逆事」「坂東悪人事」などとみえている。この「坂東乱逆」と一括される事件は、常陸国を越えて坂東諸国を巻き込む、足掛け五年以上にわたる紛争だったことがわかる（秋山：二〇〇六、高橋：二〇一二）。義光は、このころ断続的に無断で坂東に下向したため、刑部丞の職を失っている。

義光一派と義国一派の抗争

この紛争の背景には、常陸平氏と秀郷流藤原氏（平将門を打ち取った藤原秀郷に始まる上野・下野の武家）との競合があったことが推測される。重幹の子息・吉田清幹は、娘を義光の嫡男・義業の妻としており、義光自身も清幹の別の女子を妻としていた（次頁の河内源氏・常陸平氏関係略系図を参照）。常陸平氏は、秀郷流藤原氏との争いに有利な条件を作り出すため、軍事的能力に優れ都に人脈をもつ京武者・義光を抱き込んでいたのであろう。

一方、下野（栃木県）・上野（群馬県）から常陸国北部に勢力を広げる秀郷流藤原氏は、「義家流」源氏を抱き込んでいた。その関係は確実に十二世紀初頭までさかのぼるようである（須藤：二〇一〇）。

河内源氏・常陸平氏関係略系図

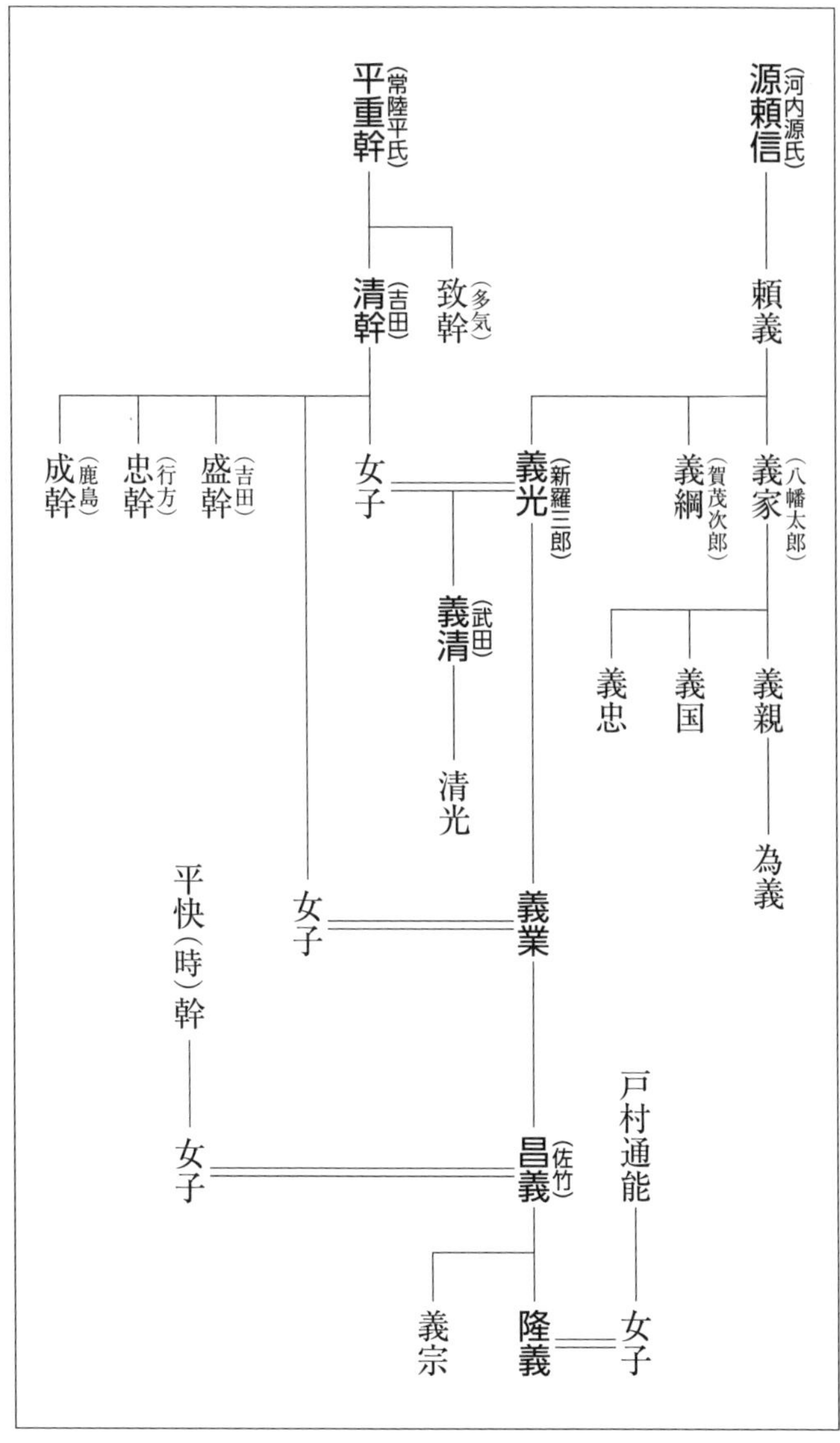

こうした京武者と在地領主のかかわり方は、当時の言葉で言えば、後者が前者を「雇置」く、あるいは「雇宿」す関係と表現するのが適当であろう。

在地における領主間の根深い利害競合が潜在化していたがゆえに、義光一派と義国一派との抗争は、広域にわたる激しいものとなったのである。

三　佐竹氏の成立――初代は佐竹昌義

常陸平氏からの脱却

「坂東乱逆」のなかで、新羅三郎義光が下向・留住したのは、おそらく常陸平氏（吉田氏）の勢力圏の中であろう。義光と吉田清幹の女子との間に生まれた義清（甲斐源氏の祖。一〇七五～一一四九）は、吉田郡武田郷（茨城県ひたちなか市）を名字の地としているので、義光一族が権益を保証されとどまったのも、清幹の子孫が勢力を広げる吉田郡のあたりだったのではないか。義光の時代には、いまだ久慈郡（佐都西郡）佐竹郷（茨城県常陸太田市）を本拠とすることはなかったであろう（次頁の地図を参照）。

「義光流」源氏が「佐竹」の名字を称するようになるのは、当時の公家・吉田経房（一一四二～一二〇〇）の日記『吉記』承安四年（一一七四）三月十四日条を初見とする。義光の孫・昌義（一〇八一～

平安後期の常陸国要図

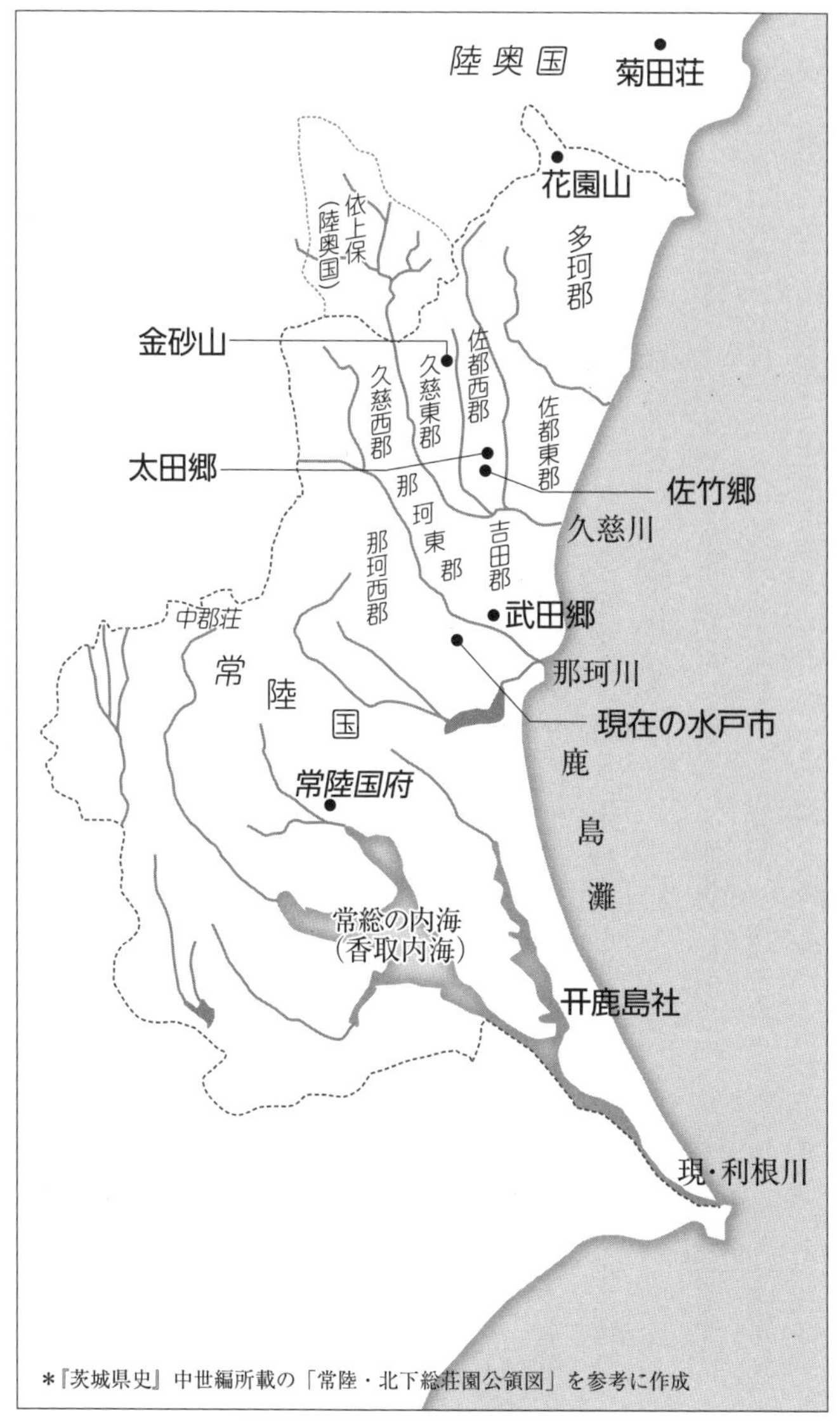
陸奥国
菊田荘
花園山
依上保
（陸奥国）
多珂郡
金砂山
久慈東郡
佐都西郡
久慈西郡
佐都東郡
太田郷
佐竹郷
那珂東郡
吉田郡
久慈川
那珂西郡
武田郷
中郡荘
常陸国
那珂川
現在の水戸市
鹿島灘
常陸国府
常総の内海
（香取内海）
鹿島社
現・利根川
＊『茨城県史』中世編所載の「常陸・北下総荘園公領図」を参考に作成

一一四七?）のときであり、後世においても佐竹氏一族では昌義を初代とみなす場合が多い。義光の子孫が佐竹郷を本領とし、「佐竹」を名字として名乗るようになるのは、この年次をさほどさかのぼるものではないと思う。

昌義が久慈郡に本領を形成するということは、すなわち「雇置」かれていた常陸平氏のもとからの脱却を意味する。常陸平氏の所領が集中する吉田郡を離れ、久慈郡に本領を定めた昌義期以降、しばらくの間は、佐竹氏と常陸平氏との姻戚関係は確認できない。

地域権力としての自立と本領の形成

一方で昌義は、嫡男・隆義（一一一八～八三）の妻に、「坂東乱逆」で戦った秀郷流藤原氏の血を引く女子（戸村通能の娘）を迎えている。これは、義光の時代に抗争を繰り広げた秀郷流藤原氏との関係修復の一環といえるかもしれない。同じく秀郷流の太田通成は佐竹昌義に、のちに佐竹氏の本城となる太田城（茨城県常陸太田市中城町など）を譲り、自らは小野（同常陸太田市瑞龍町）の地に移り、以後、小野崎氏を称して臣従したという（『佐竹大系纂』）。

また、これも後世（十八世紀末から十九世紀初め）の系図の記事ではあるが（『寛政重修諸家譜』）、昌義は、奥七郡（常陸国北部にあった多珂郡・久慈東郡・久慈西郡・佐都東郡・佐都西郡・那珂東郡・那珂西郡）の「諸族」が「嫡庶を論じ采地を争い国中静かならず（勢力争いにより乱れている）」という状況を鎮めるため、「勅」（天皇の命令）を受けて久慈郡佐竹郷に下向したという（45頁の地図を参照）。

常陸北部地域の豪族たちの諍いを収めたとするのは、佐竹氏の地域権力としての自立過程の実際を伝えるものと評価したい。

先に指摘した『吉記』の記事は、この時期の佐竹氏の性格を考えるうえで興味深いものである。蓮華王院領常陸国中郡荘下司・経高の乱行事件に際し、後白河院（一一二七～九二）は、佐竹昌義・義宗父子に、在庁官人（国衙）とともに経高を逮捕することを命じている。

中郡荘（茨城県桜川市）は、佐竹氏の影響力が強く及ぶ奥七郡の外にあり（45頁の地図を参照）、佐竹氏が個別に所職などを有した形跡もない。佐竹氏が在庁官人と並ぶ常陸国内の公的な軍事力として後白河院から認められ、事件の解決にあたることが求められているのである。

このように、佐竹氏が常陸平氏のもとを離れ、久慈郡（佐都西郡）佐竹郷に本領を形成したことを、地域権力の自立の画期として重視しなければならない。

四　「常陸奥郡十年戦争」——源頼朝との戦い

佐竹攻めに積極的だった頼朝

治承四年（一一八〇）十一月、在京中の父隆義の留守を守る佐竹秀義（昌義の孫。一一五一～一二二六）は、金砂山（茨城県常陸太田市上宮河内町）に築いた城郭に源頼朝率いる大軍の攻撃を受け、敗れて奥州に逃れることとなった。「金砂合戦」である。

頼朝が佐竹氏を攻めることを決断したのは、同年十月二十日、戦わずして平家の追討軍が退散した「富士川の戦い」（静岡県富士市）直後の陣中においてである。頼朝は上洛して平家と相対することを主張するものの、宿老たちに諫められ、いまだに関東で自立する佐竹氏を討つことに同意したものと、鎌倉幕府の公式記録『吾妻鏡』は記述する。

一方で頼朝は、「衰日」（運勢の良くない日）で周囲が尻込みするなか、日延べもせずに自ら全軍を率いて鎌倉を出立し、常陸国府（茨城県石岡市）では、上総広常（?～一一八四）の呼びかけに応じて姿を現した佐竹義政（隆義の子。秀義の兄）を謀殺して和平への道を自ら塞ぐなど、開戦に積極的な姿勢をみせている。

むしろ開戦を主導したのは、頼朝であった事実を読み取るべきであろう。上洛を主張したものの、不本意ながら佐竹氏と相対したとみるのは、頼朝の志は当初より平家追討にあったと叙述したい『吾妻鏡』のレトリックと考えたほうがよい。頼朝が対佐竹氏戦争に積極的であった要因は、当時の彼が置かれていた関東の勢力配置に求められる。

関東源氏の統一——頼朝の意思

鎌倉政権の発足当初、関東では、河内源氏の一族が各地で自立的な活動を展開しており、頼朝は、関東源氏の主導権をいまだ確立していなかった。

新田義重（一一一四?～一二〇二）は、義家の嫡孫と称して上野寺尾館（群馬県高崎市）に軍勢を集め、木曾義仲（一一五四～八四）は父・義賢（?～一一五五）ゆかりの上野国多胡郡（同高崎市・藤岡市）まで進出している。志田義広（?～一一八四）や新宮行家（一一四一?～八六）も、いまだ頼朝の傘下には入っていない。甲斐源氏も各地で独自の反平家活動を展開している。

そのなかで頼朝が軍事制圧の対象として佐竹氏を選んだのは、この一族が、義光流の嫡流ともいうべき位置にあったからである。関東の源氏は、頼義の子である義家か義光のいずれかの子孫ということになり、それゆえに頼朝は自らを義家ではなく、頼義の正嫡と位置づけ、頼義を「嚢祖将軍」と崇めて、関東源氏を統一する意思を明確に掲げている（次頁の関東源氏略系図を参照）。

鎌倉政権が成立した後、関東源氏の正嫡として対平家戦の主導権を握るためには、義家流を代表して義光流を凌ぐ必要があったのである。

それゆえに頼朝の側では、緒戦における金砂での戦闘で佐竹氏を退けた戦果だけで十分であった。この戦勝により、義光流に対する義家流の優越を示し、自らを「嚢祖将軍頼義」の正嫡として位置づけることが可能になったからである。

関東源氏略系図

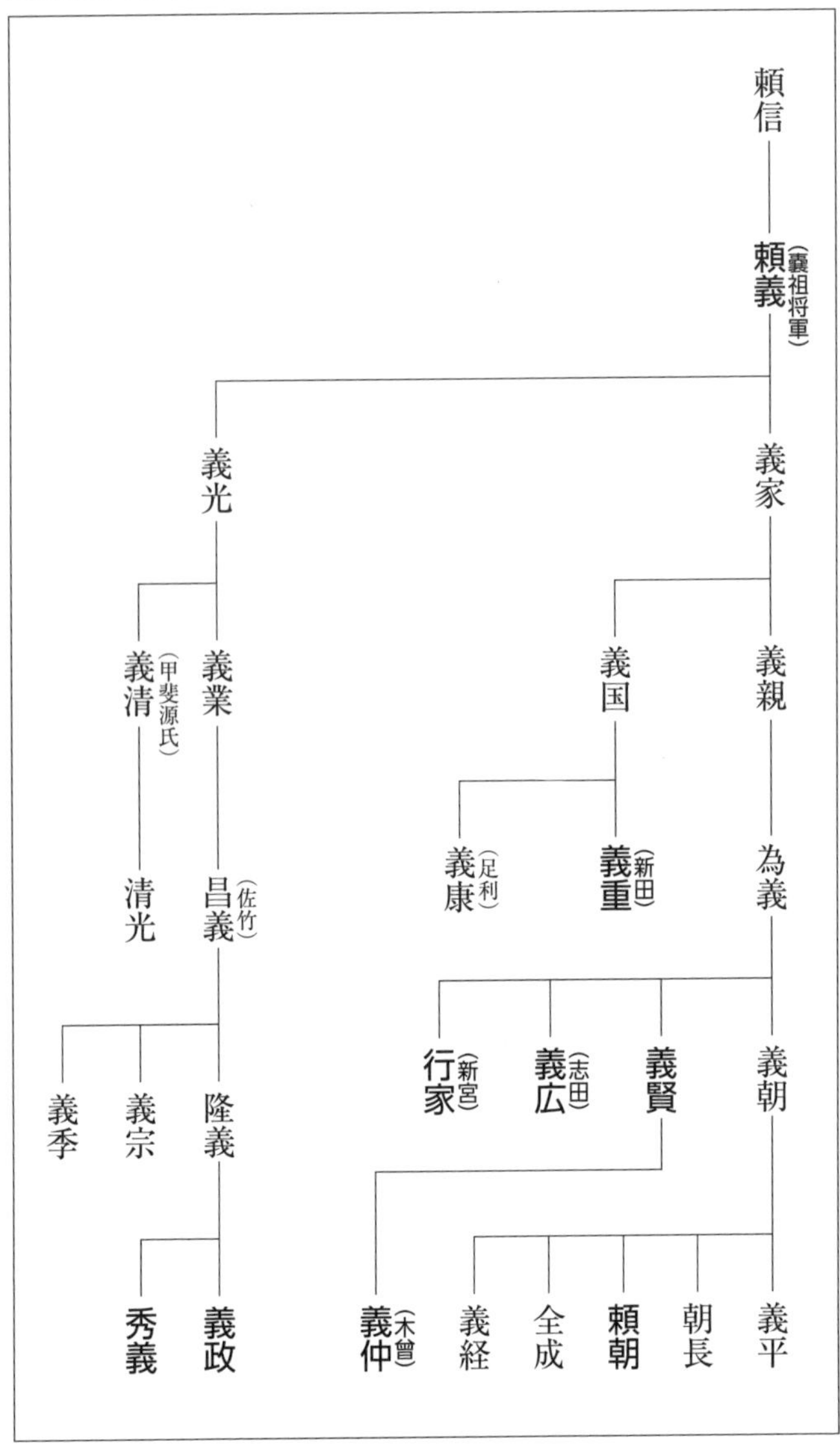
頼信
頼義（嚢祖将軍）
義家
義光
義国
義親
義清（甲斐源氏）
義業
義康（足利）
義重（新田）
為義
清光
昌義（佐竹）
行家（新宮）
義広（志田）
義賢
義朝
義季
義宗
隆義
秀義
義政
義仲（木曾）
義経
全成
頼朝
朝長
義平

頼朝に帰服を願い出た佐竹義政

しかし一方の佐竹氏が受けた被害は、金砂山に臨時構築した砦をひとつ落とされ、奥州との境に位置する花園山（茨城県北茨城市）にいったん退いただけのことである（45頁の地図を参照）。その後も佐竹氏が常陸で抵抗を継続したのは当然のことであった。それについて『吾妻鏡』は何も記さないが、佐竹氏の抵抗戦のありさまは、当時の公家・九条兼実（一一四九～一二〇七）の日記『玉葉』や『平家物語』諸本のなかに散見している。

「金砂合戦」を発端とする佐竹氏の戦いを総体としてとらえるため、金砂山での合戦を含む鎌倉方との一連の戦争状態を、筆者は「常陸奥郡十年戦争」ととらえるべきであると考える（高橋：二〇一七）。

平家を滅ぼした頼朝が、奥州藤原氏を討伐すべく、軍勢を進発させた文治五年（一一八九）七月、佐竹氏は重大な選択を迫られることとなった。奥州藤原氏は、佐竹氏と姻戚関係にあり、常陸北部で抵抗を続ける佐竹氏の重要な後ろ盾となっていたからである（宮内：一九九三）。

秀義の兄で、常陸国府で頼朝に謀殺された義政の男子は、奥州合戦の終結まで戦いを貫徹している。このように佐竹氏一族の内部もけっして一枚岩ではなかったようだが、同年七月二十六日、隆義は、自ら本隊を率いて鎌倉をたち宇都宮（栃木県宇都宮市）に至った頼朝の陣中に姿を現し、その傘下に加わることを許されている（『吾妻鏡』）。「金砂合戦」に始まる佐竹氏の戦い（「常陸奥郡十年戦争」）は、ここにようやく終戦を迎えたのである。

五　鎌倉幕府体制下の佐竹氏

御家人として「一族分業」で仕える

金砂山での合戦直後の治承四年（一一八〇）十一月八日、佐竹氏の所領は没収され、奥七郡には郡ごとに地頭が配置されたようである（網野：一九八六）。ただし「常陸奥郡十年戦争」が継続している間、郡地頭による在地支配が実現できた可能性は低い。

元暦元年（一一八四）の時点で、頼朝から鹿島社（茨城県鹿嶋市）に寄進されていた奥七郡の社役が滞っていることも、依然として佐竹氏の支配権が維持されていたことを暗示する（『吾妻鏡』）。奥七郡における鎌倉政権の在地支配が実現するのは、十年戦争が終結した文治五年（一一八九）以降のことであろう。

鎌倉幕府体制下に入った後の佐竹氏の所領について、詳しいことはわからない。本領の佐竹郷・太田郷やそれに準じる額田郷・酒出郷の領有はそのまま許されたようだが、郡地頭が設置された奥七郡全体への強い影響力は失われていた（高橋：二〇二〇）。

佐竹秀義は、頼朝の建久元年（一一九〇）・同六年の二度の上洛に随兵を勤め、同八年には善光寺（長野県長野市）参詣に従っている。その後も佐竹氏は御家人として恒例・臨時の奉公に励むが、鎌倉で将軍家に直接仕える所役を勤めたのは、北酒出（カ）助義や稲木義清といった有力庶家の場合も多かった。時期により、彼らが鎌倉に駐留し、幕府との交渉を担当していたのであろう。いわゆる「一族分業」の姿を確認することができる（前川：二〇一七）。

承久三年（一二二一）、後鳥羽上皇（一一八〇～一二三九）が討幕の挙兵に踏み切ると、佐竹氏一族はのちに三代執権となる北条泰時（一一八三～一二四七）率いる東海道軍に加わり、激戦となった「宇治川の戦い」（京都府宇治市）で、秀義の子・南酒出義茂は敵二人を討ち取る軍功をあげた。うちひとりは自ら討ち取ったものであった。秀義の手の者が、ほかにも二人の敵を討っている（『吾妻鏡』）。十四世紀に編纂された系図集『尊卑分脈』には秀義の子・秀繁の討死を伝えているが、それもこの時のことであろうか。

おわりに――「常陸介」任官のもつ意味

一族が結束して幕府方として戦い、武功をあげたことにより、秀義は新恩として美濃国山口荘（郷。岐阜県関市）を与えられた。この地で妻として迎えた山縣国政の女子を通じて、秀義は上有智荘（同美濃市）などを獲得し、こうした美濃国内の権益を子の季義の系統に受け継がせ、彼は美濃佐竹氏の祖となった（14・15頁の佐竹氏系図を参照）。季義は自身も美濃に住んだといい、その子孫は、室町時代、京で将軍近習の奉公衆として活躍することになる（多田：一九九六）。

奉公衆には、鎌倉時代の在京人が編成される場合が多いので、美濃佐竹氏は、鎌倉期においても在京奉公の勤めを担い、佐竹氏の京における窓口としての役割を果たしたものと考えられる。

鎌倉幕府への奉公の成果として、佐竹義重（重義とも、秀義の嫡男。一一八六〜一二五二）は、寛元三年（一二四五）ごろ、常陸介に任じられている（桶川：一九九五）。この任官は、幕府の摂家将軍をめぐる政治情勢により、義重にもたらされたものというが、ここにおいて佐竹氏の諸大夫層（諸国の受領となりうる、四位、五位の官位を持つ身分）としての家格が確認された事実を重視したい。

佐竹氏は、十二世紀末の平氏政権下の隆義が常陸介に任じられた実績をもつ。やがて十四世紀の南北朝期において常陸守護に任じられるにふさわしい有力御家人としての地位が、この時回復されたとみることもできよう。

【主要参考文献】

秋山敬「新羅三郎義光―甲斐源氏始祖伝説成立の検討を軸に―」（同著『甲斐源氏の勃興と展開』岩田書院、二〇一三、初出二〇〇六）

網野善彦『里の国の中世』（平凡社ライブラリー、一九九七、初出一九八六）

桶川智美「鎌倉期常陸国奥七郡をめぐる婚姻関係成立の意義」（『茨城県史研究』七四、一九九五）

須藤聡「下野藤姓足利一族と清和源氏」（高橋修編『実像の中世武士団』高志書院、二〇一〇）

高橋修「「坂東乱逆」と佐竹氏の成立─義光流源氏の常陸留住・定着を考える─」（『茨城県史研究』九六、二〇一二）
同「義光流源氏の成立」（西川広平編『甲斐源氏』戎光祥出版、二〇一五）
同「常陸奥郡十年戦争」（同編『佐竹一族の中世』高志書院、二〇一七）
同「治承四年の佐竹氏没収領小考」（『常総中世史研究』八、二〇二〇）
多田誠「室町幕府奉公衆美濃佐竹氏について」（『皇學館論叢』二九−六、一九九六）
野口実『坂東武士団と鎌倉』（戎光祥出版、二〇一三、原形初出一九八三）
前川辰徳「中世前期の佐竹氏」（『常陸大宮市文書館報　常陸大宮の記録と記憶』三、二〇一七）
宮内教男「鎌倉初期の佐竹氏をめぐって」（『茨城史学』二九、一九九三）

〈第二章〉

【南北朝期から室町期の佐竹氏】

北朝方の足利尊氏に呼応し、常陸国守護となる

関　周一

はじめに――南北朝内乱期に飛躍する

常陸国（茨城県）北部の太田郷（茨城県常陸太田市）を拠点とする佐竹氏は、十四世紀の南北朝内乱を通じて飛躍を遂げた。佐竹氏本宗家の貞義（出家して崑山〔昆山〕道源と称す。一二八七～一三五二）および子の義篤（一三一一～六二）の代に、勢力基盤を拡大したのである（14・15頁の佐竹氏系図を参照）。

その大きな要因は、足利尊氏（一三〇五～五八）・直義（一三〇六～五二）兄弟に、早くから従っていたことにある。貞義・義篤父子が彼らと結びつく鍵を握っていたのが、尊氏・直義が深く帰依していた、臨済宗の高僧・夢窓疎石（一二七五～一三五一）である。

貞義の子である月山周枢（一三〇五～九九）は、疎石の弟子になっていた。周枢は、京都の天龍寺（京都市右京区）において前堂首座（僧堂で、前堂の修行僧を監督する高僧）の位に就いた後、帰郷して、常陸に勝楽寺（現在は正宗寺。茨城県常陸太田市増井町）を開創した。周枢は、夢窓疎石を同寺の開山とし、自らは第二世と称し、寺内に正宗庵と正法庵を構えた。

貞義や義篤は、南北朝の内乱において、尊氏・直義の命を受けて、各地の合戦に加わった。鎌倉時代に常陸国北部（奥七郡）に分立した、貞義の兄弟を祖とする長倉・大内・高久といった庶子家や、貞義の子・小瀬義春、山入師義（?～一三五一?）も参戦している。彼らの動向を、建武政権期（一三三三～三六年）に起きた「中先代の乱」からたどってみよう。

一　常陸国守護に任じられた佐竹貞義

「中先代の乱」で鎮圧軍に加わる

「中先代の乱」は、建武二年（一三三五）七月二十二日、鎌倉幕府第十四代執権・北条高時（一三〇三～三三）の遺児・時行（?～一三五三）が、信濃国（長野県）で挙兵したものである。時行は、武蔵国（埼玉県・東京都〔島嶼部を除く〕・神奈川県の一部）に侵攻し、鎌倉将軍府（「建武の新政」による関東統治機関）の足利直義を破った。七月二十三日、直義は、後醍醐天皇（一二八八～一三三九）の皇子で、建武政権内で失脚し幽閉されていた護良親王（一三〇八～三五）を殺し、鎌倉を脱出した。

七月二十四日、佐竹貞義は兵を率いて直義方に加わり、時行の兵と武蔵国鶴見（横浜市鶴見区）においで戦った。この戦いで、貞義の子・義直が戦死している（『南北朝遺文』関東編一―五五六号）。

乱を鎮圧するため、足利尊氏は、八月二日に京都を出発して東国へ向かい、時行方の軍勢を次々と破った。貞義は、八月十二日の「小夜中山の合戦」（静岡県掛川市・島田市）において尊氏方に属し、時行方の大将・備前新式部大夫入道を討ち取った（『南北朝遺文』関東編一―二七〇号）。そして八月十九日、尊氏は、鎌倉を奪回している。

「押領停止」のため現地に派遣される

その後、尊氏は、後醍醐天皇の帰京命令に従わずに鎌倉にとどまり、直義とともに政務を行った。その間、建武政権に従っていた小田治久（一二八三～一三五二）に代わって、佐竹貞義は常陸国守護に任じられた（茨城県史編集委員会：一九八六）。

なお、小田氏は南朝方に属し、常陸国筑波郡小田（茨城県つくば市）を本拠とした名門一族で、鎌倉時代に源頼朝から常陸国守護に任じられた八田知家を祖とする。室町・戦国時代には佐竹氏との確執の歴史が続いた。

貞義が守護を務めたことは、建長寺正続院領であった常陸国宮山村（同筑西市）の田と屋敷を、

鎌倉後期〜南北朝期の常陸国要図

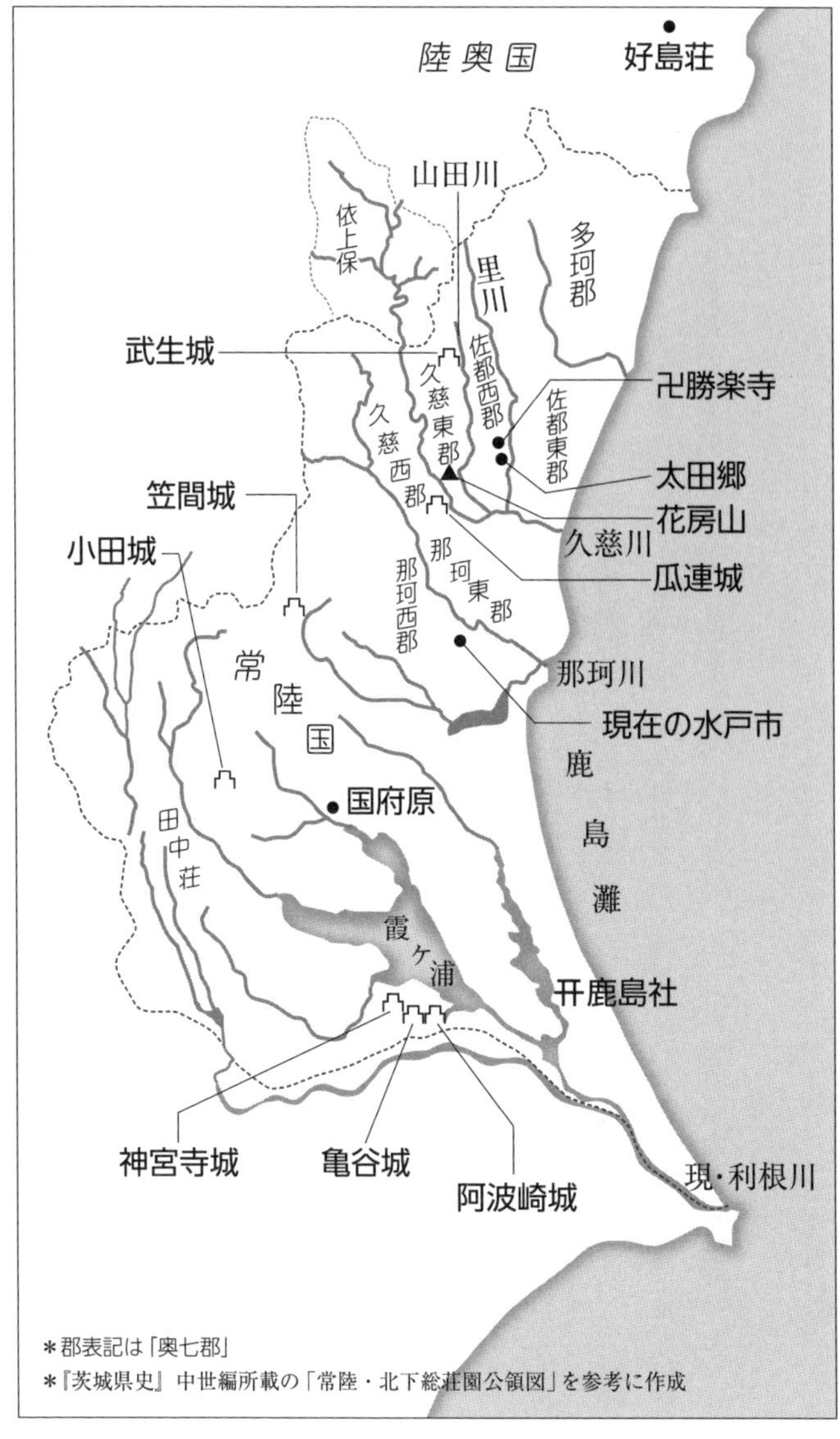

＊郡表記は「奥七郡」
＊『茨城県史』中世編所載の「常陸・北下総荘園公領図」を参考に作成

建武元年に宮山幹氏が押領（所領を武力で奪い取る）した一件への対処からうかがえる。当初、貞義は、押領を停止するために現地に派遣された使節であった（『南北朝遺文』関東編一－一六三・二〇四号）。だが、建武二年、貞義は「常州守護佐竹上総入道」とよばれているのである（『南北朝遺文』関東編一－三七二号）。

守護は、鎌倉幕府が定めた制度であり、有力な御家人ひとりが、各国の守護に任命される。守護の任務は、戦時には国内の御家人（おもに地頭）を引率すること、平時には大犯三箇条、すなわち職権として京都大番役を国内の御家人が務めるように催促すること、謀叛人の逮捕、殺害人の逮捕であった。

係争地で「使節遵行権」を行使

室町幕府は鎌倉幕府の守護制度を継承したうえに、新たな任務を加えた。

その任務のひとつに、幕府や鎌倉府（室町幕府が、関東十カ国を統治するために設置した機関）の裁決を、使節（通常は二名。そのため「両使」とよばれる）を派遣して、現地で強制執行する使節遵行権がある。所領をめぐる裁判の場合、敗訴した武士を係争地から追い出し、勝訴した武士に対して、係争地を所領として渡すことが任務となる。

のちのことになるが、康永二年（興国四年〔一三四三〕）、佐竹貞義は、鎌倉府（関東管領〔関東執事ともいう」）の高師冬（?〜一三五一）から鹿島利氏に対し、常陸国鹿島郡内の所領を渡すように命じられた（『南北朝遺文』関東編二－一四三四号）。また貞和三年（正平二年〈一三四七〉）、貞義は、足利氏執事の高師直（?〜一三五一）からも、行方郡若舎人郷内根地木村（茨城県行方市）の下地（現地）を雑掌（荘官のひとつ）に渡すことを命じられている（『南北朝遺文』関東編三－一六七八号）。

任国の総大将を務める貞義

佐竹貞義は、戦時（南北朝争乱）の守護の任務として、任国の武士たちを足利方に動員して総大将を務めた。ふたたび合戦の経過をみていこう。

建武政権に反旗を翻した尊氏に対し、後醍醐天皇は、新田義貞（一三〇一〜三八）にその追討を命じた。義貞を迎え撃つため、直義は鎌倉から三河国矢矧（愛知県安城市・岡崎市）の東宿に向かった。それに随行する武士のなかには、貞義の子・佐竹義篤と小瀬義春の名がみえる（『太平記』巻十四）。

建武二年十二月十一日、尊氏・直義軍は、「箱根竹ノ下の戦い」（静岡県小山町）で義貞を破り、そのまま京都に向かっていく。

同じころ、常陸国にいた佐竹貞義は、直義の命を受けて軍勢を集めていた。そのなかには、陸奥国好島西荘（福島県いわき市）の預所職だった伊賀盛光らがいた（『南北朝遺文』東北編一－一九四・三一七号）。貞義が、任国ではない陸奥国（東北地方）の武士まで動員できたのは、佐竹氏が同国岩城郡

（福島県いわき市）にも基盤を持っていたためである。

十三世紀後半、佐竹本宗家の義胤（貞義の祖父。一二二七〜七八）は、岩城郡の岩崎氏との間で姻戚関係を結んだ（「佐竹系図」）。姻戚関係を結ぶことで岩崎氏との連携が生まれ、佐竹氏は岩城郡内に影響力を持つようになった。岩崎氏の計らいで、同氏が持っていた所領の一部が佐竹氏に譲られている。佐竹義胤と岩崎氏の娘との間に生まれた小河義綱は、母方の所領であった小河郷（福島県いわき市小川町）を領している（「長福寺縁起」）。

二　建武政権・南朝側と戦うため全国を転戦する

政権側の拠点、常陸・瓜連城を攻める

建武三年（延元元年〔一三三六〕）正月十一日、足利尊氏は京都に入った。尊氏は、新田義貞や楠木正成（?〜一三三六）らと戦ったものの、敗れて摂津兵庫（神戸市兵庫区）に逃れ、その後、播磨室津（兵庫県たつの市）から海路で九州に逃れることになった。

その間、建武政権は、楠木正成の弟である楠木正家（?〜一三四八）を正成の代官として常陸国に派遣していた。それに対し佐竹貞義は、正家が拠点とする、久慈西郡の瓜連城（茨城県那珂市瓜連）を同年二月六日に攻撃した。この合戦で、貞義の子である義冬が戦死している（『南北朝遺文』関東編

一―五五六号)。二月二十五日、貞義は、再度瓜連城を攻撃した(『南北朝遺文』関東編一―四四七号)。

九州での転戦と室町幕府の成立

建武三年二月二十九日、後醍醐天皇方の肥後国(熊本県)の菊池武敏が、足利方の拠点になっていた大宰府(福岡県太宰府市)を攻撃した。足利尊氏・直義は、三月二日、武敏を筑前国(福岡県西部)の「多々良浜の合戦」(福岡市東区)で破った。この合戦には、佐竹貞義の子・山入師義が参戦している(『佐竹家譜』)。

尊氏は、九州まで同行していた足利家家臣の一色道猷(範氏。?~一三六九)を鎮西管領に任じた。その下で、戦功の認定や治安警備にあたった機関が侍所である。その侍所を佐竹重義(南酒出氏)が務めている(『南北朝遺文』九州編一―六二六・六八九・六九〇号など)。尊氏が九州に転戦したことを機に、佐竹氏の一族は、九州でも活動を始めたのである。

四月三日、尊氏は京都をめざして博多(福岡市博多区)を出発した。そして五月二十五日、摂津の「湊川の戦い」(神戸市兵庫区)で勝利した。この戦いで、楠木正成が戦死している。

後醍醐天皇が比叡山延暦寺(滋賀県大津市)に逃れた後、六月十四日、尊氏は、持明院統の光厳上皇(一三一三~六四)を奉じて入京し、八月十五日、上皇の弟である光明天皇(一三二二~八〇)が即位する(65頁の天皇家系図を参照)。尊氏と後醍醐天皇との間にいったん講和が成立し、十一月七日、尊氏は建武式目（十七条の武家法〔幕府所在地の選定と政策指針十七条から成る〕）を定め、室町幕府が成立する。

だが、十二月二十一日、後醍醐天皇は吉野（奈良県吉野町）に脱出し（南朝の成立）、京都の北朝（足利氏と光明天皇）と対立した。

南朝側の反撃と瓜連城の落城

劣勢に立った南朝勢力は、東北地方で巻き返しを図ることにした。

建武三年、陸奥大守の義良親王（のちの後村上天皇〔一三二八～六八〕）と陸奥大介の北畠顕家（一三一八～三八）が、陸奥国へ向かった。途中、鎌倉において尊氏の三男・千寿王（のちの室町幕府第二代将軍・足利義詮〔一三三〇～六七〕）を奉じた足利一門の斯波家長（一三二一～三七）を破り、さらに下野国（栃木県）や常陸国の足利方の勢力を撃破して、陸奥国の北朝方である相馬氏を破った。

尊氏が京都を制圧した後、家長は南朝勢力に対して反撃に転じた（『南北朝遺文』関東編一－四九五号）。七月、命を受けた佐竹貞義の子・義篤は、伊賀盛光らの軍勢を武生城（茨城県常陸太田市下高倉町）に集める（『南北朝遺文』東北編一－二四二号）。八月二十二日、義篤は、みたび瓜連城を攻めた。

盛光は、搦手大将（城の裏門を攻める軍勢を率いる大将）の大内義高（佐竹貞義の弟）のもと、瓜連城や花房山（同常陸太田市花房）、大方河原（同）において、南朝方の小田治久や広橋経泰（北畠顕家

鎌倉～南北朝期ごろの天皇家系図

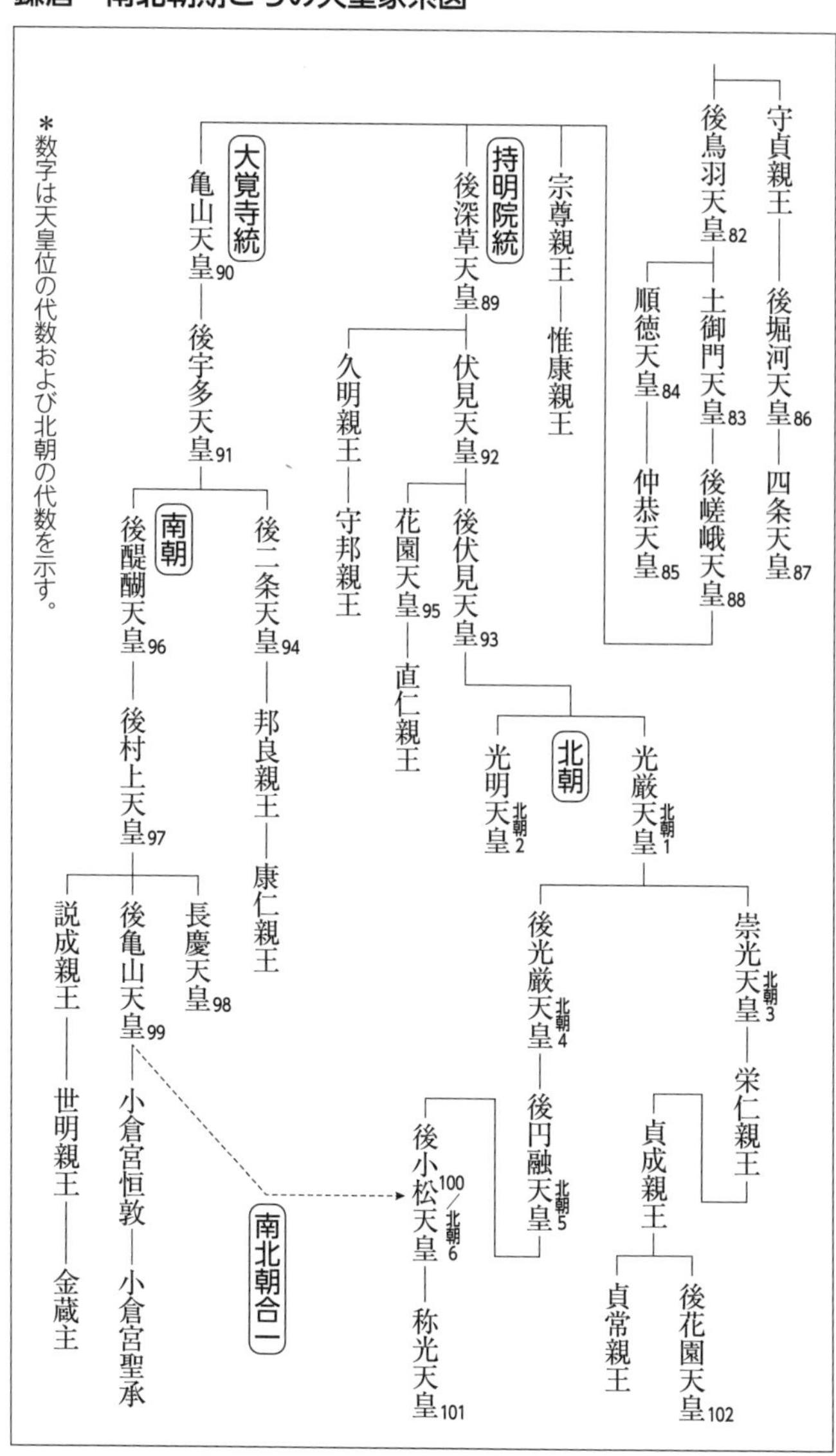

の奉行）らと戦っている（『南北朝遺文』東北編一―二四五・三一七号）。

十二月二日、佐竹義篤を大将とする軍勢は、武生城を出発して瓜連城に迫り、岩出河原（茨城県常陸太田市）において、小田・広橋の軍勢を破った。同月十日、高久義景（佐竹貞義の弟）に従っていた伊賀盛光の若党である麻続盛清と贄田盛重が、敵の首二つを分捕った。同月十一日、義篤はついに瓜連城を落城させた（『南北朝遺文』東北編一―二六五・三一七号）。この落城を契機に、関東や東北において、足利方（北朝勢力）が優勢に立つことになる。

戦場においては佐竹義篤が、父である常陸国守護・佐竹貞義の総大将としての職務を代行していた（佐藤：一九六七）。たとえば、伊賀盛光が提出した着到状や軍忠状には、盛光の報告を承認したことを示す証判を義篤が加えており（『南北朝遺文』東北編一―二四二・二四五・二六五・二九九号）、また盛光の軍忠に偽りなきことを誓った披露状を、恩賞方の奉行所宛てに提出している（『南北朝遺文』東北編一―三一六号）。

三　常陸国内の合戦と所領地の拡大

佐竹氏一族の攻勢と南朝側の苦戦

建武四年（延元二年〈一三三七〉）、佐竹義篤は佐竹勢の総大将として、常陸国西部や南部において、南朝勢力を攻撃していった。

義篤率いる軍勢は、小田治久の小田城（茨城県つくば市小田）を攻め、二月二十四日・二十六日・二十九日の三度、合戦をしている（『南北朝遺文』関東編一－六五五号、『南北朝遺文』東北編一－二九八・二九九・三一七号）。三月十日、佐竹氏の一族（貞義の弟）である長倉義綱は、伊賀盛光や小栗十郎右衛門らを従えて、小田治久の軍勢と国府原（同石岡市）で戦った（『南北朝遺文』東北編一－二九八・二九九・三一七号）。

七月、貞義の子・小瀬義春は、烟田時幹（常陸平氏）らを率い、九月十九日まで東条荘内の亀谷城（同稲敷市）を攻撃し、笠間城（同笠間市）の笠間泰朝を攻めた。さらに南朝方の公家・春日顕国（?～一三四四）らと小河郷大塚橋爪（同小美玉市）で戦っている（『南北朝遺文』関東編一－七六六号）。

佐竹貞義の所領拡大

後醍醐天皇は、劣勢を挽回するため、北畠親房（一二九三～一三五四）を東国に派遣することにした。暦応元年（延元三年〔一三三八〕）九月、親房は伊勢国大湊（三重県伊勢市）を出発し、太平洋海運を使って常陸国に着岸し、東条荘内の神宮寺城（茨城県稲敷市神宮寺）に入り、同城や阿波崎城（同稲敷市阿波崎）を拠点とした。

同年十月五日、その神宮寺城を、佐竹勢が攻撃している（『南北朝遺文』関東編一－八九〇号）。佐竹勢は阿波崎城を攻略し、親房は小田城に逃れることになった。

このような佐竹氏一族の活躍に対して、貞義には新たな所領や所職が与えられた。建武四年（延元二年）、貞義は、義冬ら子息の討死の恩賞として、陸奥国雅楽荘（福島県相馬市）の地頭職を与えられた（『南北朝遺文』関東編一ー六六七号）。

さらに貞和二年（正平元年〈一三四六〉）、貞義は、常陸国田中荘（茨城県つくば市・筑西市）の地頭職も、尊氏から与えられている（『南北朝遺文』関東編三ー一六二〇号）。

在京する美濃佐竹氏

京都には、尊氏・直義に仕える関東の武士が数多くおり、佐竹氏の一族のなかにも在京する者がいた。貞和元年（興国六年〈一三四五〉）八月、後醍醐天皇の冥福を祈るために創建された天龍寺の供養の儀が行われた。関東の武士も参列しており、佐竹氏の一族では山入師義と佐竹義長の名がみえる（『南北朝遺文』関東編三ー一五八一〜一五八七号）。

この義長は、美濃佐竹氏の一族とみられている。佐竹氏は、「承久の乱」（一二二一年）の戦功に対する恩賞として、鎌倉幕府から、美濃国弾正荘（岐阜県本巣市。旧真正町一帯）・山口郷（同美濃市）・上有智荘（同）の地頭職が与えられ、美濃佐竹氏が成立することになった（多田：一九九六）。常陸の佐竹氏と美濃佐竹氏とが連携して、京都で活動していたのである（鈴木：一九八八）。

四　「観応の擾乱」と佐竹氏一族の動向

直義党と師直党

初期の室町幕府は、足利尊氏と直義の兄弟による「二頭政治」が行われていた。将軍尊氏が武士に対する軍事指揮権と恩賞を与える権限を、直義は民事裁判権と所領安堵権というように、元来将軍に備わっていた権限を分割して行使していた。

その結果、幕府に従う武士たちは、尊氏の執事・高師直に属する師直党と、足利直義に属する直義党とに分かれて対立するようになり、「観応の擾乱」（一三五〇～五二年）が勃発する。

貞和五年（正平四年〈一三四九〉）閏六月、直義は、師直の暗殺を謀ったものの失敗した。直義の要請に従い、尊氏は師直を執事から解任し、甥の師世（?～一三五一）を執事とした。八月、巻き返しを図った師直党の軍勢に圧迫された直義は、屋敷を逃れて尊氏邸に逃げ込んだ。南北朝の戦乱を描いた軍記物語『太平記』巻二十七によれば、山入師義と佐竹義長が師直邸に馳せ参じたという。

尊氏は、師直の要請により直義の執務を辞めさせた。九月、尊氏は、四男の基氏（一三四〇～六七）を鎌倉に下し、これが鎌倉府における関東公方（鎌倉公方）の始めとなる。直義党の中国探題（長門探題）・足利直冬（尊氏の庶長子、直義の養子。一三二七～一四〇〇）は、九州に逃れた。十月、鎌倉にいた足利義詮が、入京して尊氏の後継者となり、十二月には直義が出家した。

直義党として活躍する佐竹氏一族

観応元年（正平五年〔一三五〇〕）十月、直冬が九州で挙兵し、直義と尊氏の不和が明らかとなる。十一月、直義は、高師直・師泰（?～一三五一）兄弟追討の兵を募り、十二月には彼らに対抗するため、南朝に帰順したのである。

関東公方・足利基氏を支える関東管領は、山内上杉氏の上杉憲顕（一三〇六～六八）と高師冬であり（二人制）、憲顕は直義党、師冬は師直党であった。観応二年（正平六年）正月、小瀬義盛（義春の子）は、鎌倉の上杉憲顕の陣に加わっている（『南北朝遺文』関東編三―一九五一・一九五三号）。

同年正月、直義軍は入京し、尊氏・義詮は播磨へ逃れる。二月、上杉憲顕の子・能憲（一三三三～七八）が関東の兵を率いて上洛し、尊氏軍を摂津国打出浜（兵庫県芦屋市）に破った。直義党の優勢のもと、同月に尊氏と直義は和睦し、上杉能憲は摂津国（大阪府北中部の大半、兵庫県南東部）で高師直・師泰らを殺した。

二月、佐竹義篤の子・義香（のち義宣。一三四六～八九）は、直義から、高師直・師泰の誅伐に対する忠節を賞せられている（『南北朝遺文』関東編三―一九六六号）。義香は、父・義篤とともに上洛して直義軍に加わっていた。三月、佐竹遠江権守（佐竹氏一族の長倉氏。市村高男氏の教示）は、直義から関東における忠節を賞せられている（『南北朝遺文』関東編三―一九八一号）。

五月、小瀬義春もまた、直義から関東における忠節を賞せられている（『南北朝遺文』関東編三―二

○○七号）。佐竹義香（義宣）、小瀬義春、そして長倉氏は、関東において直義党として行動していたのである。

佐竹氏に別々に働きかける尊氏・直義

しかし七月、直義は、尊氏とふたたび不和となり、北陸に逃れることになった。十月、尊氏と義詮は、直義に対抗するため南朝に降り、政権の返還と投降を申し入れた。南朝の後村上天皇は、尊氏の求めに応じて、直義の追討を命じる。十一月、南朝は、北朝の天皇・皇太子と年号を廃した（「正平の一統」）。直義は鎌倉へ入り、尊氏は自ら関東へと赴いた。

観応二年（正平六年）、尊氏は直義追討のため、京都から尊氏に従っていた岡本良円を、駿河国手越（静岡市駿河区）から関東の有力武士のもとに派遣し、参集を催促した。良円は、佐竹貞義にも参集を要請した。貞義は、これに応じると回答した請文を良円に渡している（『南北朝遺文』関東編三－二二四八号）。

一方、直義も佐竹氏への働きかけを強めた。十一月、佐竹遠江権守（長倉氏）に対して帰参を命じ、小瀬義春に対しても参上を求めた（『南北朝遺文』関東編三－二〇八九・二〇九〇号）。十二月、直義は、尊氏の東下を防ぐべく、小瀬義盛に対して、相模国（神奈川県の大部分、北東部を除く）の足柄路への出陣を命じている（『南北朝遺文』関東編三－二二二五号、茨城県立歴史館：二〇二〇）。

足利直義殺害と直義党の崩壊

観応三年（正平七年）正月、尊氏は鎌倉へ入り、二月に直義を殺害した。直義党の上杉憲顕は信濃国に逃れる。その一方、関東では南朝勢力が盛り返し、新田義貞の子・義興（一三三一～五八）と義宗（?～一三六八）の兄弟が上野国（群馬県）で挙兵した。

尊氏は、鎌倉を出発して新田勢に対抗し、武蔵国における戦いで勝利した。『太平記』巻三十一には、閏二月の「小手指原の合戦」（埼玉県所沢市）後、石浜（東京都台東区あたりか）に陣を移した尊氏のもとに参集した武士名が記されているが、そのなかには佐竹貞義の子・義篤と、彼の弟・山入師義の名がみえる。

こうした情勢の変化に応じて、これまで直義党として活動していた佐竹貞義の子・小瀬義春も、尊氏方に加わった。文和二年（正平八年〔一三五三〕）七月、尊氏は、義春に対し、常陸国における「凶徒退治」を命じた（『南北朝遺文』関東編四‐二四七八号）。文和三年（正平九年）十二月、尊氏は、義春に対して、常陸国において忠節を致すことを命じている（『南北朝遺文』関東編四‐二六二五号）。

五　佐竹貞義の死と家督相続

都で侍所頭人を務めた義篤

文和元年（正平七年〔一三五二〕）九月十日、佐竹貞義が死去した（『後鑑』『佐竹家譜』）。子の義篤が家督を継ぎ、常陸国守護も継承することになった（佐藤：一九六七）。

このころ、義篤は在京していた。文和三年（正平九年）以降、義篤は、室町幕府の侍所頭人（所司）を務めていた。侍所頭人は、山城国（京都府南部）守護職を兼帯することになっていた。義篤が侍所頭人を務めていたことが確認されるのは、同年十月十三日から延文二年（正平十二年〔一三五七〕）五月二十一日までの間である（今谷：一九八六）。

義篤は、東寺領の拝師荘（京都市南部）、植松荘（同）の現地を、雑掌や代官に渡す処置をしている（『南北朝遺文』関東編四―二五九一・二五九二・二五九五・二六〇二・二六〇四号）。また、足利直冬との戦いで、勲功賞として島津氏久（一三二八～八七）に与えられた木幡荘（京都府宇治市）については、氏久の代官頼兼に現地を渡すことを、幕府から命じられている（『南北朝遺文』関東編四―二七四〇号）。

文和四年（正平十年）正月、南朝と結んだ足利直冬が京都を攻めたため、尊氏は比叡山、義詮は神南（大阪府高槻市）に布陣して対峙した。二月には、京都で合戦が始まった。

『太平記』巻三十三によれば、義篤は、仁木氏・細川氏らとともに七条西洞院（京都市下京区）へ押し寄せ、但馬国（兵庫県北部）、丹後国（京都府北部）の敵らと戦ったという。その後、尊氏は京都を回復し、直冬らは八幡（京都府八幡市）に退いている。

四カ国にわたる所領と「佐竹義篤譲状」

右の合戦の最中、文和四年（正平十年）二月十一日、義篤は子の義香に対して譲状を作成している（『南北朝遺文』関東編四－二六三一号）。

義篤は義香に対し、以下の所領を譲っている。

常陸国では、①**佐都西郡太田郷**（茨城県常陸太田市）。②**久慈東郡高倉郷・久慈庄**（同）。③**那珂西郡**（茨城県水戸市飯富町より上流の那珂川西岸地帯）。④**多珂郡多珂庄**（茨城県北茨城市・高萩市・日立市）。⑤**石崎保**（同茨城町）。⑥**那珂東郡戸村**（同那珂市）・**小場県**（同常陸大宮市）。

陸奥国では、①**中野村、小堤村**（福島県いわき市）。②**佐渡南方**（同。旧沢渡村）。③**江名村**（同）。④**絹谷村**（同）。

越中国（富山県）では、**下与河村**（射水郡阿努荘の中の下与河保。富山県氷見市）。

加賀国（石川県南部）では、**中林村**（石川県野々市市）。

以上、義篤の所領は、常陸国太田郷をはじめとする同国北部のみならず、陸奥国の浜通り（福島県の太平洋岸）や越中国、加賀国といった北陸地方にまで広がっていたことがわかる。北陸地方の所領は、義篤の在京活動に対して、幕府から与えられた所領ではなかろうか。美濃佐竹氏は、義篤から越中国の所領支配を委任されていた（鈴木：一九九八）。

おわりに――活躍は日本列島全域に及ぶ

広い視野が必要

その後、義篤は常陸国に居所を移し、康安二年（正平十七年〔一三六二〕）正月十一日に死去する（『佐竹家譜』）。その直前の正月七日に、庶子や寺院に所領を配分する譲状を作成している（『南北朝遺文』関東編四―二九八六号）。

なお、子の福王丸（大山義孝）に、常陸国那珂西高久半分、大山村（茨城県城里町阿波山付近）、内田村（同常陸太田市内田町）などを譲る義篤の譲状は、別途にも作成されている（『南北朝遺文』関東編四―二九八七号）。

義篤の譲状にみられる各地の所領は、貞義の代からの常陸国守護としての活動（総大将など）や、義篤が侍所頭人を務めたことによって獲得したものであった。そして南北朝内乱のなかで、佐竹氏の一族の活躍の場は常陸国にとどまらず、京都や九州にまで及んでいた。その間に美濃佐竹氏との関係も深まった。

佐竹氏一族の中世を考える場合、常陸国北部だけでは不十分であり、陸奥国南部をはじめとして、日本列島全域にわたる広い視野が必要なのである。

【主要参考文献】

茨城県史編集委員会監修『茨城県史　中世編』(茨城県、一九八六)

茨城県立歴史館編『特別展　常陸南北朝史―そして、動乱の中世へ―』(茨城県立歴史館、二〇一四)

同『令和元年度　特別展　佐竹氏―800年の歴史と文化―』(茨城県立歴史館、二〇二〇)

今谷明『守護領国支配機構の研究』(法政大学出版局、一九八六)

亀田俊和『観応の擾乱―室町幕府を二つに裂いた足利尊氏・直義兄弟の戦い―』(中公新書、二〇一七)

櫻井彦『南北朝内乱と東国』(『動乱の東国史』4、吉川弘文館、二〇一二)

佐藤進一『南北朝の動乱』(『日本の歴史』9、中公文庫、一九七四、初出は一九六五)

同『室町幕府守護制度の研究・上巻』(東京大学出版会、一九六七)

清水亮「南北朝・室町期の『北関東』武士と京都」(江田郁夫・簗瀬大輔編『中世の北関東と京都』高志書院、二〇二〇)

十王町史編さん委員会編『十王町史』通史編(日立市、二〇一一)

鈴木満「『酒出文書』と奉公衆佐竹氏」(『秋田県立博物館研究報告』二三、一九九八)

高橋修編『佐竹一族の中世』（高志書院、二〇一七）
高橋裕文『中世佐竹氏の研究』（青史出版、二〇二〇）
多田誠「室町幕府奉公衆美濃佐竹氏について」（『皇學館論叢』二九－六、一九九六）

〈第三章〉【戦国大名化への道程】

百年にわたる本家争いを制し、一族の統一に成功する

今泉　徹

はじめに――長期間の苦闘の末に

佐竹氏は、守護から戦国大名になった領主として知られる。しかし、佐竹氏の戦国大名化への道はスムーズなものではなく、十五世紀前半から百年にわたる有力一族・山入(やまいり)氏との抗争や、親子や兄弟間の家督争いが続いた。さらに、自立性の高い一族や有力国衆(くにしゅう)（戦国期に現れた郷以上の規模で領地を持つ土着領主）の反抗を抑え込むことで、佐竹氏の戦国大名化は初めて実現したのだった。そのため、この長期にわたる争乱を「佐竹の乱」とよんでいる。

最終的に佐竹義舜(よしきよ)（一四七〇～一五一七）が、永正(えいしょう)元年（一五〇四）に山入氏を倒して「佐竹の乱」を収束させた佐竹氏だったが、常陸太田(ひたちおおた)城（茨城県常陸太田市中城(なかじょう)町など）を本拠に権力を再編した

後も、「部垂の乱」（一五二八～四〇年）という一族の反乱が長く続き、なお戦国大名権力の確立に向けて苦闘が続いた。

そこで本稿では、室町時代から戦国時代前半（十五世紀初頭から十六世紀初期）にかけて、佐竹氏が戦国大名にいたるまでの権力形成過程について述べていきたい。この分野では最近研究が進み、新しい事実が解明されている。これまでの研究を整理しながら、佐竹本宗家が一族の争乱を抑え、戦国期の権力として成長していった過程をみていこう。

一　室町幕府・鎌倉府の対立と「佐竹の乱」

乱勃発の背景と山入氏の立ち位置

応永十四年（一四〇七）九月、佐竹氏の当主・義盛（一三六五～一四〇七）が四十三歳で没し、嫡男がいなかったために、佐竹氏の家宰で宿老の小野崎氏や江戸氏が中心になって関東管領・山内上杉憲定（一三七五～一四一三）の次男・龍保丸（佐竹義憲、義人、義仁。一四〇〇～六七）を継嗣とした（83頁の上杉氏略系図を参照）。

これに対して、佐竹氏一族以外からの継嗣に反対したのが、佐竹氏の有力一族である山入与義（？～一四二二）や、同じく一族の小田野・稲木・長倉氏らで、彼らは義盛の弟・粟義有を推して反乱を起こした。これが「佐竹の乱」の始まりである。

乱の背景には、佐竹本宗家の権力強化に庶子家が反発したことがあった（佐々木：二〇一一）。このとき、鎌倉府（室町幕府が関東八カ国と伊豆、甲斐、南奥羽を統治するために設置した機関）の討伐軍が派遣されて長倉氏や山入氏を屈服させ、義憲の家督相続が承認された。

山入氏は、室町幕府初代将軍の足利尊氏（一三〇五～五八）から常陸守護に任じられた佐竹貞義（一二八七～一三五二）の七男・師義（?～一三五一）から始まる。貞義と嫡子・義篤（一三一一～六二）は尊氏の九州落ちで常陸に戻るが、師義は尊氏に近侍して在京を続け、佐竹本宗家に準じた存在となった。

師義は兄の義篤とは別に、常陸国国安・高柿・松平・小里（いずれも茨城県常陸太田市）・小田野（同常陸大宮市）、陸奥国依上保（同大子町。中世には陸奥国白河郡に属していた）などを領した。久慈川支流の山田川流域にある山に、両岸を囲まれた地を領したので、「山入氏」といわれているが（「山入始末」『佐竹家旧記』二）、同時代史料では山入氏ではなく佐竹氏を名乗っていた。本書では読者の便宜を図るために、一般的にいわれている山入氏に表記を統一して述べることにする。

師義の子・与義は常陸に下り、小田野氏、依上氏、袋田氏ら庶子家を派生させて大規模な惣領制（嫡子が庶子を統制支配する同族結合の体制）を展開し、「山入一揆」を形成して本宗家に対抗した。

山入氏は鎌倉府の成立（貞和五年〔一三四九〕）後も、将軍家と直接関係を結ぶ「京都扶持衆」の中

中世佐竹氏略系図

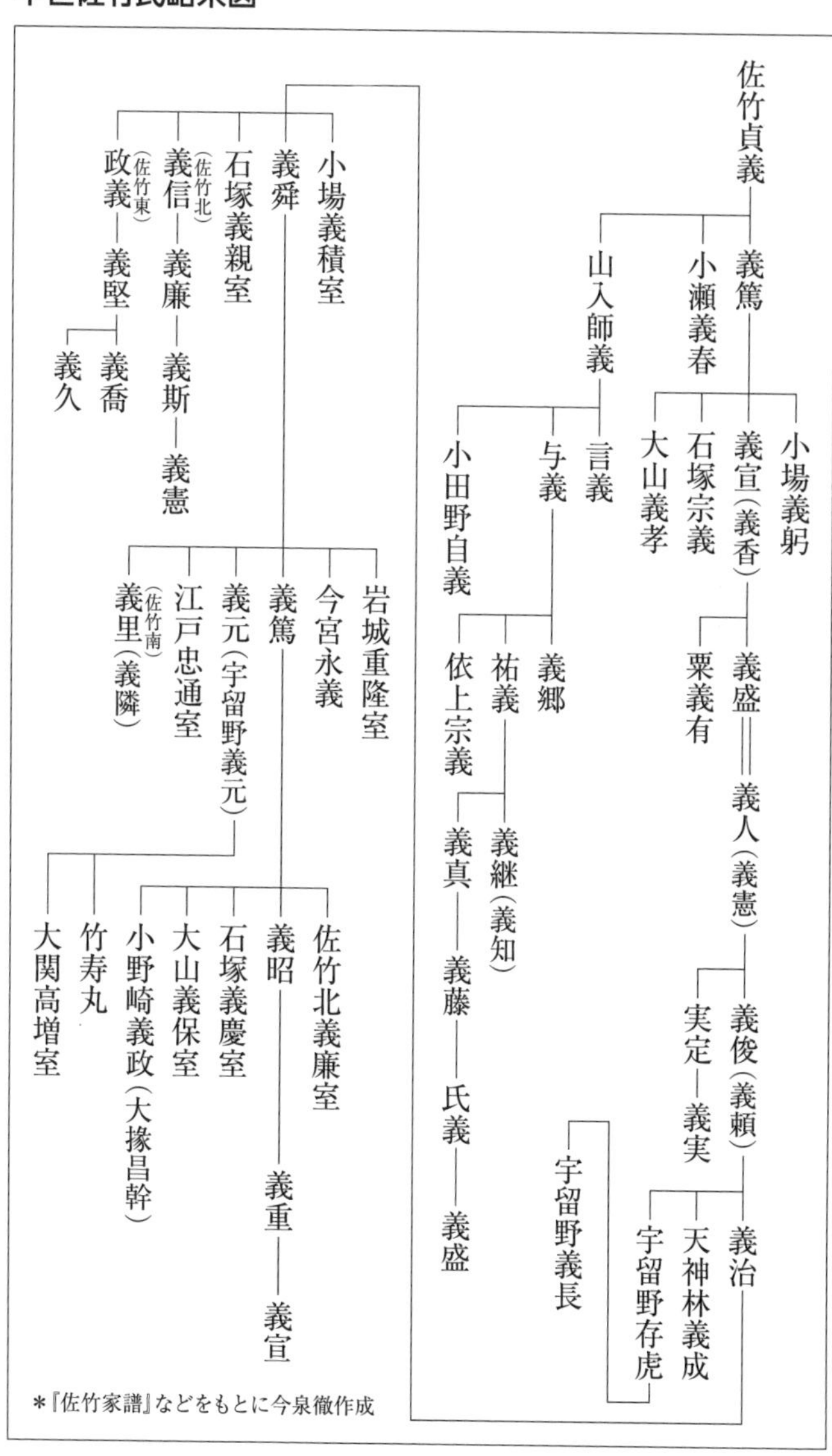
佐竹貞義
義篤
小瀬義春
山入師義
小場義躬
義宣（義香）
石塚宗義
大山義孝
言義
与義
小田野自義
義盛
栗義有
義郷
祐義
依上宗義
義人（義憲）
義継（義知）
義真
義俊（義頼）
実定
義実
義藤
氏義
義盛
義治
天神林義成
宇留野存虎
宇留野義長
小場義積室
義舜
石塚義親室
（佐竹北）義信
（佐竹東）政義
義廉
義斯
義憲
義堅
義喬
義久
岩城重隆室
今宮永義
義篤
義元（宇留野義元）
江戸忠通室
（佐竹南）義里（義隣）
佐竹北義廉室
義昭
石塚義慶室
大山義保室
小野崎義政（大掾昌幹）
竹寿丸
大関高増室
義重
義宣
＊『佐竹家譜』などをもとに今泉徹作成

心的存在になった。室町幕府と鎌倉府が対立する場面では、一族がそれぞれ幕府方と鎌倉府方に分かれて家の存続を図ることは室町期の東国諸氏によくみられたが、山入氏の場合はその最たる例であった。

「上杉禅秀の乱」と室町幕府・鎌倉府の対立

応永二十三年（一四一六）十月の「上杉禅秀の乱」（前関東管領であった上杉禅秀〔犬懸上杉氏憲。？〜一四一七〕が、第四代鎌倉公方・足利持氏〔一三九八〜一四三九〕に反旗を翻した戦い）では、佐竹本宗家・養嗣子の佐竹義憲と宿老の江戸氏・小野崎氏らが鎌倉公方・足利持氏方、山入与義や佐竹氏一族の長倉氏らは禅秀方に分かれた。

室町幕府が鎌倉府に援軍を送ると、翌応永二十四年正月、戦いに敗れた禅秀らは鎌倉で自刃した。実家の山内上杉家と連携して持氏方として活躍した義憲は、その戦功によって「鎌倉府評定頭人」になる一方、佐竹氏一族の稲木氏、長倉氏、額田氏らは山入方だったために次々に討伐され、降伏した。この討伐は、鎌倉府の足利持氏の権力強化策の一環だった。

このころには、山入氏と佐竹本宗家の争いは、それぞれ室町幕府と鎌倉府による権力闘争の代理戦争化の様相を呈していた。応永二十五年十月、幕府は鎌倉公方の持氏に対抗して、山入与義を常陸守護に就けようと画策した。応永二十八年には幕府から持氏へ命令が下るが、持氏は両者の融和を図る

上杉氏略系図

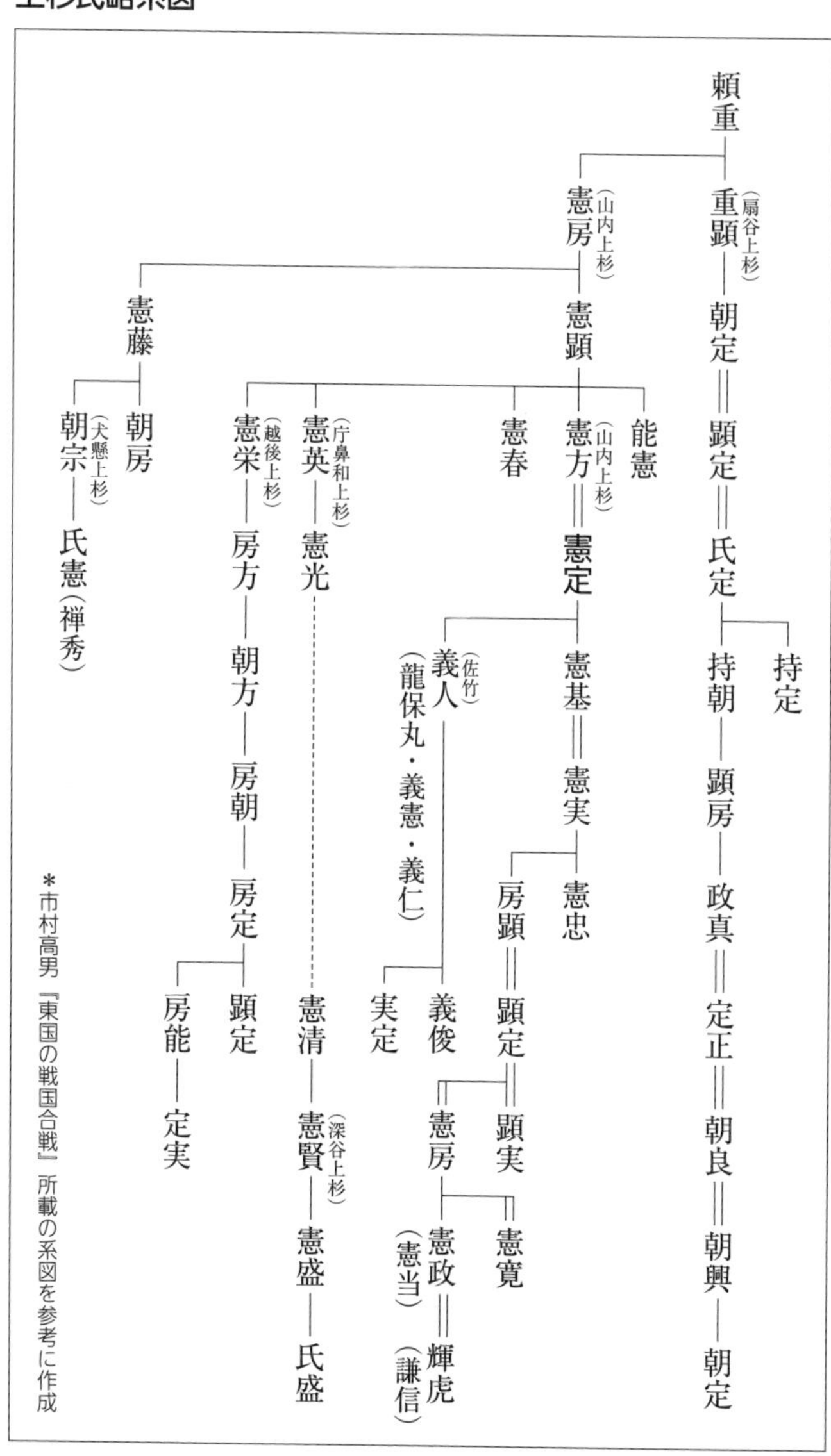

＊市村高男『東国の戦国合戦』所載の系図を参考に作成

と幕府に返事した。

その一方で持氏は、応永二十九年閏十月、鎌倉の屋敷にいた山入与義を攻めて自害させる。それを知った与義の子・祐義は、額田城（茨城県那珂市額田南郷町）で挙兵した。佐竹義憲も山入氏の所領を与える条件で白川氏の援軍を得て、山入氏一族の依上氏を攻めた。

さらに、持氏の命令で「鎌倉府奉公衆」の宍戸氏が、山入氏の本拠地・山入城（国安城。茨城県常陸太田市国安町）に近い利員城（同常陸太田市中利員町）を攻めた。耐えかねた山入祐義は、鎌倉府に反抗していた幕府の御料所・小栗御厨（同筑西市・桜川市）の領主・小栗満重（?〜一四二三）による「小栗氏の乱」に乗じて小栗城（同筑西市）に逃げ込む（次頁の地図を参照）。

応永三十年六月、山入氏の窮状と小栗氏の乱の報を受けた幕府は、山入祐義を常陸守護に任じ、東国の「京都扶持衆」に小栗氏・山入氏らの救援を命じたが、同年城は落ち、祐義は小栗城から脱出した。戦果に満足した鎌倉公方・持氏は、応永三十一年二月に幕府と和議を結んだ。

佐竹本宗家と山入氏の「常陸守護」問題

応永三十二年閏六月に足利持氏は、佐竹義憲と山入祐義をそれぞれ常陸の「半国守護」にするよう幕府に申請するが、その一方で持氏は、前年のうちに早くも和議を破って山入氏方への攻撃を始めていた。これに対抗して正長元年（一四二八）に、佐竹氏一族の高久氏・檜沢氏らが山入氏に味方し

「佐竹の乱」関係要図（常陸国）

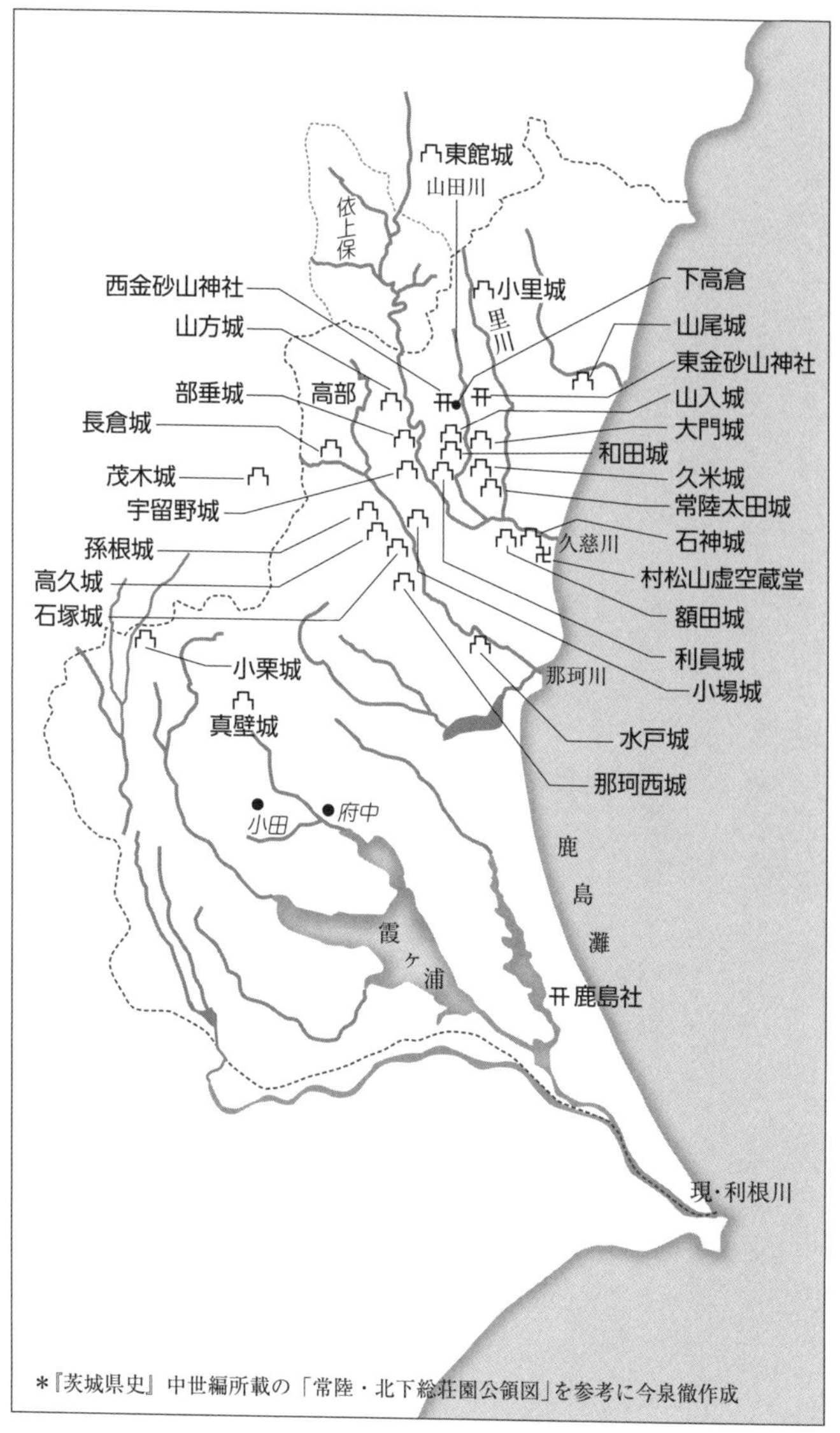

＊『茨城県史』中世編所載の「常陸・北下総荘園公領図」を参考に今泉徹作成

て反乱を起こすが、持氏の「鎌倉府奉公衆」の里見家基（一四〇九?～四一）が山入氏領の野口（茨城県常陸大宮市）を攻め、さらに両氏を討った。

幕府も正長二年には、持氏の地位をねらう篠川公方・足利満直（持氏の父・満兼〔一三七八～一四〇九〕の兄。現在の福島県郡山市笹川〔篠川御所〕にいた。?～一四四〇）、白川氏や上那須氏らに山入氏支援を命じ、両者の戦闘が始まる。この争いも永享二年（一四三〇）に幕府が援軍派遣を決めたため、翌三年七月に持氏は幕府と和睦した。

しかし現地では戦いが続き、永享四年に石神城（同東海村石神内宿）で合戦があり、永享七年六月には、「長倉城の乱」（同常陸大宮市長倉）で持氏が軍勢を派遣し、十二月には「京都扶持衆」の長倉義成を屈服させる。同年九月には、佐竹義憲が山入城に隣接する和田（同常陸太田市和田町）を改めて山入氏を追い詰めた。

「永享の乱」と「結城合戦」

その後も山入氏を攻めた足利持氏は、室町幕府方の関東管領・山内上杉憲実（一四一〇～六六）と対立し、永享十年八月、室町幕府第六代将軍の足利義教（一三九四～一四四一）は持氏の討伐を命じた（「永享の乱」）。幕府の上杉氏への援軍が到着すると、持氏は敗れて降伏した。さらに翌永享十一年二月、持氏は幕府に命じられた上杉氏に攻められ、鎌倉の永安寺（廃寺。神奈川県鎌倉市二階堂）で自害した。

この間、佐竹義憲は「義人」と改名して嫡子・義頼（五郎、義俊。一四二〇～七七）に家督を譲る。その後、佐竹義人は、実家の山内上杉家を頼って幕府方になったため、山入氏との抗争はやむことになる（佐藤：一九九八）。

永享十二年、幕府の関東支配を嫌う結城氏朝（氏朝の「氏」は、持氏の偏諱〔将軍や大名が功績のあった臣に自分の名の一字を与えること〕。一四〇二～四一）らが、持氏の遺児・春王丸（?～一四四一）と安王丸（同）を擁して挙兵する（「結城合戦」）。この事態に対して佐竹義人は、娘が結城氏朝の妻となっていたことに加え、山入氏への対抗上、結城氏を支援した（高橋：二〇二〇）。そのため幕府は、山入祐義らに義人への攻撃を命じた（山川：二〇一七）。

しかし、弱体化していた山入氏の活動は、嘉吉元年（一四四一）八月に、幕府が関東に使者として派遣していた等持院の院主（住職）であった柏心に山入祐義の状況を問い合わせたところで、しばらく活動の記録がみられなくなる。

「五郎・六郎合戦」と佐竹本宗家の分裂

幕府と鎌倉府の対立は、このころになると違う形で佐竹氏に影響を与えた。佐竹義人の次男・六郎実定（?～一四六五）は、関東管領の引退を望む上杉憲実の養子になるものの、上杉氏の重臣・長尾氏の反対で実家に戻っていた。

享徳元年（一四五二）にこの実定が、父・義人とともに宿老・江戸氏と結んで、兄・義頼を常陸太田城から追放した（「五郎・六郎合戦」）。これは、幕府の了承のもとで実行されたとみられる（佐藤：一九九八、佐々木：二〇一一）。追放された義頼は、一族であり外戚である叔父の大山因幡入道常金（義長）の孫根城（茨城県城里町孫根）に拠った。

こうして佐竹本宗家は、上杉家・室町幕府方の義人・実定父子と、新たに第五代鎌倉公方となった足利持氏の子・足利成氏（一四三一～九七）と結ぶ義頼の勢力に分裂した。

「享徳の乱」と本宗家争いの決着

享徳三年十二月に、鎌倉公方・足利成氏が関東管領・上杉憲忠（憲実の子。一四三三～五四）を殺害し、公方方と管領方の約三十年に及ぶ「享徳の乱」（一四五四～八二年）が始まった。その後、成氏は古河（茨城県古河市）に本拠を移して「古河公方」とよばれた。これにより東国は戦国時代に突入する。

康正元年（一四五五）、常陸太田城を追放された義頼と嫡子・義治（一四四三～九〇）は、那珂川に面した「那珂の柯斧沼の上の要害」とよばれた那珂西城（茨城県城里町那珂西）に移り（『佐竹家譜』『常陸太田市内外の佐竹氏関連城館』）、那珂川東岸にいる実定方の佐竹氏一族・小場氏を攻めた。

さらに義頼は、小場氏領を与える条件で下那須氏に援軍を要請した。一方、実定は江戸氏だけではなく石神小野崎氏も味方に付け、幕府方の武士の戦功を幕府に注進した。

寛正六年（一四六五）、実定が没して嫡子・義実（一四六一～七九）が五歳で家督を継ぐが、同年に後ろ盾だった江戸通房（一四一〇～六五）が没し、嫡子・通長（一四五〇～九四）が十四歳で家督を継ぐことになり、これにより義実は力を失うことになる（２０２頁の江戸氏略系図を参照）。

同年、義頼・義治父子は、山入城を背後の国見山から見下ろせる大門城（同常陸太田市下大門町）に入り、山入氏と義実方へにらみを利かせた。その後まもなく義頼は、晩年となった実父・義人と和解して常陸太田城に戻ったため、義実は江戸氏を頼って常陸太田城から出奔した（中根：二〇一八）。

常陸太田城に復帰した佐竹義頼が、幕府方になったことで、山入祐義の子・義継（義知。?～一四七八）は古河公方・足利成氏方になる。山入義継は文正元年（一四六六）から応仁元年（一四六七）ごろに、那須氏や白川氏の支援を受けて久米城（同常陸太田市久米町）を攻めた。しかし、義頼方が反撃し、義継はあえなく戦死した。山入氏の家督は、義継の弟・義真に受け継がれた（佐藤：一九九八、中根：二〇一八）。

この後、義頼は家督を嫡子・義治に譲り、「義俊」と改名した（佐藤：一九九八）。応仁元年十一月二十四日に義俊の実父であり、義治の祖父である義人が死去すると、義治の佐竹本宗家の当主としての地位が確立する（81頁の中世佐竹氏略系図を参照）。

このころには宿老の江戸氏、小野崎氏らは、常陸太田城にいるほうを、佐竹本宗家の当主と認定し

足利氏略系図

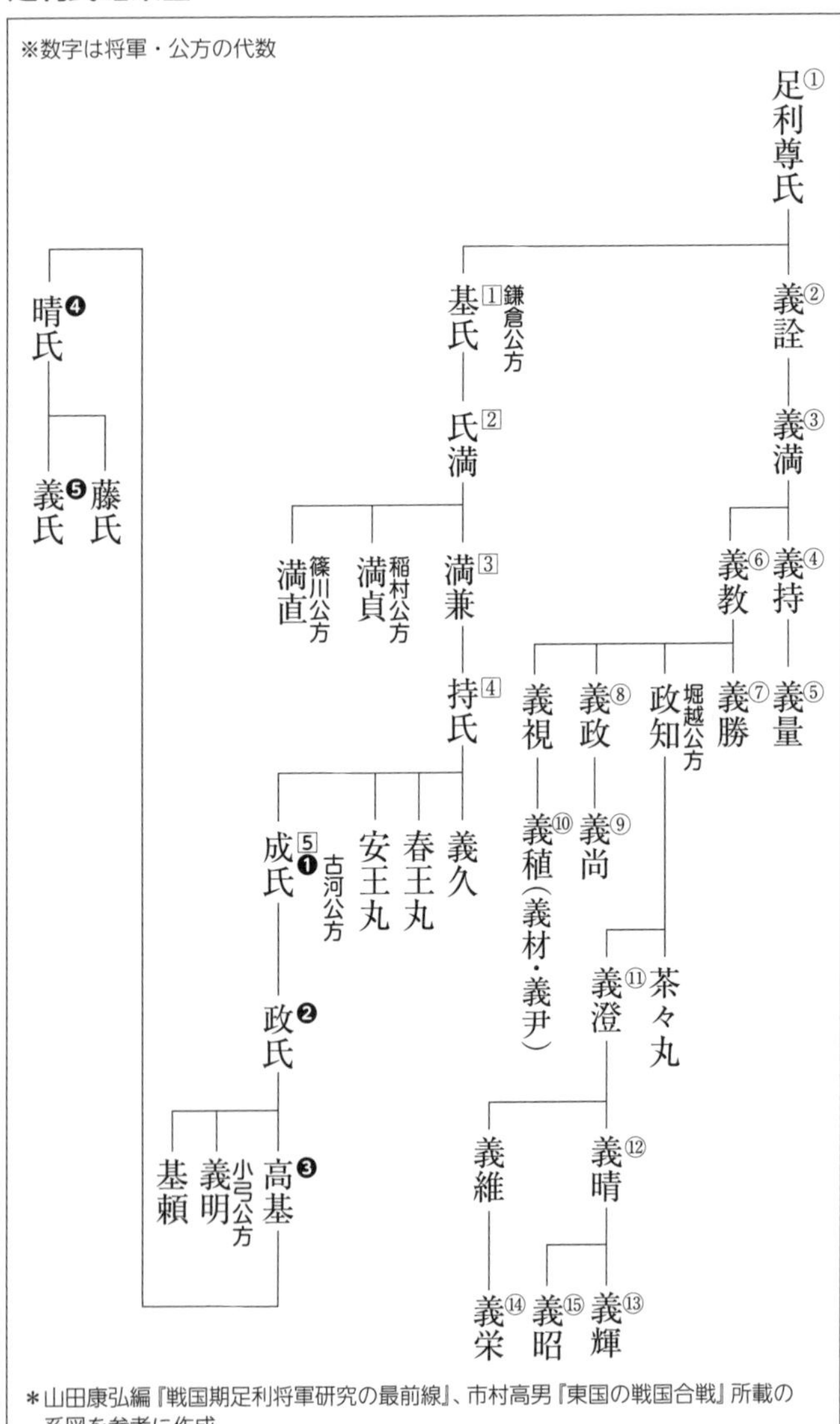

＊山田康弘編『戦国期足利将軍研究の最前線』、市村高男『東国の戦国合戦』所載の系図を参考に作成

て行動するようになり（泉田：二〇一七）、文明十一年（一四七九）、江戸通長は義治の密命で、義治と実父の義俊（義頼）を常陸太田城から追放した実定の息子・義実を毒殺した。

「応仁・文明の乱」（一四六七～七七年）が終わると、古河公方・足利成氏と幕府の和睦交渉が本格化し、文明十四年十一月に和睦（「文明の都鄙和睦」）が成立した。これにより室町幕府と鎌倉府の対立という図式が崩れ、関東における古河公方の意向が大きな意味を持つようになった。

二　〝山入氏の滅亡〟と佐竹義舜の常陸太田城への帰城

佐竹本宗家の孤立と「山入の再乱」

佐竹義治は、常陸太田帰城後も内憂外患に苦しんでいた。文明十七年（一四八五）三月、岩城氏が佐竹氏領に侵攻し、佐竹氏の庇護を受けている村松山虚空蔵堂（茨城県東海村村松）を攻撃して堂塔伽藍を焼失させた。同堂は、久慈川河口の近くに位置し、背景には太平洋海運の利権をめぐる問題があった。

また長享元年（一四八七）ごろには佐竹本宗家内でも、戦乱中に所領を失った被官を宿老の江戸通雅（一四六二～一五一一）が抱き込み、さらに同じく宿老の石神小野崎通綱と連携するなど、義治の子息・義舜に不満を持つ被官の間に不穏な動きが生まれていた（高橋：二〇二〇）。

こうしたことから、古河公方や周辺勢力から佐竹本宗家の所領はねらわれ、延徳元年（一四八九）、白川氏や伊達・蘆名・小山・下総結城氏が常陸太田に向けて侵攻した。このときは、石神小野崎氏が義治の身代わりになって討死するという計略をたて、敵が油断したところを逆襲して撃退に成功したという（佐々木：二〇一一）。

このような本宗家の危機的状況を山入氏は好機と考え、延徳二年四月の佐竹義治の死により、嫡子・義舜が家督を継ぐと、同年閏七月、山入義藤（?～一四九二）・氏義（?～一五〇四）父子が、江戸氏と結んで常陸太田城を急襲した。そのため佐竹義舜は常陸太田城を逃れ、佐竹氏一族で、かつて祖父義頼が頼った大山義長の子・義成を頼り、「五郎・六郎合戦」のときの祖父（義俊）と同じく孫根城（同城里町孫根）に入った（「山入の再乱」）。

「明応の和議」と横領地の返還

しかし延徳四年正月十四日に、山入義藤が没して氏義が家督を継ぐと（『佐竹家譜』）、逆に佐竹義舜が外交で反撃に出る。義舜は同年六月、那須氏や茂木氏に山入方の長倉氏領を、岩城氏には山入方の山尾小野崎氏領を与える約束をして〝山入包囲網〟を形成し、義舜自身は部垂城（茨城県常陸大宮市北町）攻めをめざした（高橋：二〇二〇）。

その結果、明応二年（一四九三）十月、娘が佐竹義舜の室となっていた関係から岩城常隆が仲介に入り、山入氏義の常陸太田在城を認める形で和睦になった（「明応の和議」）。和睦実現の背景には、古河公方・足利氏の支持もあったとみられる（佐々木：二〇一一）。

和睦交渉は翌年まで行われた。これは佐竹義舜が岩城常隆の娘を嫁に迎え（『佐竹家譜』）、さらに宿老・江戸通雅の娘が岩城重隆（?〜一五六九）と縁組みを行い（東京大学史料編纂所架蔵「岩城家譜」）、岩城氏が常陸への影響力を強めるとともに、義舜と宿老の江戸氏・小野崎氏との関係修復をすることで、山入氏を孤立させるものとなった。

交渉に際しては、佐竹氏の宿老・岡本妙誉（?〜一五一七）が延徳二年の「山入の再乱」前後に生じた横領地（不法に奪われた土地）を調査し、乱中の横領地、乱以前の横領地、返されたがふたたび横領された土地などを整理したうえで「当乱相違地」にまとめた（佐々木：二〇一一）。

これによると乱中に横領された所領とは、佐竹義舜の直轄領である料所と、宿老・小野崎筑前守や小貫式部大輔の知行地、小祝氏・山県氏らの近習知行地、佐竹氏一族・小野氏の知行地などである。横領したのは、山尾・額田・石神の「小野崎三家」と江戸氏、そして佐竹氏一族・天神林氏らである。

とくに「小野崎三家」と江戸氏の横領地が多く、彼らはその後、自らの所領と合わせて国衆として一円支配を行い、地域権力を確立した（佐々木：二〇一一、泉田：二〇一七）。こうして横領された所領問題の解決が図られた。

義舜の常陸太田帰城と山入氏の滅亡

外交で孤立してしまった山入氏義は、文亀二年（一五〇二）に反撃に出る。

まず伝承によると、氏義は孫根城を攻め、佐竹義舜が金砂山（茨城県常陸太田市上宮河内町）に逃げ込んだところをさらに攻めて、義舜を自害寸前まで追い詰めたという『佐竹家譜』（第一世義光から第三十世義厚までの佐竹家歴代伝記）の記述がある。しかし、金砂山は山入領の北部にあることから、実態としては、佐竹義舜の圧迫を受けた氏義が、最後の逆襲に出たとみられる（佐々木：二〇一一）。

金砂山は東西の金砂山神社に分かれており、当時は「下高倉」（同常陸太田市天下野町）とよばれ、この地で東西の金砂山神社の参道がつながっていた。当地の土豪・滑川氏が義舜に味方したため、義舜側が断然優勢になったのである。東西の金砂山神社は修験勢力が支配しており、その修験勢力を通じて山中の道が岩城領へと通じていた（「水府志料」『茨城県史料近世編地誌編』）。

このとき金砂山に義舜が籠城したのは、城郭として整っている西金砂山ではなく、防備が整っていない東金砂山のほうであった（高橋：二〇二〇）。

江戸時代後期に秋田藩（久保田藩）が編纂した『国典類抄　軍部』によれば、義舜は、金砂山神社別当で修験の東清寺を頼って東金砂山に籠もった。しかし、山入氏に攻撃されて千手堂で自害しようとしたところ、急に大嵐が来たため逆襲に転じ、撃退に成功したという。義舜は東西の金砂山を往来して督戦していたが、防備の薄い東金砂山にいたところを山入氏義に急襲されてやむなく籠城し、苦戦に陥ったものとみられる。

その後、佐竹義舜は岩城氏の援軍に助けられながら、南下して大門城に入り山入城と常陸太田城の連携を断った。翌文亀三年には、山入城の北隣にある染地区（同常陸太田市中染町周辺）を占領し、山入氏を追い詰める。さらに永正元年（一五〇四）六月末ごろには、義舜が常陸太田城を攻め、まもなく氏義は山入城に逃れた（高橋：二〇二〇）。

常陸太田城を奪還した佐竹義舜は、すぐに山入城を攻めた。氏義は落城寸前のところを城から脱出し、現在の栃木県との県境に近い高部（同常陸大宮市高部）に逃れた。そして永正元年十二月二十七日、山入氏一族の小田野義正に討たれ、事実上、山入氏は滅亡した（江原：一九七七）。

氏義の子・義盛は、天文十四年（一五四五）正月十九日に下野茂木（栃木県茂木町）で没した（『佐竹家譜』）。その間の天文五年ごろ、義盛は「源義護」と名乗り、江戸氏の仲介で依上保（茨城県大子町）から岩城氏の元に引き取られるよう交渉がもたれたが、実現しなかった（泉田：二〇一九）。なお、源義護については、宇留野義長だという説もある（高橋：二〇二〇）。

佐竹義舜の権力再編

義舜が常陸太田城を奪回して山入氏を滅亡させた後も、旧山入氏方の知行地をめぐって紛争が起きたようである。義舜は、これらの地に知行宛行状（主君から家臣に所領を与える際に出された文書）を出して戦後処理をしている。

これも永正七年には終わり、佐竹氏は、俗に「関東八屋形(はちやかた)」(応永(おうえい)六年〔一三九九〕に第三代鎌倉公方・足利満兼(みつかね)〔一三七八～一四〇九〕が就任する際、公方家を支える家と認められたとされる八家を指す)といわれる守護級の家の格式にあることを利用して一族や国衆を支配下に置くようになり、江戸氏や小野崎氏もこれに従った(佐々木:二〇一一)。

永正七年十二月、「洞中(うつろ)」の人返しが行われた。「洞」とは、佐竹氏など平安・鎌倉期から続く旧族領主が多い東国などでよくみられる〝権力編成原理〟である。佐竹氏当主を中心に、国衆も含む〝擬(ぎ)制(せい)的な家の一員〟を形成することによって、戦国期の佐竹氏権力が形成された(市村:一九九四)。また、人返しとは、戦乱で領外に逃げた百姓や奉公人などを元の領主に相互に引き渡す領主間協定のことで、このときは佐竹本宗家領だけでなく、緩やかな形で佐竹氏に従属する「洞中」の国衆や、岩城氏領も対象になるものだった。これにより、江戸氏の領分を認めるとともに、宿老の江戸通雅・通泰(みちやす)(一四八四～一五三五)父子を佐竹氏の「一家同位」の家格にした。

以後、佐竹氏は鎌倉府以来の家格制を残し、功績ある家臣を佐竹「一家」や宿老の家格にしたり、有力な一族を国衆と同格にしたり、あるいは古い一族をしだいに譜代家臣同様の扱いにするなどして、佐竹氏当主を中心とした家臣団を形成していった(今泉:二〇〇二)。

依然として強い「古河公方」の影響力

これまでの研究では、この段階（十六世紀初め）で佐竹氏が戦国大名となったとされてきたが、近年では、本宗家の地位が確立され、戦国期の権力化への道が開かれた段階であるという説が有力である（佐々木：二〇一一）。

佐竹本宗家としての地位を固めた佐竹義舜にとって、この段階でもなお「古河公方」の影響力は強かった。永正七年六月に足利政氏（まさうじ）（第二代古河公方。一四六六〜一五三一）と対立した子の高基（たかもと）（第三代古河公方。?〜一五三五）が関宿（せきやど）（千葉県野田市）に移り、古河公方家の内紛が始まる。

佐竹義舜は、妻の実家である岩城氏とともに政氏方に付き、永正八年には依上保を経由して高基方の上那須氏・宇都宮（うつのみや）氏らを攻撃した。以後、同十三年の「那須縄釣（なわつるし）合戦」（佐竹・岩城氏連合軍と宇都宮氏との戦い。栃木県那珂川町）の敗戦まで下野侵攻を続けた。出兵は、依上保地域での権力確立に必要な行為だった（佐々木：二〇一一）。その後、足利高基の勝利が色濃くなって出兵は終わる。

三　「部垂の乱」と佐竹氏権力の確立へ

乱発生のさまざまな要因をめぐって

永正十四年（一五一七）三月十三日に佐竹義舜が没すると、嫡子・義篤（一五〇七〜四五）が十一歳で家督を継いだ。義篤が幼少のため、義舜の弟である佐竹北義信（一四七六～一五三三）と佐竹東政義（一四八四～一五三四）が政務を補佐した（81頁の中世佐竹氏略系図を参照）。

享禄元年（一五二八）五月ごろから、佐竹氏一族・宇留野四郎家の養子とされた義篤の同母弟・義元（一五一〇～四〇）が、佐竹氏重臣・小貫俊通の守る部垂城の攻撃を始め、翌年十月二日には城内の者を内応させて城内に攻め込み、俊通を自害に追い込んで同城を奪取した。これにより「部垂の乱」が始まる。この乱は佐竹氏一族宇留野氏を継がされて、兄義篤の政治に反感を持つ佐竹義元に、同じく義篤の強圧的な政治に不満を持つ宇留野氏、小場氏、長倉氏ら佐竹氏一族の領主が同調して起きた反乱である。これに江戸氏や、岩城氏や白川氏ら周辺の領主が乗じて戦に加わったので長期化し、天文九年（一五四〇）まで続いた。これまで佐竹氏関係の家譜や年代記から享禄二年十月から始まったとされてきたが、従来いわれるより一年早く乱が始まっていたのである（市村：一九九四、高橋：二〇二〇）。

乱の原因としては、義篤の異母長兄で修験の道に入って天白羽神社（天志良波神社。茨城県常陸太田市白羽町）の別当となっていた今宮永義が、義元と同じく義篤の家督相続に不満を持ち、佐竹氏一族の小場氏や長倉氏、そして高久氏と結んで反乱を起こしたという説がある（江原：一九七七）。また、佐竹氏の本宗家内の主導権争いと、本宗家に対する一族門閥の不満が結合した権力闘争であるという説もある（市村：一九九四）。

近年の研究では、地域の国衆同士の紛争が重なり、そこに岩城氏や白川氏らが引き込まれたという説も出ている（泉田：二〇一九、高橋：二〇二〇）。大局的にみると、佐竹義篤が権力強化を進めることに反感を持った佐竹氏一族に押されて、義元が政権簒奪を図ったという説が有力である（佐々木：二〇一三）。

この乱が断続的に長期間続いた背景には、白川氏、岩城氏が仲介したことや、上那須氏、下那須氏の内訌との関係も指摘される（山縣：二〇一七、泉田：二〇一九）。これらに小田氏と江戸氏の対立も加わったことや、東国諸氏の家中再編の影響についても今後考えていく必要がある。

乱の終結までの経緯

「部垂の乱」の展開については、次のように整理できる（高橋：二〇二〇）。

享禄元年に佐竹（宇留野）義元が、小貫俊通が守備する部垂城の攻撃を始め、翌年十月に占領した。しかし、佐竹義篤は、各地の在地紛争を解決できないままだったのでそのままになった。天文三年から同五年までは、江戸氏と佐竹氏側の国衆との紛争が続いた。江戸氏は岩城氏を引き込み、義元とは別系統の宇留野氏、同じく佐竹氏一族の高久氏や小瀬氏、そして国衆の石神小野崎氏らが同調する。天文四年十二月に、佐竹氏が岩城氏を撃退すると、翌年には小康状態になる。

だが、天文七年には岩城・白川・那須氏を介入させようとした義元の動きが露見し、義篤側との激しい抗争が起きる。同年三月には、義篤と佐竹氏一族・小瀬氏との戦いや義元が籠もる部垂城攻防戦が始まり、翌年には本宗家に近い大山氏と対立関係にあることもあって、小場氏も義元に同調して抵抗する。

しかし、天文九年三月十四日、佐竹義篤方の攻勢で部垂城は落城して佐竹義元は自害し、義元の嫡子の竹寿丸（たけじゅまる）については、『佐竹家譜』では父とともに自害したというが、地元の伝承によると一時城から逃れたが、探し出されて殺害されたという（江原：一九七七）。小場義実（よしざね）（一四八三～一五四〇）も義元に味方して戦死した。四月三日には長倉義忠（よしただ）（義成（よしなり））も「野口（のぐち）の戦い」（茨城県常陸大宮市野口）で戦死して乱が終わった。

この乱の終結をもって佐竹氏一族の反抗はなくなり、部垂は本宗家の本領になるなど、久慈川と那珂川に挟まれた地域も再編されることになる。

縁戚関係を利用して戦った両勢力

ところで、義元方の領主たちはなぜ義元に味方したのかを考えるために、彼の縁戚（えんせき）関係をみてみよう。まず義元とは別系統の宇留野義長（よしなが）は、義元の後見役であった。江戸忠通（ただみち）（一五〇八～六四）の室は義篤と義元共通の妹だが、忠通が勢力拡大をねらい、義元に味方した。

宇留野（茨城県常陸大宮市宇留野）に隣接した所領を持つ小場義実も勢力拡大のために義元に味方し、

義実は妹を高久義貞の室とした（江原：一九七七）。さらに、山尾小野崎朝通の室が小場義実の子・義忠の娘で、義元の娘が上那須の国衆・大関高増（一五二七〜九八）の室（『寛政重修諸家譜』十一）となっている。

つまり、義元方の佐竹氏一族や、佐竹領内外の国衆たちは、義元と縁辺でつながっていたのである。

これに対して佐竹義篤が勝利できた理由については、天文八年に朝廷に任官申請し、翌年、右馬権頭に任官したことが有利に働いたという説もあるが（山縣：二〇一七）、これは乱の終息期の話である。

そこで、同じく義篤の縁戚関係もみると、義篤の正室は小田成治（一四四九〜一五一四）の娘、側室が有力国衆の額田小野崎盛通の娘で、義篤の娘が佐竹北義廉（一五一六〜六五）と佐竹氏一族・石塚義慶の室、佐竹氏一族・大山義保室になっている（『佐竹家譜』では大山義景室とあるが誤り）。さらに同母弟の義隣（義里。一五二〇〜？）に佐竹南家を立てさせるなど（『佐竹家譜』）、義篤も政略結婚や分家を取り立てるなどの家の存続・拡大戦略を進めて、義元に対抗したのである。

おわりに――北関東屈指の戦国大名へ

「部垂の乱」で佐竹氏一族は佐竹本宗家のもとに再編され、同氏の領国は常陸北部から南奥・下野東部・常陸南部へと広がっていく。

天文十年（一五四二）に義篤は、白川氏領の南郷（福島県矢祭町・塙町・棚倉町）に侵攻して東館城（福島県矢祭町）を破却させた。天文十四年四月の佐竹義篤の死去によって幼少の義昭（一五三一～六五）が家督を継ぎ、義篤の実弟・義隣（義里）が佐竹南家として取り立てられ、佐竹北義廉や佐竹東義堅とともに後見をした。

天文十六年八月からは「江戸忠通の乱」があるが、天文二十年六月には義昭が忠通（一五〇八～六四）を屈服させている。天文二十年代（一五五一～五五年）には、佐竹氏が常陸国（茨城県の大部分）の一宮である鹿島神宮領を保護するようになるが、これは佐竹氏が常陸国の国主としての自覚をもったことの表れであり、「洞」という〝家支配の権力編成原理〟から〝戦国大名国家としての権力編成原理〟を色濃くしていくことになる。

以後、佐竹氏は名実ともに北関東屈指の戦国大名として雄飛していく。

【主要参考文献】

泉田邦彦「佐竹氏と江戸氏・小野崎氏」（高橋修編『佐竹一族の中世』所収、高志書院、二〇一七）
同「佐竹天文の乱と常陸国衆」（『地方史研究』三九八号、二〇一九）
市村高男「戦国期常陸佐竹氏の領域支配とその特質」（同著『戦国期東国の都市と権力』思文閣出版、一九九九

四）

今泉徹「戦国大名佐竹氏の家格制」（『國史学』一七七号、二〇〇二）

江原忠明「中世」（大宮町史編さん委員会編『大宮町史』所収、大宮町、一九七七）

佐々木倫朗『戦国期権力佐竹氏の研究』（思文閣出版、二〇一一）

同「十六世紀前半の北関東の戦乱と佐竹氏」（江田郁夫・簗瀬大輔編『北関東の戦国時代』所収、高志書院、二〇一三）

佐藤博信「十五世紀中葉の常陸佐竹氏の動向―特に義憲（義人）・義頼（義俊）・義治をめぐって―」（同著『続中世東国の支配構造』思文閣出版、一九九六）

高橋裕文『中世佐竹氏の研究』（青史出版、二〇二〇）

中根正人「享徳の乱と常陸」（黒田基樹編『足利成氏とその時代』所収、戎光祥出版、二〇一八）

山縣創明「部垂の乱と佐竹氏の自立」（高橋修編『佐竹一族の中世』所収、高志書院、二〇一七）

山川千博「東国の戦乱と「佐竹の乱」」（高橋修編『佐竹一族の中世』所収、高志書院、二〇一七）

【さらに詳しく学びたい読者のために】

室町時代から戦国時代前半の佐竹氏については、新たな論文が次々に発表されている。本文に取り上げられなかった論文のうち、主要なものとして以下の論文を紹介したい。

①今泉徹「戦国期佐竹氏の権力確立と鹿島神宮」（二木謙一編『戦国織豊期の社会と儀礼』所収、吉川弘文館、二〇〇六）

②杉山一弥「室町幕府と常陸「京都扶持衆」」（同著『室町幕府の東国政策』思文閣出版、二〇一四）

③藤井達也「天文期における佐竹義篤の動向―岩城氏・白川氏・那須氏との関係を中心に―」（『茨城史林』四二号、二〇一八）

④本間志奈「佐竹義人（義憲）についての基礎的研究」（『法政大学大学院紀要』七五号、二〇一五）

①は佐竹氏が「部垂の乱」後、常陸国一宮の鹿島神宮を保護するようになり、「洞（うつろ）」という家支配の側面が強い支配原理から、国主を意識した支配に変化していく過程を明らかにしたもの。

②は「京都扶持衆」である山入氏だけが、鎌倉府の軍事圧力をはねのけて武力抗争を続けられた背景に、室町幕府が山入氏を常陸守護にして支援し、さらに南奥の篠川公方・足利満直と連携させて、幕府方の新たな政治秩序を作ろうとした意図があったと指摘する。

③は「部垂の乱」から天文期の動向を分析し、岩城氏・白川氏・那須氏の動向に佐竹氏の支配が左右されたことを明らかにする。

④は佐竹義人が実定を支持したため佐竹義頼が孫根城に出奔し兄弟の合戦になったこと、義人が「享徳の乱」で当初は足利成氏方であったこと、生前に嫡子・義頼と和解したことなどを明らかにしている。

第Ⅱ部

戦国大名佐竹氏の合戦史

〈第四章〉

【手這坂の戦い　一五六九年】

〝東関東の盟主〟誕生のきっかけとなった戦い

佐々木　倫朗

はじめに――戦いの意義を知るには、広い視野が必要

永禄十二年（一五六九）、現在の茨城県石岡市で戦闘が行われた「手這坂の戦い」は、佐竹氏に属していた太田資正（三楽斎道誉。元扇谷上杉氏の家臣。一五二二～九一）や真壁氏（桓武平氏の大掾氏の一族）と小田氏治（?～一六〇二。小田氏は、鎌倉時代に常陸国守護を務めた八田知家〔一一四二～一二一八〕を祖とする）の間で発生した戦いである。

この戦いは、永禄年間の中期（一五六三年前後）以降に続いた、小田氏治と小田原北条氏（以下、北条氏）・上杉氏・佐竹氏などが絡むさまざまな勢力争いの画期ともなった。そのため、戦いの結果として起きた変化や戦いの意義については、東関東や常陸国（茨城県の大部分）内だけではなく、時

間的・地理的にも広い視野からとらえる必要がある。

そこで本稿では、「手這坂の戦い」から時間をさかのぼって永禄年間（一五五八～七〇年）より前の東国情勢から話を始めていきたい。

一　北条氏の東国進出と上杉謙信の関東出兵

北条氏の勢力拡大と関東管領・上杉氏の逃亡

室町時代の東国における政治秩序の中心は、室町幕府から〝東国の支配〟を委ねられていた鎌倉府だった。その主の鎌倉公方の系譜を、戦国時代に継承していたのが古河公方・足利氏である（90頁の足利氏略系図を参照）。この鎌倉公方を補佐していた関東管領・上杉氏が、依然として戦国時代にも大きな影響力を持っていた。

その状況を変化させた存在が、北条氏であった。北条氏は、明応二年（一四九三）の伊勢宗瑞（盛時。一般的には北条早雲の名で知られている。一四五六～一五一九）の伊豆討ち入りから東国に進出を果たし、氏綱（一四八七～一五四一）・氏康（一五一五～七一）と代が継承されるなかで武蔵国（東京都〔島嶼部を除く〕、埼玉県、神奈川県の一部）まで進出を遂げ、勢力を拡大していった。

北条氏の勢力拡大の特徴は、伊勢氏から北条氏に名称を改称したことに示されるように、自らを

「公方」を補佐する執権＝管領に擬しながら、東国に大きな影響力を持っていた上杉氏に対抗していったことである。それは従来の東国の政治秩序のなかに、自らを〝公方の補佐役〟として位置づけるなかで、支配を進展させることをねらったものであった。

氏綱は、娘（芳春院。?～一五六一）を第四代古河公方・足利晴氏（一五〇八～六〇）に嫁がせ、氏綱の跡を継いだ氏康は、晴氏と芳春院の子・義氏（一五四一～八三）を古河公方に擁立し、その権威を利用して勢力を拡大していった。

北条氏の勢力拡大に対して、関東管領であった山内上杉憲政（憲当。一五二三～七九）は対抗しえず、天文二十一年（一五四二）に本拠の平井城（群馬県藤岡市）を攻略されてしまう。そして憲政は、長尾景虎（輝虎、上杉謙信〔一五三〇～七八〕。以下、便宜上、上杉謙信に統一する）を頼って、越後国（新潟県の本州部分）に入国する（上杉憲政の越後入国については、弘治三年〔一五五七〕説と永禄元年〔一五五八〕説がある）。

謙信の関東出兵を支持する東国領主層

このような北条氏の勢力拡大に対して行われたのが、上杉謙信の関東出兵であった。

謙信は、出兵に際して周到な準備を行い、まず永禄二年に上洛を果たし、室町幕府第十三代将軍・足利義輝（一五三六～六五）から関東出兵の許可を得た。これは、北条氏が古河公方の権威を利用し、足利義氏を奉じて関東進出を進展させていたことに対抗する意味をもっていた。

謙信は、将軍義輝の意向を受けながら、本来は古河公方・足利晴氏の嫡子であった義氏の兄・藤氏を擁して、関東管領・上杉憲政とともに、従来の東国の政治秩序を再建する意向を示したのであった。この謙信の姿勢は、東国の領主層に広い支持を得た。永禄三年の関東出兵から翌四年の小田原城攻撃にいたる軍事行動は、東国の領主層の協力もあって大きな成果を獲得することになる。

これに対して、佐竹氏の当主であった佐竹義昭（一五三一～六五）は、永禄四年の白川氏（下総結城氏の一族）の支城・寺山館（寺山城。福島県棚倉町）をめぐる攻防戦で、古河公方・足利義氏と北条氏の和平勧告を無視して攻撃を行い、義氏や北条氏との関係も悪化させていた。そのためその後は、謙信の軍事行動に積極的に呼応・対応したのであった。

永禄四年三月には、小田原を攻囲した謙信が、閏三月に山内上杉氏を継承して関東管領に就任し越後に帰国する。その後、北条氏は、現在の東京都青梅市周辺を拠点としていた武蔵の国衆・三田氏（一貫して上杉氏を支持）を滅ぼすなどの攻勢に転じた。

これに対して謙信も関東に出兵を繰り返すが、翌永禄五年四月には、当時上杉氏方（里見氏の関係者）だった葛西城（東京都葛飾区）が北条氏によって攻略されるなど、同氏の勢力はしだいに拡大していった。そのようななかで、同年七月に常陸国において小田氏治が、北条氏に属した。

独自の地域権力化をめざす小田氏

小田氏治は、弘治年間（一五五五〜五八年）から結城氏（下野国〔栃木県〕の地方豪族・小山氏の一族）と領地をめぐり争っていた。その抗争には大掾氏や小山氏、そして北条氏も巻き込んでおり、小田氏は独自の地域権力化をめざしていたと考えることができる。その氏治も、当初は謙信の関東出兵に呼応し、上杉方として行動していたと考えられている。

しかし、氏治が北条方に付いた前後に、府中（茨城県石岡市）の大掾慶幹が死去し、子息の貞国が永禄五年に家督を継承する。この機をとらえた氏治は、翌永禄六年二月に三村（同石岡市三村）に兵を進め、大掾氏を破って勢力拡大のきっかけとした。

これに対して上杉方は、小田氏の勢力圏が、古河公方の御座所である古河（同古河市）や、それを支える簗田氏（古河公方の筆頭重臣）の関宿城（千葉県野田市）を支援するうえで重要な地域と重なることから、早急な対応を迫られた。

そのため、佐竹氏を含んだ上杉方と小田氏の間で、同氏の本拠地・小田城（茨城県つくば市）をめぐって激しい攻防戦を展開することになった。

二 永禄七年から九年にかけての小田城攻防戦

永禄七年の小田城攻略——佐竹・上杉両氏の連携

小田氏の本拠地である小田城の攻防については、「佐竹氏による攻略説」や「上杉謙信による攻略説」などの諸説があり、また軍記物などでは、単純な「佐竹氏の南進策」として評価する説もある。

また、その攻防戦の年次についても、後世に作られた二次史料では異なる年次が記されている。そこで、戦いが行われた同時代に作成・使用された一次史料から、小田城の攻防の年次を整理すると、佐竹氏から小田関係の文書が発給された年次は、永禄七年（一五六四）と永禄十二年に集中していることがわかる。

その永禄七年関係の史料のなかで注目されるのが、上杉氏の麾下にあった横瀬成繁（一五〇六～七八）の判物（花押〔サイン〕が付された発給文書）である（長林寺文書『龍ケ崎市史』中世史料編）。この判物には、東林寺（茨城県牛久市）に対して小茎郷（同つくば市）に関する佐竹義昭と謙信の家臣・河田長親（?～一五八一）の制札を用意して送った旨が記されている。

上杉配下の横瀬成繁が、上杉方の軍勢の乱暴狼藉を禁ずると思われる制札を、佐竹氏と上杉配下の河田長親の二通を用意していたことがわかる。これにより、現在の茨城県つくば市周辺で軍事行動を行っていた上杉方の軍勢が、大別して佐竹氏と上杉氏を中心とする二集団によって組織されていた可能性が理解できる。

そのため、永禄七年二月に行われた小田城攻撃は、周辺の諸勢力を含み込んだ佐竹氏と上杉氏の連携した攻撃であったと考えることができる。そして、両者を中心とした攻撃に、小田氏治は対抗できず、土浦（茨城県土浦市）方面に敗走した。

このように佐竹・上杉氏の連携した軍事行動により小田城は攻略されたのだが、その後の支配は、佐竹氏に委ねられた。佐竹氏からのちに、上杉氏の家臣・北条高広（越後国刈羽郡北条〔新潟県柏崎市〕の領主）にも領地が義昭から分配されており、小田城が佐竹・上杉氏の連携した軍事行動によって攻略されたことが確認できる。そして、両氏の連携した軍事行動から考えれば、この攻略戦が小田氏の北条方化に対して行われた軍事行動であったことがわかる。

永禄七・八年の佐竹氏の小田支配——佐竹義昭の死と小田氏治の復活

佐竹氏の当主であった義昭は、小田氏治の北条方化に対して、積極的な対応を図った。

義昭は、後妻に大掾慶幹の娘を娶り、家督を義重（一五四七～一六一二）に譲って、自らは永禄七年六月に府中に入った（「烟田旧記」）。そして、弟を大掾氏の養子に入れ、大掾昌幹（のち小野崎義政。?～一五八五）と名乗らせている（14・15頁の佐竹氏系図を参照）。佐竹氏は、小田城攻略と大掾氏の家督継承による同氏の弱体化を利用して、積極的に常陸南部への進出を図ったのである。

そして、小田城を中心とする小田支配については、佐竹氏の一族・北家の義廉（一五一六〜六五）が担当した。その義廉には、一族の大山義近（?〜一五六九）や家臣の福地・深谷・安藤・平沢氏などが与力として付属されていた。

同年八月段階で発給された、義昭による家臣宛ての知行宛行状には、「当地在城」や「踞」（腰を据える意）などの記述がある。これは、本領から小田周辺へ来住することを示す文言であり（「秋田藩家蔵文書」四八・五十）、義昭が継続的に小田支配を行おうとしていた意思を示していたことがわかる。

このような義昭の積極的姿勢も、彼自身が永禄八年十一月三日に死去することにより、頓挫してしまう。義昭という中心人物を失った結果、佐竹氏の常陸南部の支配は動揺し、同年十二月には、氏治が小田城奪還に成功し、支配を担当していた佐竹北義廉は逃亡、大山義近は死去している。

永禄七年から八年にかけて、佐竹氏の小田支配が定着しなかった理由は何だったのか。それは、小田城をめぐって激しい攻防が繰り返されていたとともに、小田を中心とする地域が、鎌倉時代から一貫して小田氏によって支配されており、同氏が地域を護り鎮める祭祀などを通じて、地域社会と深く結びついていたことも考慮する必要があるのではないだろうか。

永禄九年の小田城の破却・開城――上杉方のすばやい対応

佐竹義昭の死にともなう、同氏による小田支配の頓挫への上杉方の対応は早かった。

謙信は、関東へ出兵して小田攻略へ向かう姿勢を示した。この圧力に対して小田氏治は、結城氏を通じて小田からの出城の意向を示し、上杉方への従属の意向を示した。

氏治が示した条件には、小田城を出ることとともに、「破却」することが含まれていた（『楓軒文書纂』）。「破却」とは、言葉自体の意味は城を破壊することである。しかし、伊藤正義氏の戦国時代の慣習研究によると、和平の条件として相手に敵対する意志を放棄することを示すために、城の防御施設などを自らが破壊することが明らかにされている（藤木・伊藤：二〇〇一）。

氏治は、小田からの出城と破却を申し出ている以上、本拠地としての小田城の放棄を申し出たに等しく、上杉氏の圧力に屈した状況をうかがうことができる。この小田城の破却とともに、周辺の領地も割譲され、岩付城（さいたま市岩槻区）を追放されて佐竹氏の下に寄寓していた太田資正が、小田城の東にある片野城（茨城県石岡市）に入城した（「烟田旧記」）。

このような上杉氏の圧力もあり、永禄九年段階で、佐竹氏は現在の茨城県石岡市八郷地域（旧八郷町）をほぼ掌握する情勢であった。

三　東国情勢は、上杉、北条、武田の〝三つ巴の争い〟へ

上杉と佐竹の間に生まれた距離感

永禄八年（一五六五）の佐竹氏当主・義昭の死の影響は、小田支配に限られたものではなく、同時に佐竹氏と上杉氏の関係にも影響を及ぼした。

永禄十年に上杉氏の部将・北条高広が北条方に転ずると、上杉謙信から江戸氏（藤原秀郷流・那珂氏の一族）や佐竹東家の義堅（一五一四～?）などの佐竹氏麾下の部将たちに、義昭在世時と同様の関係を、後継の佐竹義重に求める書状が複数出されている（「堀尾文書」『越佐史料』四所収）。

義昭の在世時が強調されるということは、謙信と義重との間には義昭時代ほどの関係を築けていないことが示されている。このことによって、上杉氏と佐竹氏の間の緊密な関係・距離に変化が生まれていることがわかる。

さらに永禄十年を境に、上杉氏と北条氏の間で争われてきた「東国の戦乱」も、変化の兆しをみせはじめていた。

甲駿相「三国同盟」の崩壊から「越相同盟」へ

永禄三年に今川義元（一五一九～六〇）が桶狭間（名古屋市緑区・豊明市）で死去すると、武田信玄

（一五二一～七三）は今川氏に対抗する方向に舵を切る。

信玄は永禄八年に嫡子の義信（一五三八～六七）を、信玄暗殺を画策したとして幽閉し、二年後の永禄十年十月に自害させている（義信の正室は、義元の娘・嶺松院〔?～一六一二〕）。

翌永禄十一年に武田氏は、徳川家康（一五四三～一六一六）との連携の下に駿河侵攻を開始し、武田・今川・北条氏による甲駿相の「三国同盟」が崩壊した。そして、武田氏は、今川氏を支援する北条氏とも抗争を開始した。

これに対して北条氏は、上杉方の簗田氏の本拠地である関宿城を包囲して攻撃を加え、上杉氏と武田氏の両者を同時に敵とする状況に陥ったのであった。この状況を転換するため北条氏康は、永禄十一年十二月に上杉謙信に対して和睦を提案する。

この同盟を「越相同盟」というが、同盟の条件として謙信は、永禄七年に武蔵国岩付を追われた太田資正の「岩付復帰」を交渉条件に入れており、上杉方に有利に交渉は進んだ。

佐竹氏と常陸の領主層が、小田氏を再攻撃する

そのような上杉・北条間で交渉が行われている状況のなかで、佐竹氏（義重）を中心として真壁氏、多賀谷氏（武蔵七党の流れ）などの常陸を中心とする領主層は、永禄十二年正月にふたたび小田氏治を攻撃している（この当時、氏治は小田城に復帰していた）。

この攻撃では、まず小田氏の勢力圏の北端にある海老ヶ島城（茨城県筑西市）を攻撃し、城主の平塚刑部大輔を降伏させた。その後、南下して、小田城周辺を直接攻撃するという本格的なものであった。

こうした状況は、小田氏治が一度放棄した小田城を再整備して勢力回復を図っていたと考えられる。これに対して佐竹氏などがふたたび小田氏を攻撃した理由は、対北条戦のために関宿城を支援するのに、小田氏への攻撃が必須だったと思われる。しかし、この攻撃では小田城は攻略できず、初夏に再度の攻撃を期して佐竹氏側は軍勢を引き揚げている。

そして佐竹氏側は、永禄十二年二月、「関宿救援」のために「越相同盟」交渉中の謙信に関東出兵を求めた。

武田と佐竹、そして東関東の領主層が、政局に絡む

こうした佐竹氏を中心とする常陸の領主層の動きは、武田氏の今川氏攻撃による北条氏の窮状を把握したものであり、この機会をとらえて北条氏への攻撃を意図したものであった（長尾憲景書状「歴代古案」所収）。

これに対して謙信は、「越相同盟」交渉の継続を理由に動かなかった。交渉は、永禄十二年五月の段階で、関宿城攻撃に使われていた山王山の陣城（茨城県五霞町）の破却まで話が進んでいた。交渉

は詰めの段階に入っており、謙信は交渉に重点を置いて情勢を判断したのである。

そして、佐竹氏の元には、北条氏打倒のために「越相同盟」成立の妨害を求める武田信玄の書状（「歴代古案」所収）が送られてきていた。また信玄は、佐竹氏との連携を強調する書状を下野国の茂木氏（常陸国守護を務めたことがある八田氏の一族）にも送っている（「茂木文書」）。佐竹義重の明確な意思を示す史料は少ないが、この時期に佐竹氏が武田氏との交渉を持っていたことは明らかである。東国の政局が、北条・上杉の両者の争いという局面から、新たに武田氏が加わった〝三つ巴の争い〟となっていく。さらに、佐竹氏などの東関東の領主層がそれに絡み、激しく争う局面に転換したことが、この間の状況からうかがえる。

四　「手這坂の戦い」勃発と小田氏の敗北

太田父子の岩付城への復帰問題

佐竹氏ほかの領主層は、上杉氏や武田氏と交渉を行いながら、永禄十二年（一五六九）五月中旬には軍事行動を起こし、小田攻撃を行っている。小田氏治はこの攻撃に対し、撃退して以後の防戦への自信を、下野の有力国衆・那須氏に文書で示している（「那須文書」）。

ここで問題となるのが、氏治が「越相同盟」のことを那須氏に送った同文書中で言及していることであり、氏治もこの交渉の過程を認識していたことがわかる。実際に北条・上杉の交渉の過程で、常陸で継続している小田氏と佐竹氏との抗争の問題も取り上げられており（北条氏政条書写「歴代古案」）、東関東における争点になっていた。

「越相同盟」の交渉は、武田氏の小田原城攻撃などを挟みながら継続し、謙信は同年十月二十八日付の書状で、太田資正の子・梶原政景（一五四八～一六一五）に父子ともに「岩付復帰」実現のために、十一月十日まで上野国倉内（群馬県沼田市）へ同陣することを求めている（「太田文書」）。

謙信とすれば、上杉方として行動したことによって本拠地を追われた父子に、交渉により彼らの望みである「岩付復帰」を実現させる意向であった。しかし、武田氏の動きもあり、太田父子やそれを支援する佐竹氏や宇都宮氏（藤原北家の一族）などの謙信へ同調する動きは、鈍いものとなっていた。

小田勢が筑波山を越えて太田勢を攻撃する

そのような情勢下、永禄十二年十一月下旬に発生するのが、「手這坂の戦い」である。小田氏治は筑波山（茨城県つくば市北端。標高八七七メートル）を越えて「北之郡」（同石岡市八郷町）で軍事行動を起こし、太田資正が拠る片野城への攻撃を図った（次頁の地図を参照）。

これに対して、資正や真壁・大掾氏などが手這坂近辺で反撃し、小田勢は敗北して筑波山を越えて帰陣できず、土浦方面に敗走した。そして、戦いはそれのみにとどまらず、主力が土浦方面へ敗走し

「手這坂の戦い」関連地図

寺山館
陸奥
依上保
下野
倉内
常陸太田城
海老ヶ島城
上野
常陸
真壁城
笠間城
手這坂の戦い
柿岡城
平井城
古河城
筑波山
片野城
府中城
松山城
関宿城
三村
小田城
岩付城
土浦城
武蔵
国府台
下総
相模
上総
小田原城
安房

て防備が手薄となった小田城を、真壁氏を中心とする軍勢が直後に急襲し、攻略してしまうのである。

「手這坂」という地名については、比定地をどこにするかは江戸時代からさまざまな説がある。『八郷町史』では、石岡市小幡の「小字手葉井」を手這坂の地に比定している。石岡市小幡は、現在、石岡市に属する旧八郷町から筑波山を越える風返峠（茨城県石岡市とつくば市の境。標高四一二メートル）の登り口に位置している。道が小道で難路であるが、急襲をねらう小田勢は、この風返峠越えの道を選んだ可能性が高い。

そしてまた、小幡は、真壁（同桜川市真壁）から八郷盆地へ駆けつける通路として想定される湯袋峠（石岡市と桜川市の境。標高二五〇メートル）越えの道を下った場所に位置している。伝承によると、太田資正・梶原政景父子への小田勢来襲の報を聞いた真壁勢が、急遽駆けつけたとされるが、小田勢を迎撃する場所としては適切な地点である。

小田氏の敗北と佐竹勢の進出

小田氏治の出陣と敗北、そして小田城攻略の報に接した佐竹義重は、小田に進出して永禄十二年十一月二十四日に論功行賞を行った。

義重は、合戦に参加したわけではないため、「手這坂の戦い」は厳密には二十四日の数日前に起きたと考えるべきである。佐竹氏の本拠地・太田（茨城県常陸太田市）からの行程を考えると、文禄期

（一五九二〜九六年）に佐竹氏家臣の大和田重清（?〜一六一九）が、笠間（茨城県笠間市）から太田までを一日、太田から宇都宮までを二日ないし一日半で移動している。これを参考に考えると、太田から小田までは、一日半ないし二日の行程と考えられる。

義重が、戦いの報に接した段階でどこにいたかは不明だが、連絡の時間も考えると、その三日前の十一月二十一日前後に「手這坂の戦い」は発生したものと思われる。

そして、「手這坂の戦い」の戦勝と佐竹義重の小田在陣の報に接した宇都宮・多賀谷氏などの上杉方の諸勢力が、小田周辺（同つくば市）に参陣して、小田の地に復帰を図ろうとする小田氏治に圧力をかける。

この結果、十二世紀末の鎌倉期から長きにわたって小田氏によって支配されてきた小田の地は、その後、一時的に小田氏が復帰することはあっても、基本的には同氏の手を離れることになった。

五　「手這坂の戦い」の影響——〝独自路線〟を選択する佐竹勢

「越相同盟」の交渉と太田父子の処遇

すでにみたように、真壁氏や太田資正父子の活躍によって小田城は攻略されるが、その後に問題化してくるのは、太田父子の処遇であった。太田父子は、関東管領家・扇谷上杉氏の家宰・太田氏を出自に持ち、同氏は上杉氏の関東進出において重要な役割を果たした。

しかし、永禄七年（一五六四）には、下総の国府台（こうのだい）（千葉県市川市）で起きた「第二次国府台合戦」において、里見氏や岩付太田氏などの連合軍が北条氏に敗北し、その影響もあって北条方となった長子の太田氏資（うじすけ）（一五四二〜六七）によって資正は岩付城を放逐される。

その後、宇都宮などに滞在した後、永禄九年には佐竹氏に寄寓（きぐう）し、子の梶原政景は柿岡城（かきおか）（茨城県石岡市）に、父の太田資正は片野城に入っており、二人は「手這坂の戦い」や小田城攻略において戦闘の当事者として活躍していた。

このように上杉氏の関東進出で活躍し、そのために本領である岩付城を追われた太田父子の処遇は、謙信にとっても、放置できない問題であった。したがって先にも触れたとおり、謙信は父子の「岩付復帰」と、その支城・松山城（埼玉県吉見町（よしみ））の引き渡しを北条氏に強硬に求めていた。

これに対して北条氏は、武田氏の攻勢もあってしだいに態度を軟化させ、先に触れた永禄十二年十月二十八日には、謙信から梶原政景への参陣要請が行われたのであった。さらに翌永禄十三年二月の段階では、子の政景を小田原城（神奈川県小田原市）に人質に出すこと、謙信の武田方への早期の攻撃を条件に、北条氏は提案を承諾する。

その承諾の意を北条氏は起請文（きしょうもん）に表している（「上杉家文書」『茨城県史料』中世編V所収）。したがって、「越相同盟」の机上の交渉では、条件付きながらも、太田資正の「岩付復帰」は実現していたことになる。

そして、この同盟交渉が行われている時期に、小田氏治による片野城攻撃がなされ、その反撃として佐竹氏方の小田城攻略が行われたのであった。

謙信の参陣要請に沈黙する佐竹勢

小田氏治の軍事行動自体は、おそらく氏治自身の判断による攻撃であったと思われる。「越相同盟」の交渉を批判的な視点でみていた佐竹氏ほかの領主層よりみれば、この氏治の軍事行動自体が、その後の情勢に対して態度決定の最終的な契機になった。

以後、再三にわたる謙信からの参陣要請に対し、佐竹氏と、謙信から「東方之衆（とうほうのしゅう）」と表された東関東の領主層は、黙殺しないまでも沈黙することになる。これに対して謙信は、上野国に着陣しながらも、結局のところ太田資正や佐竹氏などの参陣がないため、永禄十三年三月段階で「岩付接収」を断念せざるえない事態に立ち至る。

そして謙信は、資正に対して「天罰者（てんばつもの）」と言い放ち（「上杉神社文書」『新編埼玉県史』資料編6）、怒りを示しながら越後へ帰還したのであった。

浮き彫りになった謙信と佐竹勢の違い

上杉謙信が「岩付接収」を断念すると、それとともに決定することになったのが、太田資正の小田城在城であった。

小田城攻略後の謙信の書状中には、資正が小田在城を考えているのではないかという趣旨の文言があり（「歴代古案」）、上野参陣交渉の水面下では、

①太田資正が攻略した小田城に在城させるか。

②「越相同盟」の交渉成果として岩付城に復帰させるか。

という二者択一の交渉が、謙信と佐竹氏・「東方之衆」の間で行われていたのであった。

この謙信と佐竹氏方の諸将の意向の対立は、太田資正が岩付城に復帰できたとしても、はたしてそれを維持できるか、という問題に対する認識の違いでもあったと思われる。北条氏に直接対峙しつづけている太田資正や佐竹氏・「東方之衆」にとって、「越相同盟」の交渉によって復帰が実現しても、その維持は困難であると認識していたと思われる。

その点、越後を本拠として従来の「公方」を中心とする秩序に依拠し、関東問題を考える謙信と、太田資正や佐竹氏・「東方之衆」の認識は別であった。そして、その認識の違いが、今まで関東管領として自らを位置づける謙信に従っていた佐竹氏や「東方之衆」には、それまでとは違った〝独自路線〟を歩ませることになったと思われる。

おわりに――有力者から戦功を評価する立場へ

小田城問題と関東全域の政治情勢

これまでみてきたように、永禄期(一五五八~七〇年)の小田城をめぐる攻防戦は、永禄十二年(一五六九)十一月の佐竹勢による攻略にいたるまで、たんに常陸国内の小田支配をめぐる問題ばかりではなく、一貫して関東全域をめぐる政治情勢と深く結びついて展開してきた。

そして、その決着をつけたのが「手這坂の戦い」であった。その意味で、この戦いの持つ意義は、たんに小田氏治が小田支配の主導権を手放さざるをえなかっただけではなく、関東全域の政治情勢にも大きな意味を持った。

それは、古河公方を中心とする伝統的な秩序に基づいて、関東へ進出した上杉謙信に従いながらも、自らの権益拡大を考えていた東国の佐竹氏や常陸国・下野国・下総国などの「東方之衆」とよばれる領主層が、〝独自の政治判断〟を示しはじめたことを意味する。そこには、新たに関東に進出してきた武田氏の問題も考えなければならないが、彼らがひとつの勢力として行動しはじめたことに、より注目する必要があると思う。

「手這坂の戦い」＝連合勢力形成への画期となった戦い

さらに佐竹氏が、その「東方之衆」の中心として存在感を強めていったことにも注目しなければならない。

佐竹義重は、永禄十二年の小田城攻略の際には、「東方之衆」の一員である真壁氏の庶子や家臣へも、感状（主君が部下の戦功を賞して出す書状）や官途状（主君が部下の戦功を賞して、特定の官位を私称することを許す書状）を発給しており、たんなる連合勢力の有力者の立場から、戦功を評価する立場へと変化を遂げている。

また、太田資正父子に関しても、義重が父子の進退に大きな影響力を持っていた。したがって、父子の去就は、義重の意向と不可分であったと思われる。その意味でも、謙信による要請に対して父子の不参と小田在城は、義重の「岩付接収」への反対の意向をも示している。

このように、義重の主体的な判断の下に小田城の攻略と維持を行い、それが周辺領主層によって支持され、かつその攻略の際の戦功を評価する立場に立っていることがわかる。

このことからも、佐竹氏はこの段階でたんなる「東方之衆」中の有力豪族から、常陸・下野東部の領主層の指導的存在＝「盟主」へと転化を遂げていることになる。佐竹氏は、北条氏に対抗する「東方之衆」の利害を保証する立場に転化しつつあったのであり、しだいにその立場は強固なものとなっていった。

したがって、永禄十二年十一月に行われた小田進出（「手這坂の戦い」）は、東関東の諸勢力が、佐竹氏を核とする連合勢力の形成へのひとつの画期となったと評価できる。佐竹氏は、「東方之衆」とよばれる領主層を完全に従属下においたわけではないが、共通の脅威に対する安全保障のために集まった領主層の盟主として勢力圏を形成したのであった。

そして、「手這坂の戦い」が、佐竹氏が常陸北部を勢力基盤としながらも、さらに下野国・下総国（千葉県北部と茨城県・埼玉県・東京都の一部を含む）に影響力を振るう権力として、飛躍する画期をも得たととらえることができよう。

【主要参考文献】

佐々木倫朗「佐竹氏の小田進出と越相同盟」（『戦国史研究』四二号、二〇〇一）
同「謙信の南征、小田原北条氏との抗争」（高橋修編『佐竹一族の中世』所収、高志書院、二〇一七）
谷口榮『東京下町に眠る戦国の城・葛西城』（シリーズ「遺跡を学ぶ」057、新泉社、二〇〇九）
筑波町史編纂専門委員会編『筑波町史』（上巻、つくば市、一九八九）
中根正人「戦国期常陸大掾氏の位置づけ」（『日本歴史』七七九号、二〇一三）
藤木久志・伊藤正義編『城破り（しろわり）の考古学』（吉川弘文館、二〇〇一）
八郷町史編さん委員会『八郷町史』（八郷町、二〇〇五）

市村高男『東国の戦国合戦』（「戦争の日本史」10、吉川弘文館、二〇〇九）
丸島和洋『戦国大名の「外交」』（講談社選書メチエ、二〇一三）

〈第五章〉

【沼尻合戦　一五八四年】

反北条勢力が結集した関東の〝天下分け目〟の戦い

千葉　篤志

はじめに――北条氏の北関東への侵攻

「沼尻合戦」とは、天正十二年（一五八四）五月から七月に、下野国都賀郡藤岡（栃木県栃木市藤岡町）を中心とする地域で、小田原北条氏（以下、北条氏と表記）と佐竹氏を中心とする反北条氏側の諸領主連合の間で起きた合戦である。

永禄年間（一五五八～七〇年）後半以降、関東では佐竹氏が、常陸・下野・下総の諸領主（「東方之衆」）の中心となる情勢がみられるようになる（第四章の佐々木論文を参照）。さらに天正年間（一五七三～九二年）後半に入ると、北条氏が関東の大半を掌握する一方で、永禄年間に関東にたびたび出兵した上杉謙信（一五三〇～七八）に代わって、佐竹氏が常陸・下野の反北条氏勢力の中心となり、北条氏の北関東侵攻に抵抗する情勢となっていた。

「沼尻合戦」は、そのような情勢下で両勢力が北関東に位置する下野南部の沼沢地帯（現在の渡良瀬遊水地北部近辺）を挟んで、百日あまりにわたって対陣した戦いである。同合戦は膠着状態が長期間続く対陣であったが勝敗がつかず、最終的には両陣営が和睦して終結した。

しかし、関東の戦国時代研究では、同合戦が圧倒的な勢力を持つ北条氏に対して、佐竹氏を中心とする北関東の反北条氏勢力が結集して対抗したことに、当時の佐竹氏の政治的地位の高さが理解できるとして評価されている。そのため本稿では、「沼尻合戦」にいたるまでの関東における北条氏と佐竹氏の動向を、最新研究によって概観してみたい。

＊なお、本稿は登場人物の敵・味方関係が煩雑なため、佐竹氏方か佐竹氏方に属したことがある人物の個人名を太字で示した。

一　「沼尻合戦」勃発前の北条氏・佐竹氏の動向

北条氏の攻勢も「小河台合戦」で一時停止

天正二年（一五七四）閏十一月、北条氏政（一五三九〜九〇）は下総国関宿城（城主は古河公方重臣

の**簗田晴助・持助**父子。千葉県野田市関宿）を長期にわたる攻囲の末に攻略した（「第三次関宿合戦」）。関宿は関東平野の中央に位置し、河川交通の重要地点でもあった。これ以降、北条氏は北関東・房総方面への本格的な進出を開始した。

天正四年十二月には下野国祇園城（栃木県小山市城山町）を攻略し、城主の**小山秀綱**（生没年不詳）を常陸国へ追いやった。小山氏は平安時代の武将藤原秀郷を祖先とする領主で、下野南部に根拠地を持つ伝統的な領主であった。北条氏は翌天正五年十月には、安房国（千葉県南部）の里見義弘（一五二五？〜七八）と和睦した。

攻略した小山氏の祇園城には、北条氏康の三男・氏照（一五四二〜九〇）が入った。また、北条氏は常陸攻略の足がかりとして、下総国飯沼城（逆井城。茨城県坂東市逆井）に北条氏繁（氏政・氏照の従兄弟。？〜一五七八）を入れ城主とした（次頁の小田原北条氏略系図を参照）。

天正五年七月、北条氏政は北条陣営から離反した**結城晴朝**（下総結城氏当主。一五三四〜一六一四）を攻撃するため、下総国の結城城（同結城市結城）・山川城（同結城市上山川）に進軍した。下総結城氏は小山氏と同族で下総国北西部に根拠地を持つ伝統的な領主である。しかも、晴朝は小山秀綱の弟で、伯父の結城政勝の養子となり、下総結城氏の家督を継承した人物であった。

北条氏は翌六年にも結城氏を攻撃するが、これに対抗した佐竹氏をはじめとする下野・常陸の諸領主は、同年六月に常陸国小川（同筑西市。JR水戸線の川島駅周辺）に集結して、鬼怒川を挟んで北条

小田原北条氏略系図

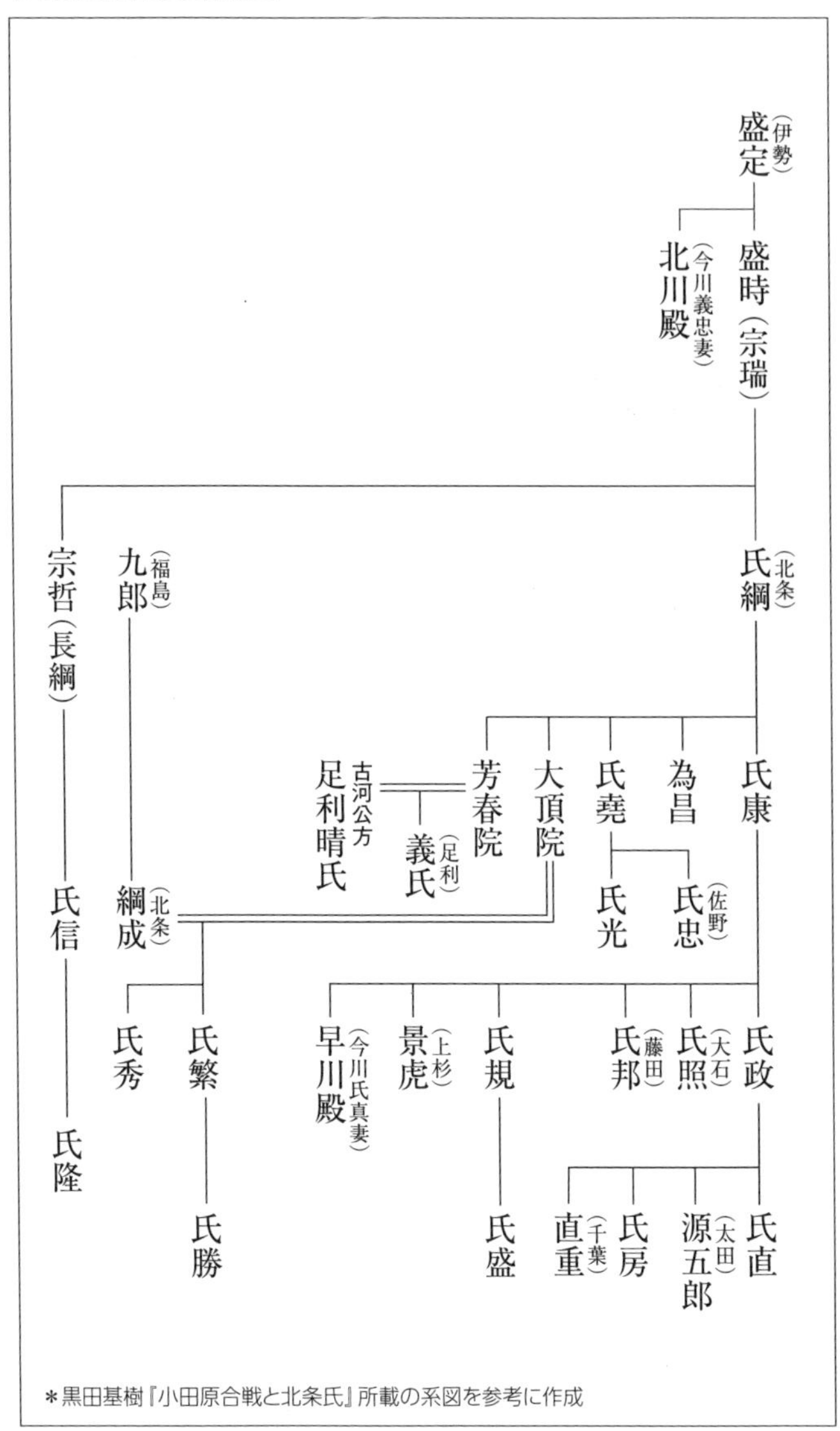

＊黒田基樹『小田原合戦と北条氏』所載の系図を参考に作成

軍と対陣した（「小河台〔小川台〕合戦」）。これにより、北条氏の北関東進出は一時的に停止した。

「御館の乱」に介入する北条氏、陸奥南部に進出する佐竹氏

天正六年以降の北条氏は、同年三月に越後国（新潟県の本州部分）で発生した上杉謙信の死去による後継者争い（「御館の乱」）で、氏政・氏照の弟で謙信の養子に入っていた上杉景虎（一五五四〜七九）を支援した（前頁の小田原北条氏略系図を参照）。

そのため北条氏は、上杉景虎に対抗した謙信の甥・景勝（一五五五〜一六二三）と手を組んだ甲斐国（山梨県）の武田勝頼（一五四六〜八二）と断交し、上野・駿河・伊豆方面で敵対勢力と衝突した。また、この間に遠江・三河の徳川家康（一五四三〜一六一六）や織田信長（一五三四〜八二）とも外交交渉を行った。

一方、佐竹氏は、天正二年正月に勃発した白河結城氏（白川氏）の内紛に乗じて、白川氏領である高野郡（福島県棚倉町・東白川郡を含む地域）へ進出した（「白川氏天正の変」）。しかし、対立する会津（同会津若松市を中心とする広域地名）の蘆名盛氏（止々斎。陸奥国黒川城主〔福島県会津若松市〕・向羽黒山城主〔同会津美里町〕。一五二一〜八〇）や田村清顕（陸奥国三春城主〔同三春町〕。?〜一五八六）の攻勢に押されていたことから、天正六年八月に白川氏と和睦した。

翌七年には蘆名氏とも和睦し、以後、陸奥南部の諸領主と相次いで和睦していった。なお田村氏と

は、天正八年から「御代田合戦」（福島県郡山市）で衝突するものの、翌九年内には和睦した。

また関東方面では、先にも触れたように、天正六年の「小河台合戦」で一時的に北条氏の北関東進出を止めた。一方で**佐竹義重**（一五四七～一六一二）は同年、長年、常陸南部で対立していた小田氏治（常陸国木田余城主〔茨城県土浦市木田余〕。一五三〇？～一六〇二）を攻め、木田余城を落城させて氏治を土浦城（同土浦市中央）へと追っている。

佐竹氏は、天正六年三月の上杉謙信の急死以降は、関東の反北条氏勢力の中心となり、「御館の乱」の際には北条氏と決裂した武田勝頼と手を組み上野東部に進出し、織田信長とも外交交渉を行っていた。

上野国の領有をめぐる北条・佐竹の争い

天正十年三月、甲斐の武田氏が滅亡すると、北条氏と佐竹氏は上野国（群馬県）に進出してきた織田氏家臣の滝川一益（一五二五～八六）へ急速に接近するが、同年六月二日の「本能寺の変」により、織田氏の勢力は関東から撤退した（第十章の柴論文を参照）。

これに乗じて北条氏は、全領国から軍勢を集結して、上野・信濃・甲斐の旧武田領国に派遣した。同様に甲斐へ侵攻した徳川家康は、旧武田領国の領有化をめぐって、北条氏と抗争を繰り広げるが（「天正壬午の乱」）、同年十月に和睦した。

北条氏はこの和睦以降、上野の領国化を進め、天正十一年九月には、利根川沿いにある厩橋城（当時の城主は**北条高広**。群馬県前橋市）を攻略したことにより、上野領国化の拠点を確保した。これにより上野西部は、吾妻郡（群馬県中之条町・長野原町・嬬恋村・草津町・高山村・東吾妻町にあたる地域）を領有する真田氏を除き、北条氏が掌握したことになる。

その一方で上野東部では、佐竹氏が支援する**佐野宗綱**（下野国唐沢山城主〔栃木県佐野市〕。一五五八〜八五）が、**由良国繁**（上野国金山城主〔群馬県太田市〕。一五五〇〜一六一一）と弟の**長尾顕長**（足利長尾氏当主。上野国館林城主〔群馬県館林市〕・下野国足利城主〔栃木県足利市〕。?〜一六二一）を北条氏から離反させ、天正十一年十一月には、北条氏側であった上野国小泉城（群馬県大泉町）の冨岡氏を攻撃した。

二　「沼尻合戦」勃発から終結まで——北条氏・佐竹氏の動向

膠着状態の継続

天正十一年（一五八三）十一月の**佐野宗綱**による小泉城攻撃以降、同年十二月には佐竹方の由良・長尾両氏が同城を攻撃し、翌十二年一月から二月中旬にも攻撃を行ったが、小泉城をなかなか攻略できなかった。

北条氏側は二月上旬に富岡氏支援のために、領国各地から利根川の渡河点が点在する武蔵国（東京都〔島嶼部を除く〕、埼玉県、神奈川県の一部）北部に軍勢を集結させ、利根川を渡って小泉城を救援した。そして、三月と四月には敵方の拠点のひとつである足利城を攻撃した後、**佐野宗綱**の本拠地である下野国佐野に向けて進軍し、五月初旬には上野国と下野国境界の南端に位置する沼尻へと到着した。

この北条軍の動向をみて、**佐野宗綱**と**由良国繁**・**長尾顕長**兄弟を支援していた**佐竹義重**と甥の**宇都宮国綱**（下野国宇都宮城主〔栃木県宇都宮市〕。一五六八～一六〇八）は、天正十二年三月下旬に義重が常陸国太田（茨城県常陸太田市）を出発して、四月十二日までに宇都宮に到着した。義重と国綱は合流した後、四月十七日に宇都宮を出発し、四月二十二日には佐竹軍の一部が、北条氏照の支配下にある下野国小山を攻撃し、五月初旬までには沼尻へと到着した。

こうして両軍はそれぞれ沼尻へ到着したが、佐竹軍が先に陣城（合戦で臨時に築かれた城）を築いていた。これについて北条氏直（氏政の次男。一五六二～九一）が、五月二十一日に富岡氏に宛てた書状（「原文書」）で、なんとしても陣城から敵を引き出して決着をつけたいと述べている。北条軍としては戦闘の長期化を避け、短期決戦を望むものの、決定的な勝敗をつけられない状態であった。

また、佐竹方の**太田資正**（三楽斎道誉。常陸国片野城主〔茨城県石岡市〕）が、五月二十七日に保土原行藤（江南斎。須賀川二階堂氏家臣。一五三八～一六二〇）に宛てた書状の写し（「歴代古案」所収文書）では、両軍が沼を挟んで陣城を築いて対陣していること、軍勢のなかに北条氏の陣から離反して佐竹氏の陣に入った者がいて、それが北条氏側の謀略の可能性があって実態がわからないこと、北条・佐竹両軍が大軍であることなどが記されている。

北条・佐竹両軍の対陣は六月に入っても続き、戦況は膠着状態に陥った。

膠着状態の要因

その要因のひとつとして、両軍が対陣した沼尻の地形的な要因があった。現在、合戦が起きた場所には次のような小字名が残っている（齋藤：二〇〇五）。

・栃木県栃木市藤岡町大田和……陣場
・栃木県栃木市藤岡町都賀……沼尻、沼、蓮沼、上陣場、中陣場、下陣場、木戸内
・栃木県栃木市藤岡町甲……陣場、木戸内

小字名のなかで「沼尻」「沼」「蓮沼」は沼沢地帯に関するもので、「陣場（陣場）」や「木戸内」は合戦に関するものである。これらの小字名の周辺の地形は、「沼尻」の東側に渡良瀬川の支谷があり、三毳山（栃木県佐野市・栃木市）に向けて一直線に延びている（齋藤：二〇〇五）。

その支谷の東側に、「陣場」以下の合戦に関する小字名がある。また、支谷と渡良瀬川が合流する

「沼尻合戦」関連地図

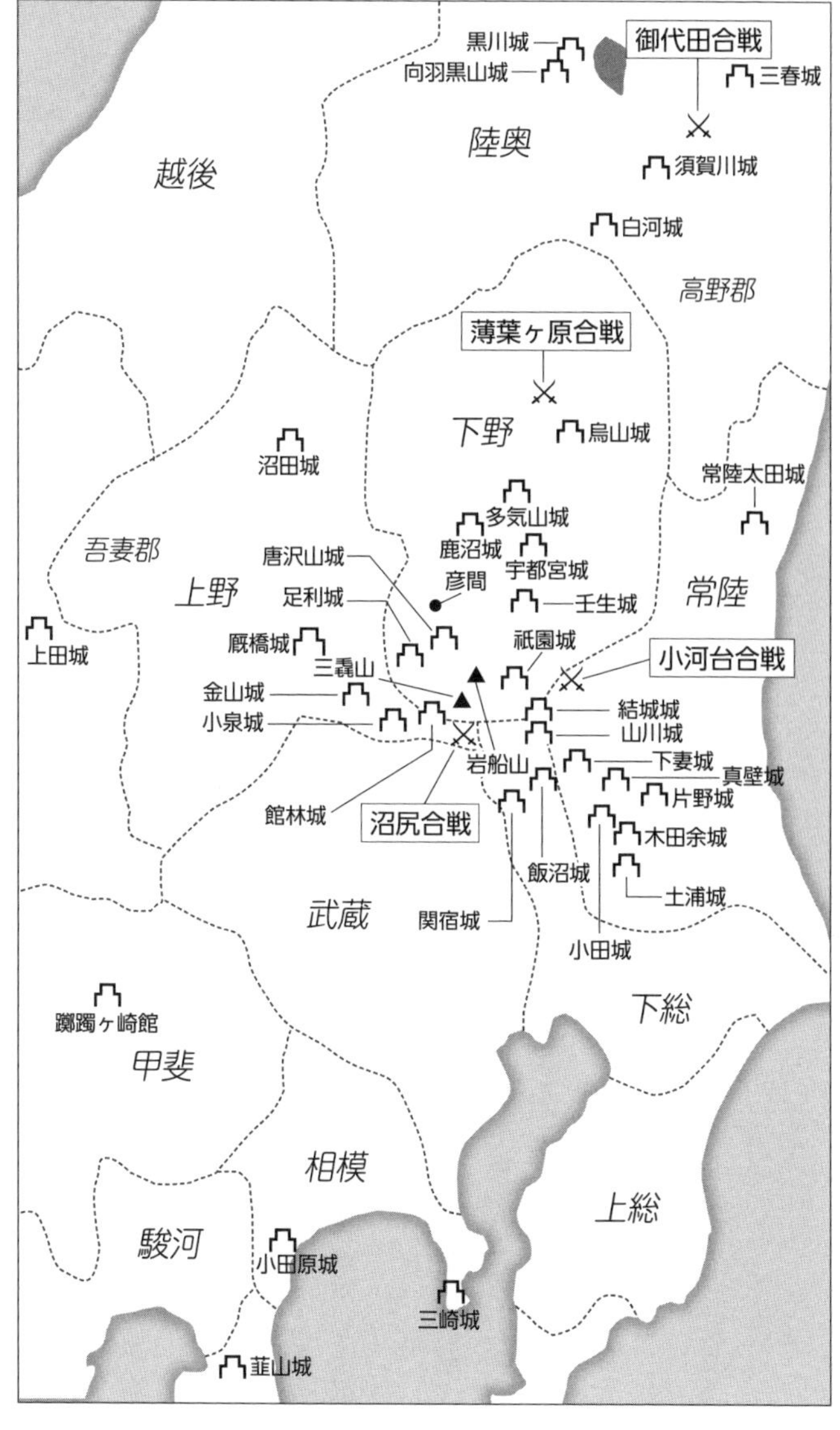

黒川城
向羽黒山城
御代田合戦
三春城
陸奥
越後
須賀川城
白河城
高野郡
薄葉ヶ原合戦
下野
烏山城
沼田城
常陸太田城
多気山城
吾妻郡
鹿沼城
唐沢山城
宇都宮城
上野
彦間
足利城
壬生城
常陸
上田城
厩橋城
祇園城
三毳山
小河台合戦
金山城
結城城
小泉城
山川城
岩船山
下妻城
真壁城
片野城
館林城
沼尻合戦
木田余城
飯沼城
土浦城
武蔵
関宿城
小田城
下総
躑躅ヶ崎館
甲斐
相模
上総
駿河
小田原城
三崎城
韮山城

地域に、「沼」「蓮沼」という小字名があることから、南北に延びる支谷が沼沢地帯であったと推測される（齋藤：二〇〇五）。

江戸時代に秋田藩（久保田藩）で作成された「野州大田和御陣場図」には、この付近の沼を「大谷田沼」と記載している（齋藤：二〇〇五）。

このような沼沢地帯に両軍が対陣しているなか、六月二日ごろに**由良国繁**が利根川東岸にある北条氏側の巨海（群馬県大泉町古海）を攻めたが、この地を守備する北条氏家臣・大藤政信によって撃退された（「大藤文書」）。六月五日にも、北条軍と佐竹軍の間で合戦があり、このときは佐竹軍が北条軍に損害を与えている（「紀伊国藩中古文書」「秋田藩家蔵文書」二）。

六月十三日には、会津の蘆名氏から佐竹軍への支援として多数の鉄炮が送られるが（「秋田藩家蔵文書」二）、同日に佐竹氏に従属する太田資正の次男・**梶原政景**（常陸国小田城主〔茨城県つくば市〕。一五四八〜一六二三）が佐竹氏から離反した（「烟田旧記」「桜井色部文書」〔『戦国遺文』後北条氏編第四巻〕）。しかし、父の資正に説得され帰参している。また、十八日には、資正が安房の里見氏家臣・岡本氏元に、佐竹氏へ加勢し北条氏の背後を突くように依頼している（「紀伊国藩中古文書」）。

このように、北条軍と佐竹軍の沼尻対陣が長期化したことから、両軍周辺の政治情勢は不安定なものとなったが、対陣は七月に入っても続いた。

和睦による合戦の終結

七月十三日には、越後の上杉景勝が軍勢を率いて上野国に出陣し、北条軍の背後を突いた（「土田藤一氏所蔵文書」）。同十五日には、北条軍が沼尻の佐竹軍の背後に位置する岩船山（いわふねさん）（栃木県栃木市。標高一七三メートル）を攻略した（「田島文書」）。

北条軍によって、宇都宮への退路に位置する岩船山を攻略されたことが決定的となり、同二十二日に佐竹・宇都宮両軍は北条軍と和睦し、翌二十三日には合戦が終結することになった（「土田藤一氏所蔵文書」「大藤文書」）。

合戦の後半では、岩船山を抑えた北条軍が優勢になりつつあったが、上野方面から上杉氏に背後を突かれることを恐れて、北条軍は和睦に応じたと考えられる。

なお、天正十二年八月九日に、佐竹方の**真壁氏幹**（まかべうじもと）（常陸国真壁城主〔茨城県桜川市〕。一五五〇〜一六二二）が**佐竹義重**へ宛てた書状（「佐竹文書」）によると、北条氏直が「沼尻合戦」後に金山城の**由良国繁**と館林城の**長尾顕長**を攻撃しており、これに対して氏幹は、和睦後に北条氏の軍事行動を許したのは佐竹氏による手抜きの処置であり、このようなことは前代未聞であると憤っている。

三　江戸時代に編纂・記録された「沼尻合戦」

佐竹氏の栄光を示す合戦

このように、「沼尻合戦」は最終的に北条氏と佐竹氏・宇都宮氏の和睦で終結したが、江戸時代になると、同合戦に関する軍記物や編纂物、そして覚書や絵図などが作成されるようになった。軍記物については、『異本小田原記』『関八州古戦録』『奥羽永慶軍記』『北條記』『鎌倉九代後記』などがある。また、『氏家記録伝』『宇都宮興廃記』など、江戸時代に地域の歴史を編纂した地誌のなかにも、「沼尻合戦」についての記述がみられる。

編纂物については、元禄十年（一六九七）に秋田藩の修史事業として編纂が開始された『佐竹家譜』のなかで、「沼尻合戦」は**佐竹義重**の項に記されている。この修史事業の際に、秋田藩士から提出された系図や由緒書のなかに、「沼尻合戦」の様子やそのときの自家の先祖の事績が記されている。由緒書に関しては、「辻加賀守高名覚書写」「中原吉親条書」「市村大炊助條書写」「桜井武兵衛覚書」など、「沼尻合戦」の際に北条軍に参加していた武士が、自らの軍功を記録した史料もある。

そのほかの覚書や絵図については、『佐竹旧記』二に収録されている「古先御聞書」のなかに「沼尻合戦」についての記述がある。また、『佐竹旧記』八に収録されている「佐竹義重北条対陣人数覚書」は、天正六年（一五七八）の「小河台合戦」と天正十二年の「沼尻合戦」のときの佐竹軍の鉄炮の数を記した覚書で、「北条佐竹御対陣先手多賀谷一手備図写」は、「沼尻合戦」のときに佐竹氏に味方した常陸国下妻城主（茨城県下妻市本城町）の多賀谷氏の布陣図の写し、「野州大田和御陣場絵図」は「沼尻合戦」の古戦場を調査して描いた絵図である。

以上のような史料の存在から、江戸時代に「沼尻合戦」の存在自体は、ある程度知られていたと考えられる。とくに秋田藩の修史事業や合戦の軍功を記した覚書などに、同合戦の記述がみられることから、「沼尻合戦」が佐竹氏の戦国時代の栄光を示す合戦のひとつであり、また、自分自身あるいは先祖の軍功を誇るべき合戦として位置づけられていたといえる。

四　「沼尻合戦」に関する研究の歩み

「沼尻合戦」の歴史的評価

前節で述べたように、「沼尻合戦」の存在自体は、江戸時代にある程度知られていたこともあり、同合戦に関係する栃木県や茨城県の自治体史などでは、分量の差はあるものの、同合戦の歴史が記述されている。

ただし、同合戦の詳細な描写は、軍記物など江戸時代以降に作成された史料などに依拠しており、年号の誤記や内容の誇張、作成者の主観など、後世の創作や錯誤がみられる。

こうした研究状況のなか、戦国期佐竹氏の研究において、「沼尻合戦」は天正六年（一五七八）の「小河台合戦」とともに、関東の戦国時代を語るうえで重要な合戦だったと評価されている。その理由は、同合戦が天正年間後半に上杉氏に代わって、佐竹氏が北関東の反北条氏勢力の中心となったことを体現した戦いだったからである。

そして、平成十一年（一九九九）に『藤岡町史』資料編―古代・中世編、平成十六年に『藤岡町史』通史編―前編、平成十七年に齋藤慎一著『戦国時代の終焉（しゅうえん）―「北条の夢」と秀吉の天下統一―』（中公新書。令和元年〈二〇一九〉に吉川弘文館から再刊）が刊行された。

『藤岡町史』資料編―古代・中世編では、「沼尻合戦」に関する当時の古文書や後世の史料が収録され、『藤岡町史』通史編―前編では、同合戦の状況だけではなく、戦場となった村落や寺社、そして従軍した武士の様子など、同合戦にみられる戦国時代の社会の特徴にも言及している。

齋藤慎一氏の著書は、藤岡町史編纂のときに中近世部会の専門委員であった同氏が、『藤岡町史』で執筆した部分を基にして執筆されたもので、本稿の記述も同氏の著書に依拠している部分が多い。この三冊の書籍の刊行は、現在における「沼尻合戦」の専論と位置づけられ、その結果、近年の関東地方の戦国時代を扱った一般の概説書などでも、当時の史料に依拠した「沼尻合戦」の記述が成されるようになった。

「沼尻合戦」の呼称をめぐって

なお、「沼尻合戦」の呼称については、佐竹氏方の**真壁氏幹**が天正十二年六月五日に家臣の**江木戸掃部左衛門**へ宛てた判物（「榎戸克弥氏所蔵文書」）などでは、「今度、野州（下野国）沼尻で対陣したときに、その戦功がほかと比べられないぐらいに一際優れていた」と記述している。氏家今宮神社（栃木県さくら市）の正安二年（一三〇〇）から文禄二年（一五九三）までの神頭役について記録した『今宮祭祀録』では、「佐野の内、沼尻という地」とある。

先にも述べた保土原行藤宛ての太田資正書状の写しでは、「野州藤岡という地」「野州の境にある藤岡という地」との記述がある。越後の上杉景勝が、天正十二年六月二十七日に重臣の本庄繁長（一五三九～一六一三）に宛てた書状（「奥羽古文書」）では、「佐野方面の藤岡という地で、北条氏と佐竹氏の軍勢が対陣している」とあることから、一般の概説書などでは「沼尻合戦」あるいは「藤岡・沼尻合戦」と呼称されている。

五　連動する二つの合戦——「沼尻合戦」と「小牧・長久手の戦い」

二つの外交ルート

『藤岡町史』や齋藤慎一氏の著書のなかで「沼尻合戦」について実証的に検討された結果、同合戦が同時期に勃発した「小牧・長久手の戦い」と連動していた事実が明らかになり、このことが、「沼尻合戦」の新たな歴史的評価を加えることになった。

「小牧・長久手の戦い」は、天正十二年（一五八四）三月から十一月までの間に、尾張国（愛知県西部）の国内を主戦場に羽柴秀吉（一五三七～九八）と信長の次男・織田信雄（一五五八～一六三〇）・徳川家康の間で起きた合戦で、「本能寺の変」後の織田氏内部の主導権をめぐる抗争のひとつであった。

羽柴秀吉は、「小牧・長久手の戦い」で信雄・家康連合軍と対峙していた時期に、**佐竹義重**・**佐竹義久**（佐竹東家当主。一五五四～一六〇一）・**梶原政景**と書状を交わし、上方の戦況と関東の戦況の情報交換を行っていた。そして、関東の戦況に対して秀吉が、上杉景勝に上野国への軍勢派遣を働きかけた。さらに景勝が、佐竹氏と手を組んでいた**蘆名盛隆**（一五六一～八四）と連携して、背後から佐竹氏を支援していた。**蘆名盛隆**は、二階堂盛義（陸奥国須賀川城主〔福島県須賀川市〕。一五四三～八一）の子で、蘆名盛氏の養子となり、天正二年に盛氏の嫡男・盛興（一五四七～七四）が死去した後に蘆名氏の家督を継いだ人物である。

一方の徳川家康も、同時期に北条氏と書状を交わしており、家康は、天正十年十月に北条氏と和睦し、翌年に娘の督姫（一五六五～一六一五）を北条氏直に嫁がせて、北条氏との連携を強化していた。そして、「小牧・長久手の戦い」のときには、北条氏と徳川氏も書状を交わし、相互の戦況を報告していた。

列島規模の政治情勢の一角

羽柴氏と佐竹氏、徳川氏と北条氏が、書状を交わして相互の戦況を報告するなかで、佐竹氏陣営の太田資正は、関東情勢の膠着状態を打開するため、天正十二年六月十八日に里見氏の家臣・岡本氏元に対して書状を送り、北条氏の背後を突くように要請したことはすでに触れたが（「紀伊国藩中古文書」）、そのなかで、資正は「沼尻合戦」と「小牧・長久手の戦い」、そして里見氏の北条氏攻撃を合わせて「三方弓矢」と表現している。

また、北条氏陣営でも、氏政の弟・氏規（伊豆国韮山城城代〔静岡県伊豆の国市〕・相模国三崎城主〔神奈川県三浦市〕。一五四五～一六〇〇）が天正十二年四月六日に徳川氏の家臣・朝比奈泰勝（一五四七～一六三三）に対して書状を送り、「小牧・長久手の戦い」の最中に来た家康からの援軍要請について、北条氏としては、氏政もしくは氏直自身が加勢することを伝えている（「不破文書」）。

そのなかで「上方の情勢が家康の思いどおりになれば、その評判は関東まで届くので、氏政・氏直父子は間違いなく加勢するだろう」と述べている。このことから、佐竹・北条両陣営では、「小牧・長久手の戦い」の戦況と関東の戦況が連動しているという意識があることが判明した。

秀吉や信雄・家康は、「小牧・長久手の戦い」で畿内の統一政権であった織田氏内部の主導権を争うが、そのなかで、双方が織田信長の在世時に遂行されつつあった「東国惣無事」（織田氏による東国の支配秩序の構築）によって形成された関東の諸領主との外交関係を利用して、相手より優位に立とうとしていた。

そのことに注目した『藤岡町史』や齋藤慎一氏の著書で、「沼尻合戦」が単なる北関東の一地域の合戦ではなく、畿内を掌握した織田氏内部の主導権争いである「小牧・長久手の戦い」と連動した、より広範囲の（あるいは日本列島規模の）政治情勢の一画を形成する合戦であることが指摘されたといえる。

おわりに――「沼尻合戦」後の情勢

北条氏の上野・下野進出

前節で述べたように、「沼尻合戦」の実証的な研究の結果、「小牧・長久手の戦い」との連動が解明され、「沼尻合戦」の歴史的意義の再検討が行われつつある。

たとえば、戸谷穂高氏は、「沼尻合戦」の起きた天正十二年（一五八四）前後の政治秩序の変化を分析するなかで、同合戦が「領」という土地を基調とする政治秩序を持つ北条氏と、「洞（うつろ）」という人的つながりを基調とする政治秩序を持つ「北関東領主連合」の合戦であるとした。

さらに、「沼尻合戦」の戦後処理と秩序回復のなかで、人的つながりを基調とする「洞」を持つ北関東の諸領主間の紛争解決の方法に限界がみられるとも指摘している（戸谷：二〇一三。「洞」については、第七章で言及するため省略する）。

「沼尻合戦」の終結後、その発端となった上野国東部を拠点とする**由良国繁**・**長尾顕長**の兄弟は、天正十三年正月ごろには北条氏に降伏し、居城である金山城と館林城を北条氏に明け渡した。佐竹氏に味方した**佐野宗綱**は、天正十四年正月に下野国彦間（栃木県佐野市）で北条氏に降った長尾顕長に攻められ戦死する。その後、唐沢山城は北条氏によって攻略された。同年十一月に北条氏政の従兄弟である氏忠（?〜一五九三）が、宗綱死後に下野佐野氏を相続した（133頁の小田原北条氏略系図を参照）。これに反発した宗綱の叔父である**天徳寺宝衍**（?〜一六〇一）は、佐竹氏から養子を迎えようとしたため、家中が北条派と佐竹派に分裂した。

佐竹氏とともに北条軍と対峙した義重の甥・**宇都宮国綱**は、天正十三年三月に那須資晴（下野国烏山城主〔栃木県那須烏山市〕。一五五七〜一六一〇）と薄葉ヶ原（栃木県矢板市）で戦うが、**佐竹義重**と**結城晴朝**が両者の調停に入って停戦した。

同年八月には北条氏の宇都宮攻撃に備えて、国綱は多気山城（栃木県宇都宮市）を新たに築城した。また、天正十三年初頭に**壬生義雄**（下野国壬生城主〔栃木県壬生町〕・鹿沼城主〔同鹿沼市〕。一五四五〜九〇）が、翌年には**皆川広照**（下野国皆川城主〔栃木県栃木市〕。一五四八〜一六二八）が宇都宮氏から離反して北条氏に従属したため、佐竹氏と下総結城氏が宇都宮氏を支援するために下野へ出陣している。

このように、北条氏は「沼尻合戦」後に上野国の大半を掌握し、下野国への侵攻を活発化させた。さらに、天正十二年に家督を継いで陸奥・出羽に勢力を拡大した伊達政宗（一五六七〜一六三六）とも頻繁に書状を交わし、陸奥国南部で伊達氏と対立する佐竹氏を牽制した。

佐竹氏の家督交代を促した「沼尻合戦」

一方、佐竹氏では天正十三年ごろから、義重から嫡子・**義宣**（一五七〇〜一六三三）へ佐竹氏本宗家の家督が移譲しつつあった。

その原因のひとつとして、垣内和孝氏は天正十二年十月に友好関係にあった会津の**蘆名盛隆**の暗殺を挙げている（垣内：二〇一六）。垣内氏によると、盛隆暗殺による蘆名家中の混乱を受けて、義重と伊達輝宗（政宗の父。一五四四〜八五）は自身が健在なうちに家督を後継者に譲り、家中の混乱を未然に防ごうとした可能性があるという。この指摘に加えて、先に述べた「沼尻合戦」後の下野の混乱した政治情勢が、義重から義宣への家督移譲に関係しているのではないだろうか。

佐竹義宣は、天正十三年から天正十四年の間に行われた壬生氏攻撃で、従兄弟の**宇都宮国綱**とともに出陣して初陣を果たした。天正十三年から天正十六年の間には、義重と義宣が連署した起請文や知行宛行状など（「秋田藩家蔵文書」七・四〇など）がみられること、天正十六年の「第二次府中合戦」（常陸大掾氏と江戸氏の合戦）で義重と義宣がともに出陣していることなどから、徐々に家督の移譲が行われ、天正十七年には完全に義宣へ移譲された（佐々木：二〇一六）。

もちろん、義重が政治の表舞台から姿を消したわけではなく、佐竹氏領国のなかで前当主として一定の政治的地位を維持していた。このような佐竹氏の動向からも、「沼尻合戦」は結果的に佐竹氏の家督交代を促した合戦ともいえるのではないだろうか。

以上のように、「沼尻合戦」の重要な歴史的意義として、

①同合戦には、佐竹氏をはじめとする、北関東の反北条氏勢力の結集がみられる。

②同合戦は、「東国惣無事」を遂行しようとした織田氏内部の主導権争いである「小牧・長久手の戦い」と連動していた。

が挙げられる。それらをふまえて、先行研究の意義づけをより深化させることが課題であろう。

【主要参考文献】

市村高男『東国の戦国合戦』（「戦争の日本史」10、吉川弘文館、二〇〇九）
垣内和孝「南奥の国衆と佐竹氏」（遠藤ゆり子編『伊達氏と戦国争乱』所収、吉川弘文館、二〇一六）
黒田基樹『北条氏政―乾坤を截破し太虚に帰す―』（ミネルヴァ書房、二〇一八）

齋藤慎一『戦国時代の終焉―「北条の夢」と秀吉の天下統一―』（中公新書、二〇〇五。二〇一九年に吉川弘文館から再刊）
佐々木倫朗「謙信の南征、小田原北条氏との抗争」（高橋修編『佐竹一族の中世』所収、高志書院、二〇一七）
同「佐竹義重・義宣代替り考」（小此木輝之先生古稀記念論文集刊行会編『歴史と文化』所収、青史出版、二〇一六）
戸谷穂高「沼尻合戦―戦国末期における北関東の政治秩序―」（江田郁夫・簗瀬大輔編『北関東の戦国時代』所収、高志書院、二〇一三）
藤岡町史編さん委員会編『藤岡町史』資料編古代・中世（藤岡町、一九九九）
同『藤岡町史』通史編前編（藤岡町、二〇〇四）

【さらに詳しく学びたい読者のために】

「沼尻合戦」に関するものとしては、本文でも取り上げた次の二点を挙げる。

①齋藤慎一『戦国時代の終焉―「北条の夢」と秀吉の天下統一―』（中公新書、二〇〇五。のちに吉川弘文館から二〇一九年に再刊）

②戸谷穂高「沼尻合戦―戦国末期における北関東の政治秩序―」（江田郁夫・簗瀬大輔編『北関東の戦国時代』所収、高志書院、二〇一三）

①は、「沼尻合戦」前後の関東の政治情勢を、小田原北条氏の動向を中心に著述し、そのなかで「沼尻合戦」について一次史料を基礎として詳細に検討している。

②は、政治秩序という視点から、「沼尻合戦」およびその戦後処理を検討し、同合戦前後の関東の政治秩序の変化について論じている。

〈第六章〉
【郡山合戦　一五八八年】

南奥の覇権をめぐり、伊達政宗軍と激突する

佐々木　倫朗

はじめに——会津・蘆名氏滅亡への序曲

「郡山合戦」とは、天正十六年（一五八八）六月から七月にかけて、現在の福島県郡山市の周辺で行われた佐竹氏や蘆名氏（桓武平氏系三浦氏の一族）、そして白川氏（藤原秀郷流の小山氏・結城氏の一族）などの連合軍と伊達政宗（一五六七〜一六三六）が戦った合戦である。

天正十二年に家督を継いだ伊達政宗と佐竹・蘆名氏を中心とする「連合勢力」の対峙は、ほかの勢力を巻き込みながらしだいに先鋭化していった。蘆名氏は、「郡山合戦」の翌年六月に行われた「磨上原（磨上）の戦い」（蘆名義広〔一五七五〜一六三一〕と伊達政宗の合戦。福島県磐梯町・猪苗代町）で伊達氏に敗北して滅亡する。

このように「郡山合戦」は、合戦の翌年に起こる情勢の激変への重要な転換点でもあった。以下、「郡山合戦」の背景にある天正期（一五七三〜九二年）の佐竹氏による南奥（福島県域）進出の経緯を含め、最新の研究成果を紹介していきたい。

一　「郡山合戦」にいたるまでの南奥の政治・軍事情勢

佐竹氏の南奥進出と白川氏との和睦

佐竹氏が、永正年間（一五〇四〜二一年）から継続して行ってきた南奥進出は、現在の福島県白河市一帯（同県南部）を本拠とする白川氏との激しい攻防を出発点としている。

佐竹氏の支配領域を流れる久慈川上流の陸奥国依上保（茨城県大子町）には、十四世紀の南北朝期に佐竹氏の一族・山入氏の所領が存在していた（次頁の地図を参照）。しかし、佐竹氏と山入氏の抗争（「山入の乱」）のなかで、応永・正長年間（一三九四〜一四二九年）に第四代鎌倉公方・足利持氏（一三九八〜一四三九）によって白川氏に所領の一部が与えられ、依上保は白川氏の影響下に入っていた。

永正二年（一五〇五）に山入氏を滅ぼした佐竹氏は、旧山入氏所領の確保を図るなかで白川氏と対立して争った。抗争は、佐竹義舜（一四七〇〜一五一七）の代から始まって義篤（一五〇七〜四五）・義昭（一五三一〜六五）の代へと継続し、佐竹氏は依上保を越え久慈川をさかのぼって勢力をさらに

「郡山合戦」関連地図

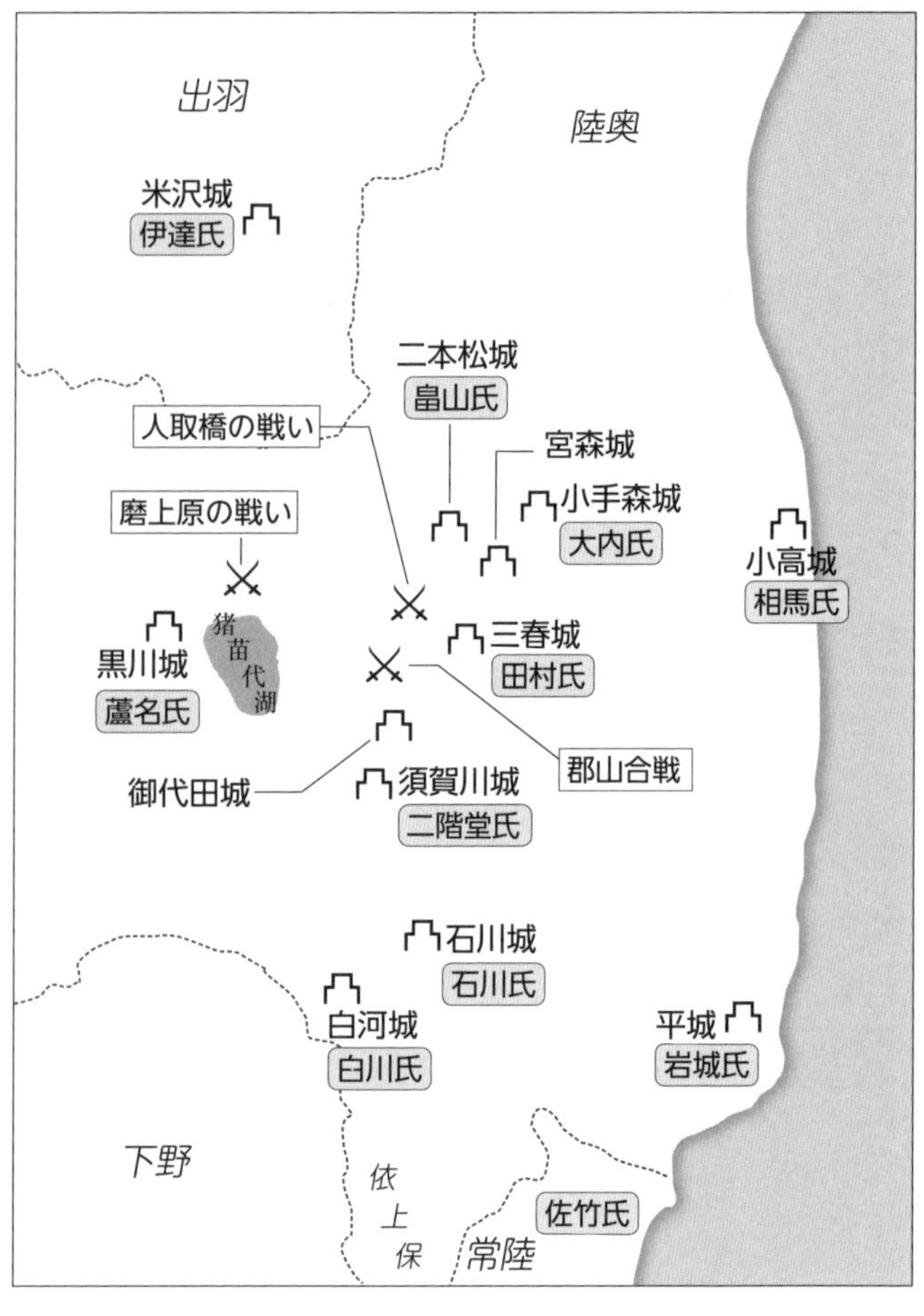
出羽
陸奥
米沢城
伊達氏
二本松城
畠山氏
人取橋の戦い
宮森城
小手森城
大内氏
磨上原の戦い
小高城
相馬氏
猪苗代湖
三春城
田村氏
黒川城
蘆名氏
郡山合戦
御代田城
須賀川城
二階堂氏
石川城
石川氏
白河城
白川氏
平城
岩城氏
下野
依上保
常陸
佐竹氏

拡大した。

永禄年間（一五五八〜七〇年）に入ると、佐竹氏からの攻勢を単独では支えきれなくなった白川氏は、遠く古河公方家（鎌倉公方の流れ）に調停を依頼したりした。会津（福島県会津若松市）の蘆名盛氏（一五二一〜八〇）や三春（同三春町）の田村氏（坂上田村麻呂〔七五八〜八一一〕の末裔伝承あり）にも支援を求め、現在の福島県棚倉町の地域をめぐって激しく争われた。

その状況を大きく転換したのが、天正六年（一五七八）の佐竹氏と白川氏の和睦であった。この和睦によって、佐竹義重（一五四七〜一六一二）の次男・喝食丸（のちの蘆名義広。一五七五〜一六三一）を白川義親（一五四一〜一六二六）の養嗣子とすることが定められ、以後、表面的には白川氏と佐竹氏は協調路線に転じ、白川氏を支援した諸氏もしだいに佐竹氏との協調を図る状況になっていった（次頁の佐竹氏・蘆名氏・伊達氏関係略系図を参照）。

佐竹・蘆名の「連合勢力」の誕生

とくに蘆名氏は、須賀川城（福島県須賀川市諏訪町）城主の二階堂氏から蘆名盛氏の養嗣子に迎えられた盛隆（一五六一〜八四。実父は二階堂盛義〔?〜一五八一〕）が、天正八年の養父・盛氏の死去に前後して活発に活動し、佐竹氏と緊密な同盟関係を結んだ。

二階堂氏は、当時田村氏と領域の境目である御代田城（福島県郡山市田村町御代田）をめぐって争っ

佐竹氏・蘆名氏・伊達氏関係略系図

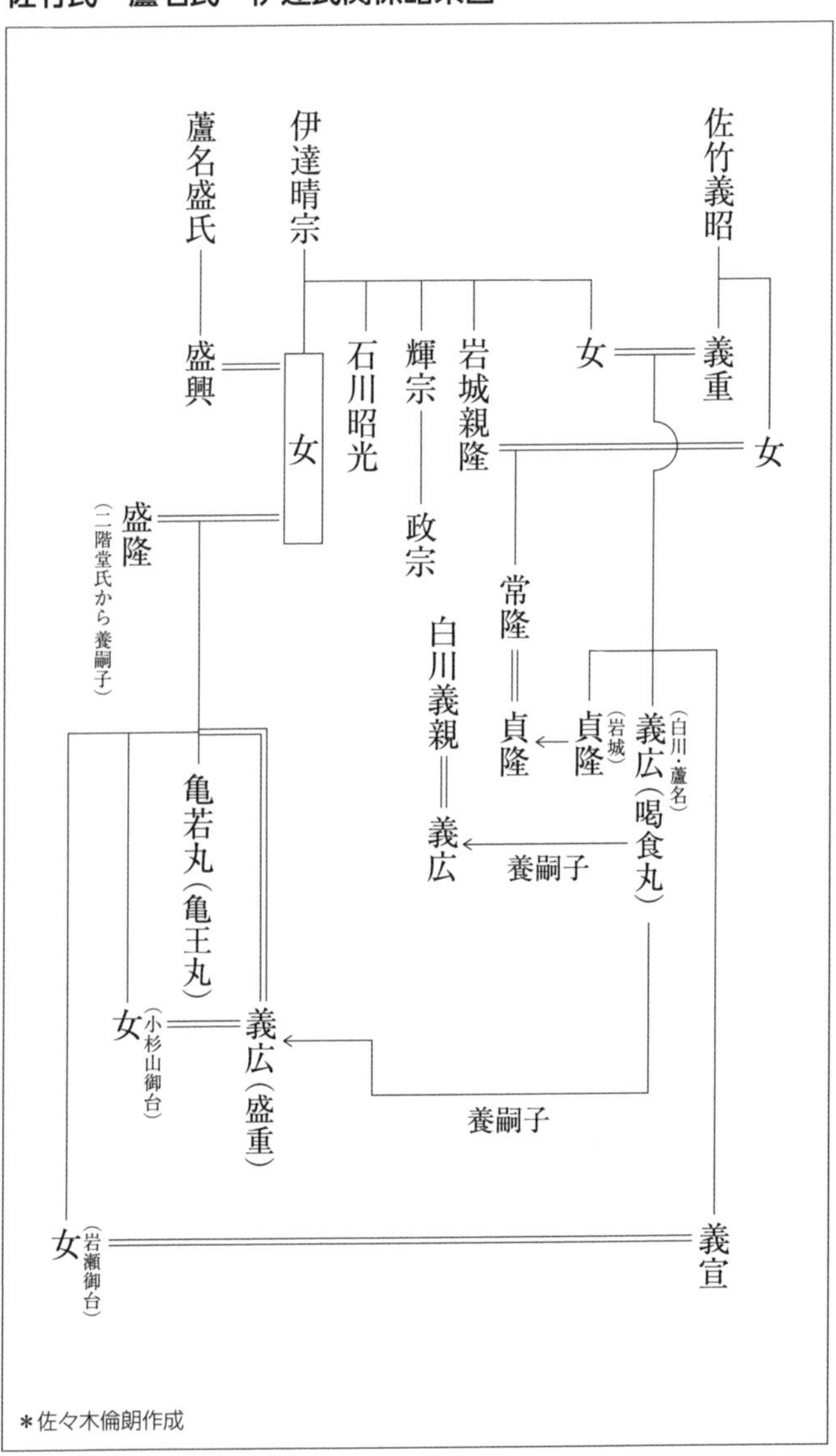

ており、蘆名盛隆も実家を支援していた。盛隆は、強硬な姿勢でこの抗争に臨み、盛隆と結ぶ佐竹義重も自身が出馬してこれを支援した。

このため、御代田城をめぐる田村氏と二階堂氏の抗争は、田村氏と蘆名・佐竹・二階堂氏を中心とする「連合勢力」の抗争に発展してしまった。事態の深刻化を憂慮した伊達輝宗（政宗の父。一五四四〜八五）は、遠く結城晴朝（一五三四〜一六一四）・白川義親らに呼びかけて和平交渉を仲介し、天正九年三月には、この「御代田抗争」を終結する「惣無事」（「遠藤家文書」）が成立する。

「連合勢力」は、佐竹氏と蘆名氏を中心としながら、これに白川氏や石川氏（清和源氏の流れ）などが自立性を持ちながら加わるものであり、現在の福島県域の「中通り」（福島県中部の奥羽山脈と阿武隈高地に挟まれた地域）南部から、会津地方にいたる範囲を勢力圏とする広域な同盟勢力であった。

そして、佐竹氏は蘆名盛隆と協調しながらも、盛隆が義重よりも若年であったこともあり、佐竹義重が「連合勢力」の中心と位置づけられていた。そのため、当時連携して北条氏と対していた武田氏の関係文書には、この天正九年の「惣無事」が「佐竹奥州一統」（「真田家文書」。年未詳〔天正九年〕六月七日付真田昌幸宛武田家朱印状）と表現されていることに注目したい。

また、この時期の岩城氏（常陸平氏の流れ）も、姻戚関係から佐竹氏と緊密な関係にあった（前頁の佐竹氏・蘆名氏・伊達氏関係略系図を参照）。南奥に関しては、この天正九年から同十二年にいたる時期が、佐竹氏の最盛期といってよいと思われる。

蘆名盛隆の死と伊達政宗の家督継承

その佐竹氏の南奥における最盛期を転換させたのが、天正十二年十月の蘆名盛隆の急死であった。盛隆は、家臣によって殺害されたが、いまだ二十代前半の若さであった。蘆名氏は、盛隆の子・亀若丸（亀王丸。一五八四〜八六）が家督を継いだがまだ幼児であり、佐竹義重と並ぶ核を失った「連合勢力」の求心力が、半ば削がれたことは否定できなかった。

そして、盛隆の死に影響されたともいわれるのが、伊達氏の家督継承である。輝宗から政宗への家督継承は、天正十二年に行われる。家督を継いだ政宗は、「連合勢力」の拡大のなかで、伊達氏の影響力が損なわれつつあった「中通り」北部（福島県北部）への勢力を回復するため、活発に活動する。

天正十三年閏八月には、大内定綱（一五四五〜一六一〇）の支配下にあった小手森城（福島県二本松市針道）の攻略や、同年十一月に輝宗の死をきっかけに起こった「人取橋の戦い」（同本宮市青田）は、その間に起きた戦いであった。

さらに政宗は、天正十四年七月には二本松城（同二本松市郭内）を城主の畠山氏と交渉のうえで開城させる。しかし、十月には政宗の岳父・田村清顕（?〜一五八六。政宗の正室・愛姫〔一五六八〜一六五三〕の父）が死去し、さらに、十一月には蘆名氏の幼い当主・亀若丸が三歳で死去した。

「連合勢力」の弱体化と合戦前夜

この二人の死去は、蘆名盛隆の死去以降、流動化しつつあった南奥の政治情勢をさらに混乱させることになった。田村氏の家中では、清顕の母（先代田村隆顕〔?〜一五七四〕の後室）を中心とする「親伊達派」と、清顕の妻（後室。相馬顕胤〔一五〇八〜四九〕の娘）を中心とする「親相馬派」や、そのほかの派閥に分かれて内紛を起こした。

一方、亀若丸を失った蘆名氏は天正十五年二月、白川氏に養子に入っていた佐竹義重の次男・義広を当主に迎えることを決定した。しかし、盛隆（二階堂氏出身）・義広（佐竹氏出身）と、二代続きで当主に養嗣子を迎えた蘆名氏の弱体化は否めなかった。

蘆名氏は、伊達氏と直接所領を接し、いわば重縁の関係にあった。そして、その家臣層も、自らの所領の存続・発展のために、地縁的な結びつきから伊達氏やその家臣層との関係をもっていたと考えられる。

こうした政宗の積極的な動きによって、「連合勢力」のなかには佐竹氏と結ぶよりも、旧来の関係から伊達氏と結ぼうとする者が出てきていた。天正十六年四月に、二本松城に駆け入って政宗に従属した大内定綱は、その一例と考えることができる。

佐竹氏と蘆名氏を中心とする「連合勢力」は、蘆名氏の盛隆・亀若丸の二代にわたる当主の死去によって弱体化していった。その状況のなかで、「連合勢力」は伊達氏と対峙することになる。これが、

「郡山合戦」前夜の天正十六年初頭の状況であった。

二　「郡山合戦」勃発から陣払いまで

田村氏の内紛と両軍勢の動向

このように「郡山合戦」勃発の要因となったのは、田村清顕死去後の同氏の内紛激化であった。大内定綱の伊達氏従属に対し、蘆名氏と伊達氏は互いに牽制することになる。

両氏が抗争を繰り返す状況のなかで、天正十六年（一五八八）閏五月十二日に小高城（福島県南相馬市小高区）城主の相馬義胤（一五四八〜一六三五）が、田村家中の清顕の妻（義胤とは兄妹）と大越顕光（清顕の重臣）らを中心とする「親相馬派」の支持の下に三春城への入城を試みる。この行動は反対派によって撃退されるが、「親相馬派」の強硬な動きに対して、伊達政宗は宮森城（同二本松市）に入って、相馬氏を支持する田村領周辺の城への攻撃を開始した。

この政宗の動きに対して小林清治氏は、相馬義胤が蘆名・佐竹氏に支援を要請したことを想定している（小林：二〇〇六）。蘆名義広は、義胤の三春城入城の動きに前後して出陣を準備しており、佐竹義重もこれに同調し、閏五月二十三日に出馬する意向を岩城氏の重臣・佐藤大隅守に伝え、当主・岩城常隆（一五六七〜九〇）の参陣を求めている（閏五月十六日付義重書状写「楓軒文書纂」中所収）。

しかし、岩城常隆は自らの出陣には応じず、軍勢の派遣にとどめている。軍事行動の目標は、田村氏の内紛への支援であることを考えれば、三春の西に位置する郡山ないし北に位置する本宮（同本宮市）あたりが予想された。

実際に佐竹義重が、郡山南部の須賀川に着陣したのは六月八日であった（六月九日付義重書状『佐竹古文書』所収）。佐竹方は、十一日に郡山の西にある大槻（おおつき）（同郡山市大槻町）に軍勢を進め、蘆名氏の軍勢らと同陣した。ほかに同陣した軍勢には、白川義親も含まれており、実数は不明ながらもかなりの大軍になっていたと考えられる。

伊達政宗は、これに対して宮森城（同二本松市）から「本宮うへの山」（比定地未詳）に入って対応した（以下、記述の多くは「伊達天正日記」天正十六年による。同日記は、政宗側近が記した政宗の身辺日記。以下「日記」と記す。『伊達史料集』下所収）。十二日、佐竹方は郡山の西北部にある安久戸（あくど）（同郡山市阿久津町（あくつ））を攻撃している。

伊達方では、西の会津から出陣してくる蘆名氏と、南の常陸国（茨城県）から出陣してくる佐竹氏に対して、三年前に「人取橋の戦い」が行われた本宮周辺を主戦場に予想していたようである。

しかし、佐竹・蘆名方は、伊達方の郡山頼祐（よりすけ）（朝祐（ともすけ））のいる郡山城（福島県郡山市桜木町）の攻略を優先させたようで、十四日には同城の北にある窪田（くぼた）（同郡山市富久山町（ふくやま）久保田）を攻撃した。郡山城の北部を攻撃して、同城と伊達氏の軍勢との連絡を断つことを目的としたものと思われる。以後、

「郡山合戦」の焦点は、この窪田とその周辺の山王山（同郡山市富久山町）をめぐる争いとなった。

形勢不利から「和平交渉」を進める伊達方

伊達方は、陸奥国北部で最上氏・大崎氏との抗争が継続し、また田村領へ軍勢を派遣していることもあって兵力が集中できず、佐竹・蘆名方に対して軍勢の数で大きく劣っていた。そのため、正面からの対決を避けたい状況であった。

しかし、政宗は、郡山城の攻略をねらう佐竹方に対して、周囲の反対を振り切って陣を進め、窪田・高倉（福島県郡山市日和田町高倉）・福原（同郡山市富久山町福原）の勢力を増強して郡山城支援を継続する意志を固めた。

戦闘は、基本的に佐竹・蘆名氏の軍勢が郡山城と伊達方との連絡を断つべく出撃を繰り返し、伊達方がそれに応戦する形で終始している。しかし、形勢は伊達方に不利であり、十九日には、脱走しようとした雑兵（身分の低い兵士）を政宗自身が鉄炮で射殺している。

また、郡山城への連絡もしだいに厳しくなり、伊達方は、二十九日には鉄炮の弾薬と食料の補給を夜間に試みたが、防備施設の「矢来」（竹や丸太で作った陣地の中の囲い）の中にうち捨ててきたことが、「日記」に記されている。さらに七月三日には、昨夜送った鉄炮と弾薬が着いているかどうかの確認を、政宗自身が求めている（「郡山文書」『郡山市史』第八巻）。

政宗は、早い段階で戦況の不利を悟っていたようで、二十一日の段階で陣中から大和田筑後守を岩城氏の元へ派遣した。このことは小林清治氏も指摘しているが、「和平の仲介」を依頼するものであったと思われる（小林：二〇〇六）。

岩城氏は、南奥のほとんどの勢力が両軍の対立にそれぞれ加わっている状況を危惧していたと思われ、これにすみやかに応じた。二十六日には大和田筑後守が帰還し、七月二日に「和平調停」の使者として岩城氏家中の志賀甘釣斎、四日にはその子息・志賀武清が伊達氏の陣中に到着し、以後、「和平交渉」が開始された。

最大の激戦は、七月四日の戦い

しかし、伊達方としては、自らの戦意を示す必要があると考えたためなのか、七月四日には、佐竹・蘆名方への攻撃を行っている。

この戦いの戦果は「五十余人」であったと、同日付けで中島宗求宛てに政宗自身が書き送っている（「伊達家文書」）。だが、「首三十あまり」と記す「日記」の記述のほうが実数に近いと思われる。

いずれにしろこの戦果からみて、「郡山合戦」のなかで最大の激戦が展開されたのが、七月四日の戦いであったと思われる。「連合勢力」側の戦果は史料的に確認できないが、伊達方の被害も大きかったと思われ、伊達氏家臣の伊東重信（安積伊東氏）が戦死し、前線に長くとどまって奮闘した伊達成実（亘理伊達氏。一五六八～一六四六）・片倉景綱（小十郎。一五五七～一六一五）も負傷している。「和平交渉」が行われるなか、以後も小競り合いが続いた。

「和平」が成立したのは、七月十日であった。岩城氏が「和平」を進めるとともに、石川氏も仲介に加わったようで、岩城常隆・石川昭光（一五五〇～一六二二。伊達晴宗〔一五一九～七八〕の四男。石川氏の養嗣子）が仲介役を果たした。「和平の条件」は、郡山を一時的に岩城・石川氏が接収し（のちに伊達氏へ返還）、前田沢（福島県郡山市喜久田町）と部谷田（同郡山市日和田町）については伊達方が確保、富田（同郡山市富田町）と成田（同郡山市安積町成田）は蘆名・二階堂氏への引き渡しが取り決められた。

また、相馬氏の「和平」への参加が求められるとともに、田村氏の「親相馬派」である大越顕光の一時的な岩城氏への引き取りなどが決められた。「和平」を誓う起請文は、七月十六日に伊達氏と佐竹氏の間で、十八日には蘆名氏と伊達氏の間で交換された。そして、二十一日に陣払いが行われ、夜半に佐竹方、日の出時分には伊達方が陣を払って引き揚げていった。

三　合戦の特徴は、大量の鉄炮使用だった

「日記」に記された激しい撃ち合い

「郡山合戦」の戦闘としての特徴をあげると、鉄炮が大量に使用されていることである。

政宗の書状で確認できる文言は、誇張を含むため素直に解釈することは難しいが、高倉に鉄炮二百丁を送る旨が書かれている（閏五月廿八日付書状、「茂庭文書」）。また「日記」には、郡山城へ「玉薬二千放し」（六月二十五日条）を送ると記されており、差し引いて考えてもやはり大量の鉄炮が使用されたことが推察できる。

実際の「日記」の表現として、佐竹方が山王山に「相てつぽう」を撃ちかけてきたのに対して、伊達方も同様に鉄炮を撃ち返して撃退したという記載も確認できる（六月十八日条）。さらに「日記」中には、鉄炮の撃ちかけあいに戦闘が終始する様子が数多くある。

また「貞山公治家記録」（仙台藩四代藩主・伊達綱村〔一六五九～一七一九〕の治世晩年に完成した編纂記録）には、天正十六年（一五八八）六月十三日に郡山城に対して土山を築いて鉄炮を撃ちかけたという表現もある。戦国末期ではあるが、南奥においても鉄炮が戦闘に本格的に導入されていたことを明確に確認できる。

お互いに本格的な防御施設を築く

もうひとつこの戦いにおいて特徴的なことは、お互いに陣地を構築して防備態勢を固めていることである。「日記」の天正十六年七月四日条には、佐竹・蘆名方の陣所の「矢来」まで攻め込んだことを記しているが、敵の襲撃に備えて双方が「築地」や「矢来」などの防御施設を作っていたことがわかる。「築地」は土塁と考えられ、本格的な防御施設である。

「日記」には、政宗の陣所や久保田の陣所に普請が行われている記載があり、六月二十八日には政宗がその状況を自身で確認している。鉄炮の装備もあり、兵力の損耗を最小限にとどめるべく堅固な陣所が作られた。そのためもあって、敵・味方が陣所に籠もってにらみ合う状況が生まれていた。

そして、多くのケースでは、優勢な佐竹方が伊達方を陣所から誘い出すべく、陣所に攻撃をしかける。それに対して伊達方は、鉄炮を撃ち返して反撃するのが「郡山合戦」の実情であったと思われる。しかし、郡山城との連絡がしだいに途絶えがちになる状況のなかで、先にも触れたように伊達方から「和平策」が講じられたのであった。

四　「和平」を選択した佐竹氏の舞台裏

外的な要因と内的な要因

「和平」という形で合戦は終了したが、なぜ優勢であった佐竹氏と蘆名氏を中心とする「連合勢力」が「和平」を選択したのかの理由について触れておきたい。

「和平」を選んだ最大の理由は、佐竹義重自身が南奥に対して長期的な在陣を続けることが困難であったことが指摘できる。その**外的な要因**として北条氏の常陸・下野進出に対応を迫られていたことが大きいものと思われる。一方で、豊臣政権の影響拡大が関東にも押し寄せ、北条氏の勢力拡大の動きは鈍いものになっていた。

しかし、天正十五年（一五八七）に佐竹領と接する常陸南部の牛久（茨城県牛久市）に、北条勢が進出を遂げている状況は、大きな圧力になっていたと考えられる。

また**内的な要因**としても、佐竹氏は多くの問題を抱えていた。じつは佐竹氏は、この時期が義重から義宣（一五七〇～一六三三）への家督交代の時期にあたっていた。戦国期権力の当主が交代する際に、内紛を起こすケースが多くあることは周知の事実である。これは、家督を交代する両者の個人的な関係ばかりではなく、家督交代は当主を支えて家中を運営する家臣層の交代をも意味しており、それにともなって権力構造の変化が起きることになる。

義宣の家臣登用問題と相馬氏の動き

家督を継承することになる義宣は、一時期佐竹氏を追われた和田昭為（一五三二～一六一八）の起用を考えており、昭為の起用に反対する者も存在していたと思われる（昭為は、元亀二年〔一五七一〕に白河結城氏〔白川氏〕に出奔したが、天正二年に佐竹氏に復帰している）。

また、天正十六年二月から四月にかけて、佐竹氏の影響下にあった常陸大掾氏と江戸氏が所領問題で紛争を起こし、義重・義宣が出陣して大掾氏を攻撃する事件も起きていた。このような内外の佐竹氏をめぐる不安定な情勢が、義重の長期的な南奥在陣を困難にさせたものと思われる。

もう一点は、南奥への出陣を要請した相馬氏の動きが停滞していたことも見逃せない事実である。小林清治氏や垣内和孝氏は、佐竹・蘆名両氏の出陣を、相馬氏の要請の結果ととらえている（小林：二〇〇六、垣内：二〇一七）。

その相馬義胤の動きは、天正十六年閏五月十二日の三春城への強行入城の失敗から停滞し、閏五月後半の伊達氏の田村領周辺への軍事行動によって封じ込められてしまっていた。

佐竹・蘆名両氏は、相馬氏が田村領を掌握する支援という名目で出陣したが、目的を果たせなかったことが「和平」を選択する理由のひとつになったと思われる。

おわりに――「郡山合戦」の終結とその影響

「田村仕置」と「佐竹・蘆名同盟」の崩壊

「郡山合戦」は、以上のような経過をたどって終結した。最後に合戦が与えた影響について触れておくことにしたい。

もっとも大きな影響としては、合戦直後に伊達政宗が直々（じきじき）に三春城に入り、いわゆる「田村仕置（しおき）」を行ったことである。同仕置とは、政宗が田村氏の後継者に田村宗顕（むねあき）（一五七四?～一六四八?）を据え、大越顕光らの「親相馬派」を一掃するとともに、愛姫の大叔父である田村梅雪斎（ばいせつさい）（顕盛（あきもり））とその息子の清康（きよやす）などを追い、伊達氏色の濃い体制を作り上げることに成功した事態を指す。

南奥の中央に位置する田村氏を、伊達氏が掌握した影響は大きく、周辺の中小領主層を動揺させるものであった。

そして、「郡山合戦」の前段階から白川義広（佐竹義重の次男）が養嗣子に入った蘆名氏は、混乱の予兆がうかがえる。たとえば、義広が予定していた天正十六年（一五八八）閏五月十一日の出陣に、横田氏が間に合わなかったりする（蘆名義広書状写、『新編会津風土記』所収文書）など、統制が弛緩（しかん）しつつあった。義広の付人（つきびと）として蘆名氏に入った佐竹氏の重臣・大縄義辰（おおなわよしたつ）が周囲と対立したとする説もある。

　またそのひと月前の五月十一日には、伊達晴宗の娘で蘆名盛隆の妻であった後室が病死しており、そのことも蘆名氏が家中に求心力を欠くことを助長していた。そして同時期に、蘆名氏配下の猪苗代氏（蘆名氏の支流）で内紛が発生しており、しだいに領国内の統制を欠く状況になりつつあった。翌天正十七年六月、「磨上原（磨上）の戦い」で蘆名氏は敗北後に滅亡するが、すでにその兆しが現れていたのである。

　さらに、すでに触れた「田村仕置」による伊達氏の田村氏掌握が、混乱しつつあった蘆名氏家中の動揺に拍車をかけ、翌年の崩壊のきっかけともなった。それを許す要因となった「郡山合戦」は、南奥情勢の転換点といってもよいと思われる。同合戦は、佐竹氏が蘆名氏との同盟を基軸に創出した「連合勢力」崩壊の原点でもあった。

【主要参考文献】

垣内和孝『伊達政宗と南奥の戦国時代』（吉川弘文館、二〇一七）
同「三春城の攻防と郡山合戦」（南奥羽戦国史研究会編『伊達政宗―戦国から近世へ―』所収、岩田書院、二〇二〇）
小林清治「伊達政宗の和戦」（『東北学院大学東北文化研究所研究紀要』三八号、二〇〇六。のちに同著『伊達政宗の研究』所収、吉川弘文館、二〇〇八）

佐々木倫朗「天正九年南奥における『惣無事』と東国『惣無事』」（『歴史と文化』二五号、二〇一六）
同「佐竹義重・義宣代替り考」（小此木輝之先生古稀記念論文集刊行会編『歴史と文化―小此木輝之先生古稀記念論文集―』所収、青史出版、二〇一六）
本宮町史編纂委員会、本宮町史専門委員会編『本宮町史』第一巻・通史編1　原始・古代・中世（本宮町、二〇〇二）

【さらに詳しく学びたい読者のために】

①遠藤ゆり子編『東北の中世史4　伊達氏と戦国争乱』（吉川弘文館、二〇一六）
②高橋充編『東北の中世史5　東北近世の胎動』（吉川弘文館、二〇一六）
③南奥羽戦国史研究会編『伊達政宗―戦国から近世へ―』（岩田書院、二〇二〇）

①と②は、南奥を中心とする戦国時代から江戸時代にいたる歴史を概観するものである。また、③は伊達政宗を中心とする戦国の争乱を詳しく記しており、合わせて参照すべき著作である。

第Ⅲ部——戦国大名佐竹氏の領国支配と国衆たち

〈第七章〉

【佐竹氏家臣団の構成と編成】

戦国期佐竹氏の権力構造の特徴とは何か？

千葉　篤志

はじめに――領域権力を構成する家臣団

十五世紀後半ごろから、日本列島の各地に自らの領域を一円的かつ排他的に支配する領域権力が割拠する時代に入った。そして、このような領域権力は、中世の荘園領主とも近世の幕藩領主とも異なる、この時代特有の権力体として「戦国大名」と呼称されるようになった。戦国時代の佐竹氏も、このような「戦国大名」に数えられる領域権力のひとつといえる。

佐竹氏は平安時代後期（十一世紀）から慶長七年（一六〇二）まで、一貫して常陸国（茨城県の大部分）北部の奥七郡（久慈西郡・久慈東郡・佐都西郡・佐都東郡・那珂西郡・那珂東郡・多珂郡）を中心として、周辺地域に勢力を伸ばし、天正十九年（一五九一）三月には、常陸太田城（茨城県常陸太田市中城町など）から水戸城（同水戸市三の丸）へ本拠地を移した。

南北朝時代初期（十四世紀）には足利氏に味方して常陸守護職を獲得するが、室町時代中期（十五世紀〜十六世紀中ごろ）には百年近くに及ぶ一族間抗争を経験し（第三章の今泉論文を参照）、その後、戦国時代になって常陸国・下野国（栃木県）・陸奥国南部（福島県南部）に勢力を拡大し、豊臣政権下でも一大名として存続している（第三章の今泉論文、第十一章の佐々木論文を参照）。

そのような佐竹氏の権力を形成する要素として、同氏の家臣団は欠かせない存在であろう。ただし、紙幅の都合上、佐竹氏の全時代の家臣について個別に言及することは困難であり、また、家臣ごとに史料の残存状況が違うため、全家臣の実像を断定することも困難である。

そのため本稿では、戦国時代を中心に佐竹氏の家臣団について、**（1）戦国時代の佐竹氏家臣団の構成、（2）佐竹氏の権力編成のキーワードとされる「洞」、（3）佐竹氏の権力編成の方法、（4）戦国期佐竹氏の権力構造に関する研究動向**を中心に、全体的な特徴を概観してみたい。

一　戦国時代の佐竹氏家臣団の構成

当主を頂点に四つのグループを形成

戦国期の佐竹氏権力を構成する家臣団は、佐竹氏本宗家の当主を頂点として、おおむね以下の四グループに分けることができる。

①一族衆――本宗家から分流した諸家

鎌倉時代から南北朝時代にかけて佐竹氏本宗家から分かれた庶子家、さらに庶子家から分かれた一族がおもに該当する。戦国時代では、「**佐竹三家**」（**北家・東家・南家**）、**長倉氏**、**大山氏**、**小場氏**、**石塚氏**、**戸村氏**などがあげられる。

室町時代に成立し、戦国時代に書写された佐竹氏の由緒書である「康応記録」では、**一家**・**一門**・**家子**（いずれも惣領家から分立した一族衆。福島：一九六〇）、天正十四年（一五八六）と同十六年に成立した二点の佐竹氏の「書札礼書」では、**御一家中**（佐竹氏から分かれた一門・御一家中扱いとなった国人領主・国人領主の家を継いだ佐竹氏の一族。今泉：二〇〇二）に含まれている家が該当するであろう。「書札礼」とは、書状などの私文書の形式を持つ文書を出すときに守るべき礼法である。

このなかでも「佐竹三家」は、戦国時代に分かれた一族で「佐竹」を名字とし、前記の天正十四年・同十六年の「書札礼書」では、**御親類中**（佐竹氏家臣団のなかで最高位の家格。今泉：二〇〇二）とされている。

「佐竹三家」の北家と東家は、戦国時代初期の佐竹氏本宗家・当主の佐竹義舜（一四七〇〜一五一七）の弟である**義信**（北家。一四七六〜一五三三）と**政義**（東家。一四八四〜一五三四）からそれぞれ始まる。

南家は義舜の子・義篤（一五〇七～四五）の弟である**義隣**（**義里**）から始まり、義隣の後は、義篤の孫・義重（一五四七～一六一二）の弟である**義尚**（一五五〇～七一）が継承した（14・15頁の佐竹氏系図を参照）。

「佐竹三家」成立の背景としては、佐竹義舜・義篤・義昭の三代が、若年で本宗家の当主となったことがあげられ、「佐竹三家」が本宗家を支える一族として期待されていたと考えられる。

この三家は、佐竹氏権力の中枢を形成し、先にも触れたとおり、家格・権限ともに家臣団の最高位に位置する存在である。以下の四点から三家の家格・権限の高さを理解することができる。

（1）本宗家の支配を直接受けない家臣団と知行地を持つ。
（2）ほかの佐竹氏家臣よりも広域の外交や佐竹氏家臣への指南などの諸権限を保持する。
（3）佐竹氏家臣から本宗家当主への「侘言」（要求・申請）を取り次ぐことができる。
（4）本宗家当主の命令下達の仲介などの活動をする。

以上の権限を持つことから、「佐竹三家」は本宗家当主の分身的存在と位置づけられている（市村：一九九四、今泉：一九九七・二〇〇二・二〇〇七、佐々木倫朗：二〇一一）。

②戦国期以前から仕えた家臣——宿老・奉行人を最高位とする古くからの家臣

「康応記録」によると、このグループについては、さらに三つのグループに分けることができるとい

う（福島：一九六〇、佐々木銀弥：一九八六）。

（1）常陸国北部に位置する佐竹氏本領の奥七郡の在地領主。

（2）佐竹氏が平安時代後期に常陸国へ下向した際に付き従ったとされる家臣。

（3）室町時代に関東管領を務めた山内上杉氏から佐竹氏本宗家に養子に入った佐竹義人（義憲・義仁。一四〇〇〜六八）に付き従った家臣。

（1）は**御譜代**（「地之譜代」）に相当し、（2）と（3）が**外様**＝譜代以外で新たに佐竹氏に従属した常陸国内の領主に相当する（福島：一九六〇）。「外様」に属する家臣が佐竹氏に仕える契機としては、南北朝期に佐竹氏が常陸守護職に任命されたことも関係しているとされる（福島：一九六〇）。「康応記録」より後に作成された天正十四年・同十六年の「書札礼書」によると、この「御譜代」と「外様」のグループは**近進中**という家格に相当し、**宿老**を筆頭とする譜代家臣、譜代家臣化した佐竹氏の一門などの家が該当するという（今泉：二〇〇二）。「康応記録」や二点の「書札礼書」は、作成された時点の佐竹氏家臣団の構成を示しており、流動的な部分もあるが、佐竹氏権力内の一定の秩序と家臣の家の序列を示すものとして重要な史料といえる。

そして、このように序列化された家臣のうち、本宗家当主の側近や近習を務める家は、ほかの家臣よりも地位が高く、その最高位に位置するのが、宿老や**奉行人**である。彼らは「佐竹三家」とともに佐竹氏権力の中枢を形成するものの、佐竹氏の勢力拡大や当主の交代にともなって、活動範囲の広域化やメンバーの再編が行われる存在でもあった（市村：一九九四）。

宿老や奉行人のおもな役割については、以下の三点があげられる。

（1）本宗家当主の命令や意思を伝達する。

（2）本宗家の直轄領を管理する。

（3）佐竹氏家臣などへの指南や軍事指揮を行う。

これらの役割は、基本的に本宗家当主の意思のもとに実行された。そのため、宿老や奉行人は、義舜・義篤の時代においては、本宗家から一定の独立性を保持していた「佐竹三家」よりも一段下の存在（本宗家当主の「家産官僚」〔ここでは、基本的に家長や主君個人に仕える従者で、しだいに家政を司るような存在を指す〕）であった（市村：一九九四）。

しかし、義昭・義重の時代に入ると、とくに宿老は、本宗家当主の権力強化を目的として政治的地位が上昇し、「佐竹三家」と対等な存在となった（市村：一九九四、今泉：二〇〇二）。

このグループの事例としては、**和田氏**、**小貫氏**、**山方氏**、**河井氏**、**人見氏**などがあげられ、戦国期以降に佐竹氏本宗家の重臣として活躍する。また、北家の**矢野氏**、東家の**大窪氏・国安氏**、南家の**荒巻氏**などは、本宗家の家臣であったが、「佐竹三家」の重臣となった。

岡本氏は、岩城氏の家臣であったが、室町期に勃発した「佐竹の乱」で、岩城氏の命により佐竹氏本宗家と山入氏との間を調停したことから佐竹氏と関係を持ち、戦国期に佐竹氏本宗家の重臣となった（佐々木倫朗：二〇一七）。

大山氏（庶流）、**小田野氏**、**真崎氏**などは、出自は佐竹氏の一族であるが、戦国期に本宗家の譜代家臣化した。

③戦国期以降から仕えた家臣――上杉氏や白河結城氏の旧家臣など

判別は難しいが、②で触れた家臣以外で、戦国期以降に佐竹氏に仕えた家臣が該当する。

事例としては、**太田資正**（一五二二～九一）、**梶原政景**（一五四八～一六一五）、飛騨国（岐阜県北部）の小鷹狩氏出身とされる**向宣政**（右近。一五六〇～一六一八）などがあげられる。

なお、「康応記録」では、**牢人**（他国から佐竹氏に従属した者）というグループが存在する（福島：一九六〇）。

紙幅の都合上、太田資正と梶原政景のみに言及すると、太田資正は扇谷上杉氏（関東管領上杉氏の一族）の宿老を務めた太田氏の一族で、江戸城の築城で有名な太田道灌（一四三二～八六）の弟の子孫にあたる。永禄七年（一五六四）に家中の内紛によって、本拠地である武蔵国岩付城（さいたま市岩槻区）から追放され、その後に佐竹氏に仕えた。上杉謙信（一五三〇～七八）との外交や、常陸国南部の小田領（茨城県つくば市周辺）の支配などで活躍する。

梶原政景は、資正の次男で古河公方の奉公衆である梶原氏の養子となっていたが、資正とともに佐竹氏に仕えた。天正二年十一月二十七日に、謙信家臣の萩原主膳亮と専柳斎（山崎秀仙。?〜一五八二）に宛てた上杉謙信の書状（「上杉家文書」）では、謙信の意思を伝える佐竹氏家臣として、一族衆の**佐竹義斯**（北家。一五四五〜九九）・**佐竹義久**（東家。一五五四〜一六〇一）、宿老の**岡本禅哲**（梅江斎。?〜一五八三）・**小貫頼久**（頼安。?〜一六〇三）とともに政景の名前があがっていることから、その政治的地位の高さが垣間見える。

また、天正二年正月の白河結城氏の内紛（「白川氏天正の変」）以降、佐竹氏に帰属した白河結城氏の家臣だった**芳賀氏**や**河東田氏**などは、史料上で「**白河牢人衆**」と呼称されている（『白河市史』第一巻・通史編）。岩城氏の一族である**船尾氏**は、戦国時代に佐竹氏に仕えて、佐竹氏の南奥支配の一画を担いつつも、自己の家の存続のために複数の勢力に属する領主であった。

④佐竹氏に従属する〝国衆〟——自立性を保持する領主層

佐竹氏が戦国時代に勢力を拡大するなかで、常陸の**真壁氏**、下野の**茂木氏**、**松野氏**、陸奥南部の**赤坂氏**など、自己の領域支配や家の存立などに関して、佐竹氏から一定の自立性を保持しながら同氏に従属する領主層が存在した。

また、常陸の**小野崎三家**（**山尾小野崎氏・額田小野崎氏・石神小野崎氏**）、**江戸氏**、**大塚氏**などは、戦国期以前から佐竹氏に仕えた家臣または宿老であったが、やはり自己の領域支配について佐竹氏から一定の自立性を保持する家も存在した。のちに、江戸氏や大塚氏、そして佐竹氏本宗家や東家の一族が当主となる山尾小野崎氏などは、家格のうえで佐竹氏の一門扱いとなっている（今泉・二〇〇二）。

このような自立的な領主層については、近年の戦国大名権力の存立に関する研究のなかでも、おもに小田原北条氏や武田氏の研究事例が参考になる。それは、戦国大名の領国内にあって、こうした自立的な領主層は一定の独立性を保持しつつも戦国大名に従属する領主ということで、**「国衆」**（くにしゅう）という概念で規定する傾向がみられる。

そして、この「国衆」の存在が戦国大名権力を規定し、また、「国衆」を包摂する権力構造こそが、戦国大名権力の特徴であるとされている。「国衆」についての研究上の見解は多岐に分かれており、ここではその正否の検討は省略するが、佐竹氏以外の領域権力でも、「国衆」のような自立的な領主をどのように家臣に編成していくかは、共通する課題であったといえる。

なお、佐竹氏と常陸国内の自立的な領主層との具体的な関係の事例としては、本書の第八章（泉田論文）で江戸氏・小野崎氏を、第九章（中根論文）では**常陸大掾氏**（だいじょう）について言及しているので、そちらも併せて参照されたい。

二　権力編成のキーワード「洞」とは？

「洞」の表記について

戦国時代の佐竹氏家臣のなかでも、前節の④で述べたような自立的な領主を自己の権力に編成するにあっては、佐竹氏は彼らの自立性を維持しながら、自らの権力編成を進める道を選択した。

こうしたテーマに関して、戦国期佐竹氏の権力構造を語るうえでキーワードとしてあげられるのが、佐竹氏をはじめとする北関東の領主層の史料上に登場する用語「洞(うつろ)」である。この「洞」については、その歴史的意義の重要性を主張した市村高男氏の研究（市村：一九九四、初出は一九八一）に依拠して説明したい。

まず、「洞」という言葉は、史料上では「洞」「洞中(うつろちゅう)」、また上に名字を付けて「佐竹洞」「那須(なす)洞中」、自らを指して「当洞(とううつろ)」、相手を指して「御当洞(おんとううつろ)」などと表記される。「洞」が史料上に現れる時期としては、少なくとも十五世紀後半から十七世紀初頭までである。

「洞」の表記がみられる事例を地域別に分けると、関東の佐竹氏、小田氏、宇都宮(うつのみや)氏、小山(おやま)氏、下総(しもうさ)結城氏、東北の白河結城氏（白川氏）、岩城氏、蘆名(あしな)氏、田村氏、伊達(だて)氏、最上(もがみ)氏、そして越後(えちご)の上杉氏、中国地方の毛利(もうり)氏などである。

とくに、東国の鎌倉時代から続く伝統的な領主の史料に多くみられ、また、大名だけでなく、国人(こくじん)

や土豪・地侍などの階層の史料にもみられる。

「洞」の意味について

次に「洞」という言葉の辞書的な意味は、(1)周囲を自然地物に囲まれて隠されている空間(ほら穴、谷、深い谷など)、(2)血縁・非血縁を問わず、同じ家に属する人々という意識によって包括された人間集団(家中、一家、一門など)の二つがある。

(2)の意味は、「家裏」・「屋裏」(両方とも、読みは「ウチラ」「ウチウラ」)から転訛した意味である。また、市村氏は(1)と(2)の意味を同じ字で表記すること、民俗学の研究で谷合いに成立した小集落を意味する「ホラ(洞)」という言葉が存在することも指摘された。

これらのことから、「洞」とは、**濃厚な一族意識を含む、血縁関係にある一族を中心として、地縁などの関係を持つ者を擬制的な血縁関係に位置づけて包摂する共同体、またはそのような結合原理を**示している。

さらに、国人や土豪・地侍の史料にみられる「洞」の表記から、「**洞**」**の根源が在地の共同体に由来する**もので、それが大名にも波及し、やがて大名の「洞」が国人や土豪・地侍の「洞」を包摂して重層的な構造をもつようになったのである。

このような「洞」の研究は、戦国大名の権力構造の特徴を、以前は土地の支配を示す「領」に注目したことに対して、安芸国（広島県西部）の毛利氏の事例などにもみられるように、「家中」と同様に、**その家に属する〝人間の結合関係〟**に注目したものである。

三　佐竹氏の権力編成の方法

血縁関係の拡大を担った「佐竹三家」

前節で述べたように、「洞」の概念は戦国期佐竹氏の権力構造の大きな特徴を示すことが研究上に位置づけられたといえる。この権力編成において、血縁関係の構築がもっとも有効な方法といえるが、佐竹氏本宗家を継承する嫡男以外の同氏の子弟や女子は、佐竹氏の一族やほかの領主の家に養子として入り、あるいは婚姻関係を結んでいる。

また、戦国時代に佐竹氏が勢力を拡大した陸奥南部に領地を持つ伊達氏・岩城氏・蘆名氏・石川氏・白河結城氏などは、佐竹氏と二重・三重の血縁関係で結ばれており、先の「洞」の用語の地域的な分布範囲にもつながる様相を示している。

とくに、戦国時代の佐竹氏本宗家の当主は、若年で家督を相続することが続いたため、一族衆と自立的な領主を佐竹氏本宗家の当主につなげる役割を、前述した「佐竹三家」が担った。三家の政治的な活動は、すでに代表的な四つの権限として先に示したとおりである。

三家は、血縁関係の構築においても、佐竹義舜・義信（北家初代）・政義（東家初代）の母が、佐竹氏の一族・大山義長（常金。大山氏嫡流）の娘、同じく北家の義憲（一五七〇～九九）の母が額田小野崎従通の娘、向宣政（右近）が東家の佐竹義久の女婿、義久の子・宣政（母は小野崎義政〔佐竹義篤の子〕の娘）が山尾小野崎氏の養子（213頁の小野崎氏略系図を参照）となったことなど、佐竹氏の族縁的な拡大の一翼を担っていた。

官途・受領・偏諱の授与

血縁以外でも、佐竹氏による権力編成の方法として、**官途・受領・偏諱の授与**、**家臣の家の取立**などがあげられる。

官途とは、中世以降にみられる慣習で、律令制の中央官の官職名（中務大輔、掃部助、主膳正など）を実名以外の名前として名乗り、受領は同様に、地方官の官職名（安房守、美濃守、佐渡守など）を名乗るものである。官途や受領に選ばれた官職名としては、律令制の四位・五位に相当する官職が多くみられる。

戦国期の大名や領主は、家臣に特定の官途や受領を名乗ることを許可し、それを記した官途状や受領状を作成して家臣に与えるが、受け取る側の家臣の立場からみると、特定の官途や受領を名乗ることを許可されたこと自体が、自身や家の名誉を示すものとして重要であった。

名前の一字を与える偏諱も、官途や受領と同様の意味をもっていた。佐竹氏の偏諱の場合、たとえば義昭の「昭」や義重の「重」など、名前の下の字を与えることは多くみられるが、それに比較して佐竹氏の通字である「義」を与えられたケースは、佐竹氏の一族以外では少ないため、限定されたものであったと考えられる。

また、永禄十二年（一五六九）十一月二十四日に、小田氏と戦った「手這坂の戦い」（第四章の佐々木論文を参照）の戦功として、江木戸内匠助に官途を与えているが（「榎戸文書」）、江木戸氏は常陸の有力国衆である真壁氏の家臣であることから、合戦などの軍事に際しては、佐竹氏が自立的な領主の支配権に介入できたといえる。

なお、佐竹氏の通字である「義」の字を与えたケースについては、永禄四年二月に真壁義幹（一五五二～一六三〇）が佐竹義昭（一五三一～六五）から、永禄九年二月には、茂木義範が佐竹義重からそれぞれ「義」の字を与えられている（「真壁文書」「秋田藩家蔵文書」一四）。

真壁義幹は、真壁久幹（一五二二～八九）の息子で、真壁氏幹（一五五〇～一六二二）の弟である。茂木義範は茂木氏の庶流（系図上では本家当主・茂木治房の弟）である。これらは、自立的な領主の一族や庶流に佐竹氏の通字を偏諱として与えることによって、その家を佐竹氏の権力内に編成する方法といえるであろう。

家臣の家の取立

家臣の家の取立に関しては、事例の一部として、文禄四年（一五九五）に佐竹義宣（一五七〇〜一六三三）が家臣団へ一斉に知行宛行を実施した際に、奉行人として知行宛行状に連署している佐竹氏の宿老たち、和田昭為（一五三二〜一六一八）・人見藤道（一五六五〜一六〇〇）・小貫頼久（頼安。?〜一六〇三）の出自に言及したい。

和田氏は、鎌倉時代に佐竹氏に仕えたとされ、昭為は依上保（茨城県大子町）の石井氏から和田氏に養子に入っている。人見氏は、平安時代に佐竹氏の始祖・佐竹昌義（一〇八一〜一一四七?）が京都から常陸へ下向した時に付き従ったとされ、藤道自身は小野崎氏庶流から人見氏に養子に入っている。

小貫氏は、平安時代の武将・藤原秀郷（生没年不詳）の子孫で、通政・通経父子が常陸国那珂郡岩瀬（同常陸大宮市上岩瀬・下岩瀬）に居住していた。二人は、「治承・寿永の内乱」（一一八〇〜八五年）で佐竹隆義（一一一八〜八三）に仕え、常陸国久慈郡小貫（同常陸大宮市小貫町）を与えられたという。頼久の数代前の頼重は、同じく秀郷の子孫とされる小野崎氏から小貫氏に養子に入ったという（213頁の小野崎氏略系図を参照）。頼重の曾孫にあたる俊通は、部垂城（同常陸大宮市北町）城主で、「部垂の乱」（一五二九〜四〇年）の発端となった佐竹義元（佐竹氏本宗家当主・義篤の弟。一五一〇〜四〇）の部垂城攻撃によって、享禄二年（一五二九）に戦死したという（「部垂の乱」については、第三章の今泉論文を参照）。

家臣の出自に関しては、系図や伝承など、おもに江戸時代に作成された史料によるところが大きいので、史料の内容を吟味する必要もある。また、他家への養子入りに佐竹氏本宗家の当主の意向がどこまで働いているのかを、当時の史料から確認することは困難である。

しかし、「佐竹三家」の創出、太田資正・梶原政景父子や向宣政など、戦国時代以降に佐竹氏に仕え、のちに家臣団のなかで政治的地位が上昇してくる存在と併せて考えると、古い伝統をもち佐竹氏とゆかりのある家を別の家臣に相続させて、新たに家臣の家を取り立てることによって、家臣団の編成を図っていたのではないだろうか。

佐竹氏の権力構造の特徴として、「洞」に象徴される血縁関係の構築が注目されるが、血縁関係の構築ばかりではなく、官途・受領・偏諱の授与、家臣の家の取立は、佐竹氏以外の大名や領主の事例でも同様のことがみられる。また、ほかの大名や領主と同様に、佐竹氏も知行宛行や検地など、土地に対する支配も行っており、そのことからも、佐竹氏の権力構造には、当時のほかの領域権力と共通する部分もあったといえる。

おわりに——戦国期佐竹氏の権力構造に関する研究動向

以上のように、戦国期佐竹氏の権力構造について概観してきた。最後に、佐竹氏の権力構造に関連する本書刊行時点の研究動向について三点に絞って言及したい。

①佐竹氏関連の史料集について

『茨城県史料』中世編Ⅰ～Ⅵの刊行（一九七〇～九六年）以降、茨城県や栃木県など佐竹氏に関係する自治体史の刊行、二〇一七年から刊行開始された『戦国遺文(いぶん)』下野編など、佐竹氏に関連する当時の史料をまとめた史料集の刊行により、戦国期の佐竹氏を実証的に研究する環境が徐々に整えられつつある。

戦国期佐竹氏研究の基本史料といえる「秋田藩家蔵文書」（全六十一巻）は、元禄(げんろく)年間（一六八八～一七〇四年）の秋田藩（久保田藩）の修史事業で、秋田藩士の家が所持する古文書を調査し、厳密に写して作成された古文書集である。「秋田藩家蔵文書」の原本となった古文書については、一部では判明しているものの、新出史料の発見や無年号文書の年代比定の再考などとともに、これからの研究が待望される。

②「佐竹三家」以外の佐竹氏家臣団の研究について

佐竹氏に限ることではないが、戦国大名権力の存立に関する研究のなかで、従来は戦国大名が絶対的な強制力を持って一定の領域を支配しているとされてきたが、現在では戦国大名権力の存立は、当時の時代・社会状況に規定されていたことが明らかになっている。そのことから、戦国大名に当然のごとく従属する存在であった家臣については、各戦国大名研究のなかで実証的に研究を進めた成果が蓄積されてきた。

佐竹氏研究においては、史料の残存状況などもあり、戦国時代の佐竹氏の存立を支えた「佐竹三家」の研究が先行していた。しかし、佐竹氏家臣の個別実証的な研究成果も、徐々にみられるようになってきた。また、佐竹氏の一族衆より政治的地位が低いとされてきた当主の側近家臣と宿老層の政治的地位が、時代を経ることによって上昇していることも指摘されている（佐々木：二〇一四）。

紙幅の都合上、本稿では具体的な論題名や論者名をすべて列挙することは難しいので、その一部を以下にあげる。岡本氏については、今井雅晴「戦国時代の岡本氏」（『大子町史研究』十一号、一九八三）、同「『戦国時代の岡本氏』補論」（『大子町史研究』十二号、一九八四）がある。

佐竹義宣の側近家臣である大和田重清（おおわだしげきよ）については、佐々木倫朗「大和田重清と連歌」（『常総の歴史』第三二号、二〇〇五）、日暮冬樹「大和田重清をめぐる人と地域」（佐藤博信編『中世東国の社会構造』所収、岩田書院、二〇〇七）がある。

真崎氏については、市村高男「真崎氏と真崎文書」(『遡源東海』第六号、二〇〇〇)、佐々木倫朗「真崎義伊（宣伊・宣治）に関する一考察」(『栃木県立文書館研究紀要』第十六号、二〇一二）がある。

和田昭為については、千葉篤志「和田昭為の政治的位置に関する一考察―文禄期以前を中心に―」(『十六世紀史論叢』第八号、二〇一七）などの研究成果がみられる。船尾氏については、佐々木倫朗「戦国期権力と在地領主の主従結合」(村井章介編『中世東国武家文書の研究―白河結城家文書の成立と伝来―』高志書院、二〇〇八。のちに佐々木倫朗『戦国期権力佐竹氏の研究』思文閣出版〈二〇一一〉に収録）がある。

③佐竹氏の「洞」に包摂されていた自立的な領主の研究について

山尾小野崎氏・額田小野崎氏の研究成果については、本書第八章の泉田論文をご参照いただき、ここでは省略する。

真壁氏については、中根正人「室町〜戦国初期常陸真壁氏の基礎的考察」(戦国史研究会編『戦国期政治史論集　東国編』所収、岩田書院、二〇一七)、同じく中根正人「戦国期の東関東―真壁氏と佐竹氏の関係を中心に―」(戦国史研究会編『戦国時代の大名と国衆』所収、戎光祥出版、二〇一八）などの事例がみられる。

また、家臣以外の佐竹氏の権力構造に関しては、佐竹氏の史料に表れる「郷中（ごうちゅう）」や「政所（まんどころ）」のような、佐竹氏領国内の郷村の構造や支配に関する研究として、高橋裕文「戦国期常陸国佐竹領の郷村構造と民衆動向―殿原・おとな・百姓・家風―」（『茨城大学人文科学研究』二号、二〇一一）がある。文禄（ぶんろく）二年（一五九三）四月十八日から十二月二十九日までの佐竹氏の動向が記された「大和田重清日記」など、戦国時代以降の史料を用いた研究などもみられ、一例として日暮冬樹「常陸佐竹氏の年貢公事収取について―朝鮮出兵前後を中心に―」（佐藤博信編『中世房総と東国社会』所収、岩田書院、二〇一二）をあげておきたい。

以上の研究成果をふまえ、戦国期佐竹氏の権力構造については、今後よりいっそうの実証的な研究の深化が期待される。

【主要参考文献】

市村高男『戦国期東国の権力と都市』（思文閣出版、一九九四）
茨城県史編集委員会監修『茨城県史』中世編（茨城県、一九八六）
今泉徹「佐竹北家の所領支配」（『戦国史研究』三七号、一九九九）
同「戦国大名佐竹氏の家格制」（『國史学』一七七号、二〇〇二）
同「戦国期佐竹南家の存在形態」（佐藤博信編『中世東国の政治構造』所収、岩田書院、二〇〇七）

佐々木銀弥「第四章　常陸・北下総─第四節　佐竹氏の常陸統一」（茨城県史編集委員会監修『茨城県史』中世編に所収、茨城県、一九八六）
佐々木倫朗『戦国期権力佐竹氏の研究』（思文閣出版、二〇一一）
同「戦国期権力佐竹氏の家臣団に関する一考察」（『大正大学大学院研究論集』三八号、二〇一四）
同「佐竹氏の権力構造と家臣たち」（高橋修編『佐竹一族の中世』所収、高志書院、二〇一七）
高橋修編『佐竹一族の中世』（高志書院、二〇一七）
福島正義「東国における戦国大名領の成立過程─常陸佐竹氏の場合─」（『史潮』七一号、一九六〇）
藤木久志「豊臣期佐竹領国の構造」（同『戦国大名の権力構造』所収、吉川弘文館、一九八七）
水戸市史編さん委員会編『水戸市史』上巻（水戸市、一九六三）

〈第八章〉

【領国内の支配関係①】

常陸統一と有力国衆の江戸氏・小野崎氏

泉田　邦彦

はじめに

高い自立性を保持する国衆の代表格

戦国時代の佐竹氏は、「洞」（史料上は「佐竹洞（佐竹洞中）」と表記される）とよばれる権力編成をとり、一郷から数郡規模の領域を治めた一族や国衆（戦国期に多くみられる一定領域を一円的・排他的に支配する領域権力）を、緩やかな従属関係によって編成していたことが知られている（第七章の千葉論文を参照）。

「洞」とは、血縁関係にある一族を中心として、それに非血縁者を擬制的に結合させた地縁共同体、あるいはそのような結合原理である（市村：一九九四）。おもに戦国期の北関東や奥羽（東北地方）の領主に関する史料にみられる。そのような「佐竹洞」に位置づけられていた国衆たちは、自身の居城と所領を有し、一定規模の領域を自立的に支配する存在であった。

とりわけ水戸城（茨城県水戸市三の丸）城主の江戸氏（藤原秀郷流の流れをくむ那珂氏を祖とする）、一族が三家に分立し山尾郷（同日立市）・石神郷（同東海村）・額田郷（同那珂市）をそれぞれ拠点とした小野崎氏（先祖は江戸氏と同じ）は、ときには佐竹氏に従い、ときには反旗を翻すなど、高い自立性を保持しながら戦国時代を生き抜いた、常陸国衆の代表格といえる。

そして、さらに重要なことは、両氏が十五世紀において佐竹本宗家の権力機構の中枢に位置し、領域権力として自立した十五世紀末以降は、戦国期佐竹氏の動静に大きく影響を与える存在でもあったことである。

江戸氏・小野崎氏研究の現在

江戸氏・小野崎氏の研究は、おもに自治体史において基礎的な事実が整理され、それを基に成果が蓄積されてきた。

代表的な自治体史の成果としては、藤木久志氏が執筆した、江戸氏の専論と位置づけられる『水戸市史』上巻、「小野崎三氏」を通史的に記述した『十王町史』通史編を挙げておく。

個別研究では、佐竹氏との関係から両氏の位置づけを考察した拙稿（泉田：二〇一七・二〇一九b）

のほか、戦国期江戸氏の領域支配のあり方を考察した成果（泉田：二〇一九a）、山尾小野崎氏・額田小野崎氏を一次史料と近世の史料、そして伝承から考察した成果がある（たとえば、笹岡：二〇〇七、佐々木：二〇〇四など）。

　また、近年の研究動向で注目されるのが、額田小野崎氏関連の新出史料が相次いで発見されたことである。二〇一二年には、東日本大震災で被災した茨城県ひたちなか市の旧家の土蔵から、伊達政宗（一五六七〜一六三六）が額田城主・小野崎昭通（一五六九〜一六三〇）に宛てた起請文（契約時に神仏に誓う文書）を含む五通の新出史料（菊池家蔵「小野崎文書」）が発見された。

　二〇一八年には、小野崎昭通の発給文書七点を含む巻子（「小野崎家文書巻」）を那珂市歴史民俗資料館が購入し、それぞれの資料紹介がなされた（茨城史料ネット：二〇一三、藍原：二〇一九）。「佐竹洞」に編成されていた国衆の権力構造については、関連史料の乏しさから十分な考察がなされておらず、今後の研究の進展が期待される。

　本稿では、先行研究と最新の研究成果に拠りながら、十五世紀から十七世紀初め（室町時代中期から江戸時代初期）における江戸氏・小野崎氏の動向を、佐竹氏との関係から概観してみたい。

一　佐竹氏の内訌と江戸氏・小野崎氏の台頭

居城を中心に勢力を拡大する

江戸氏・小野崎氏が佐竹氏の権力内部で台頭したのは、十五世紀前半の佐竹義人（義憲・義仁。一四〇〇〜六八）のころであった。

応永十四年（一四〇七）、義人の義理の父・佐竹義盛（一三六五〜一四〇七）の死去にともない、義盛の弟・義有と、関東管領の山内上杉憲定（一三五七〜一四一三）の次男・龍保丸（のちの義人）との間で後継争いが発生した。こののち、佐竹本宗家と一族・庶子との間で約一世紀にわたり争いが繰り返されていくが（「佐竹の乱」。第三章の今泉論文を参照）、義有を支持する山入氏ら佐竹氏の一族に対して、江戸氏・小野崎氏は義人を支持し、義人が家督に就任すると宿老として重用されたのである。

江戸氏は、応永末年（一四二七年ごろ）までに義人や山内上杉氏、そして第四代鎌倉公方・足利持氏（一三九八〜一四三九）の支援の下、馬場大掾氏（大掾満幹〔?〜一四三〇〕）から水戸城を奪取した（第九章の中根論文を参照）。小野崎氏も応永三十年（一四二三）に佐竹義人が山入方の額田義亮（佐竹義重〔一一八六〜一二五二〕の次男・義直から分かれた佐竹氏一族）を滅ぼしたことで、庶子家の小野崎通重が額田城（茨城県那珂市額田南郷）を獲得した。

小野崎氏は、十四世紀後半には惣領家が山尾城を居城とし、のちに石神城を居城とする石神小野崎氏も延徳元年（一四八九）には所領を石神に与えられている。江戸氏・小野崎氏は、十五世紀末までには戦国期に通じる自身の居城を獲得し、佐竹氏一族間の内訌の過程で居城を中心に勢力を拡大させた（泉田：二〇一七）。

「佐竹の乱」を経て国衆として自立

十五世紀末（戦国時代初期）になると、江戸氏・小野崎氏は山入氏とともに義人の曾孫・佐竹義舜（一四七〇〜一五一七）に反旗を翻し、佐竹氏やその近臣たちの所領を押領（力ずくで領地を奪う）しながら勢力を拡大していった。

義舜と山入氏義（?〜一五〇四）の対立を主軸とする抗争は、明応二年（一四九三）十月に南奥（福島県南部）の大館城（福島県いわき市好間町）の城主である岩城親隆・常隆父子の調停によっていったんは和睦（「明応の和議」）が成立したものの、明応九年には山入氏義が孫根城（茨城県城里町孫根）に拠る義舜を金砂城（同常陸太田市上宮河内町）に追い落とすなど、両者の激突は繰り返された。

最終的に「佐竹の乱」は、岩城氏の援助で佐竹義舜と江戸氏・小野崎氏が和睦し、義舜が永正元年（一五〇四）に山入氏義を討ち、常陸太田城（同常陸太田市中城町など）を奪還することで決着がついた。

永正七年、佐竹義舜と江戸通雅（一四六三〜一五一一）・通泰（一四八六〜一五三五）父子との間で起

江戸氏略系図

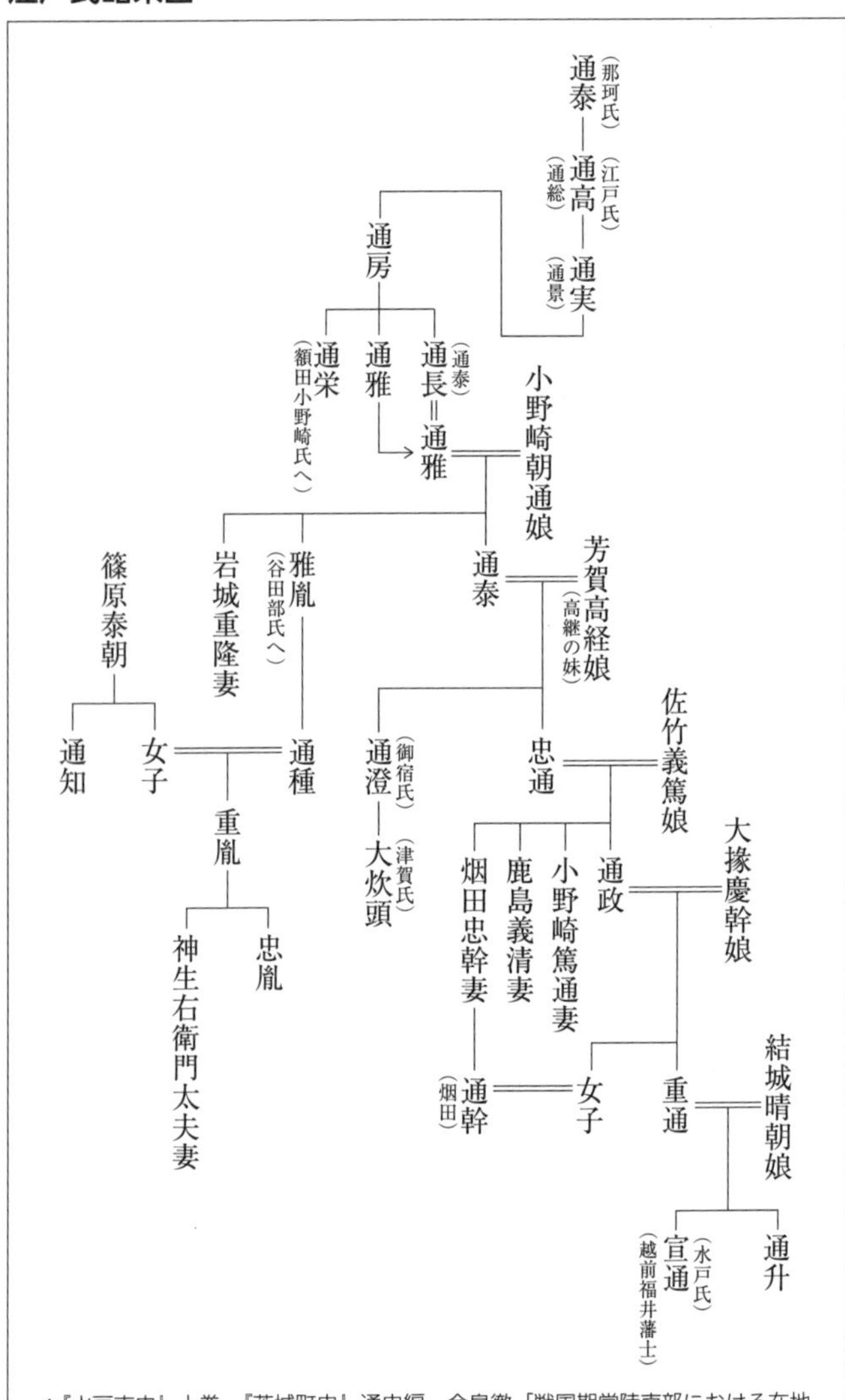

＊『水戸市史』上巻、『茨城町史』通史編、今泉徹「戦国期常陸南部における在地領主の動向」（高橋修編『常陸平氏』）などを参考に泉田邦彦作成

請文が交わされ、義舜から江戸氏に対して、江戸氏を佐竹氏の「一家同位」とすること、岩城氏をも含んだ広域な関係で「人返し」（この場合、江戸領から他領に逃亡した「江戸譜代之者・名代・土民・百姓」を還住させること）を実現することなどが誓約された（「秋田藩家蔵文書十　岡本文書」）。

十五世紀には、佐竹氏の宿老として佐竹氏権力の中枢を構成した江戸氏であったが、「佐竹の乱」の過程で勢力を拡大したことにより、それまでとは異なる立場を獲得するにいたったのである。

こののち、関東では第二代古河公方・足利政氏（一四六二～一五三一）とその子・高基（第三代。一四八五～一五三五）の対立抗争（「永正の乱」）が発生したが、政氏方についた佐竹義舜に対し、江戸通泰や額田小野崎氏・石神小野崎氏は高基方に味方した。

彼らは佐竹氏の「洞」に属しながらも、必ずしも佐竹氏と一致した行動を選択したわけではなかった。「佐竹の乱」を機に、佐竹氏との従来の関係を克服したことは、江戸氏・小野崎氏が国衆として自立するうえで重要な画期となったといえよう（泉田：二〇一七）。

天文年間の佐竹氏と江戸氏・小野崎氏の抗争

江戸氏・小野崎氏と佐竹氏との関係性が、大きく変化した内訌がもうひとつある。それは、享禄二年（一五二九）十月から天文九年（一五四〇）三月にかけて発生した佐竹義篤（義舜の嫡子。一五〇七～四五）と弟・部垂（宇留野）義元をはじめとする、佐竹氏一族らによる同氏内部の主導権争いであ

江戸氏・小野崎氏関係要図

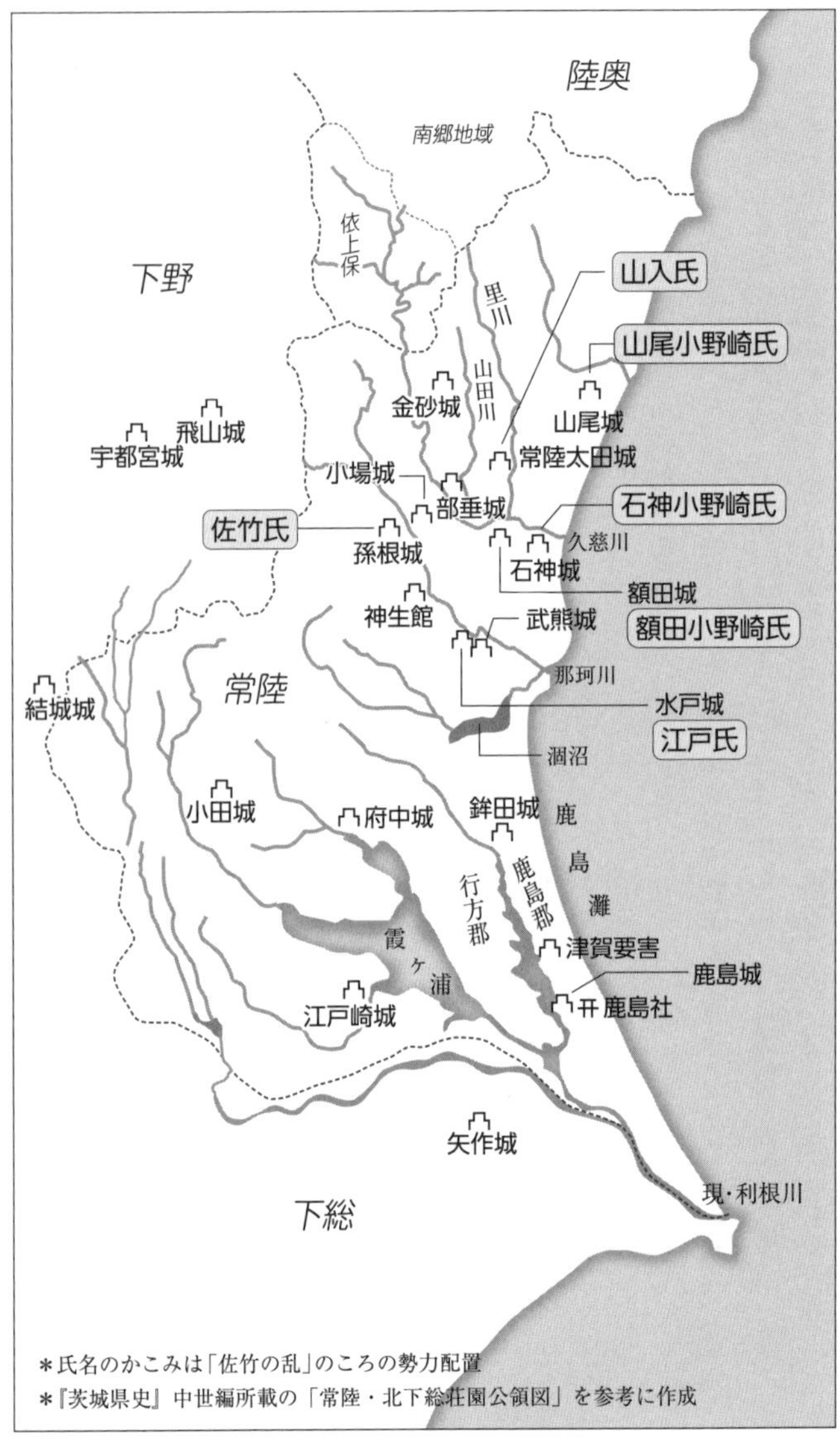

る（「部垂の乱」。第三章の今泉論文を参照）。

さらにそれに続く天文十六年から同二十年の佐竹義昭（よしあき）（義篤の嫡子。一五三一～六五）と江戸忠通（ただみち）（一五〇八～六四）の抗争である（この天文期に発生した二つの内訌を「佐竹天文の乱」と呼称しておく）。

先にも触れたように「部垂の乱」とは、享禄二年十月に部垂（宇留野）義元が部垂城（茨城県常陸大宮市北町）を奪取したことに始まり、義元に同心した佐竹氏の一族や江戸氏・小野崎氏が、佐竹氏当主の義篤に反旗を翻した内訌である。

天文四年に岩城成隆（なりたか）が常陸に侵攻すると、江戸忠通や石神小野崎氏、義元派の常陸領主は岩城氏と結びつき、「佐竹洞」が動揺する事態にまで発展した。常陸のみならず、南奥領主を巻き込みながら展開した「部垂の乱」であったが、天文九年に部垂義元・竹寿丸（たけじゅまる）父子が討たれたことで、十二年に及ぶ兄弟間の争いは一応の終息をみた。

「部垂の乱」を経て、対立する一族を打倒した佐竹義篤は、その地位を安定させ、佐竹本宗家を中心に佐竹北・東・南家が領域支配を担う体制を確立した（市村：一九九四）。

しかし、天文十四年の佐竹義篤の死後、義篤の家督を継いだ義昭と江戸忠通との関係が悪化し、天文十六年から十九年にかけて佐竹氏と江戸氏との合戦が繰り広げられた。

この合戦は、天文十七年八月に江戸忠通が岩城重隆（しげたか）（?～一五六九）の仲介により、南奥の白川晴綱（しらかわはるつな）（一五二〇?～七三）と起請文による同盟関係を結び、佐竹氏との対抗を試みるも、最終的には忠通の要請によって天文二十年六月に和睦が成った（泉田：二〇一九b）。

　佐竹氏は、内訌の過程で一族とともに反旗を翻した江戸氏・小野崎氏を制したことで、常陸北部（茨城県北部）地域における地位を揺るぎないものとし、常陸南部・下野（栃木県）・南奥へと進出していく。次節以降では、その過程における江戸氏・小野崎氏の動向についてみていきたい。

二　十六世紀後半の江戸氏の動向

弘治・永禄年間の佐竹氏との関係

「佐竹天文の乱」（「部垂の乱」「江戸忠通の乱」）を経て、江戸忠通を抑えた佐竹義昭は、弘治・永禄年間（一五五五～七〇年）にかけて常陸南部や下野・南奥へと進出していく。この過程で江戸氏は、佐竹氏の下で軍勢動員を行っている。

　弘治三年（一五五七）、下野国では宇都宮氏が壬生綱勝（同氏の宿老）に奪われた宇都宮城（栃木県宇都宮市本丸町）をふたたび奪回すべく、同氏家臣の芳賀高定（一五二一～八八）と宇都宮伊勢寿丸（のちの広綱。一五四五～七六）が佐竹氏に支援を求め、佐竹義昭・江戸忠通らの軍勢五千騎が下野国飛山城（同宇都宮市竹下町）に出陣した（「今宮祭祀録」）。

　この背景には、江戸忠通の母が芳賀高継（高定の養子。一五二六～九二）の妹であるという縁戚関係があり（202頁の江戸氏略系図を参照）、高定が忠通をとおして佐竹氏に合力を求めたためと伝えられている。

弘治三年十二月、それまで壬生氏を支援していた北条氏康（一五一五〜七一）が「壬生退治」に立場を転換させ、最終的には壬生綱勝は宇都宮城から退去することとなったが、江戸通政（忠通の嫡子。一五三八〜六七）も宇都宮に出陣しており、功績を挙げた小田野源兵衛・吉川兵部少輔に官途状（功績を挙げた家臣に特定の官職を私称することを許す書状）を付与している（「江戸譜」所収文書）。

また、江戸氏と佐竹氏との協調関係は、永禄五年（一五六二）に佐竹氏が小田氏治（?〜一六〇二）と対峙し宍戸（茨城県笠間市平町）に陣を構えた際に、江戸忠通が佐竹義昭の命を奉じて江戸崎城（同稲敷市江戸崎）の土岐治英に出陣を促していること（「安徳虎子」）、永禄九年に上杉輝虎（謙信。一五三〇〜七八）が江戸通政を介して佐竹義重（義昭の子。一五四七〜一六一二）との交流再開を図っていること（「歴代古案」「上杉文書」）などからも確認できる。

江戸氏の「佐竹洞」における立ち位置は、常陸内外からも認識されたものであった。

重通期における宿老の分業体制

ところで、永禄年間後半（一五六四年以降）、江戸氏の権力構造に転機が訪れた。当主が相次いで死を迎えたのである。永禄七年（一五六四）に江戸忠通が五十七歳で没した後、その子・通政も病弱のため家督を継がず、水戸城の外郭である武熊城（水戸市柳町）に退去したまま、永禄十年に三十歳でこの世を去った。そのため、忠通の孫である重通が十三歳で家督を継ぎ、宿老たちがそれを補佐する体制が執られることとなった。

重通期の宿老として、従来の研究では谷田部・篠原・神生・御宿（江戸通澄〔忠通の弟〕）の四名の存在が指摘されている（藤木：一九七七）。しかし、実際に残されている一次史料では、神生通朝に関するものはほとんどなく、谷田部・篠原両氏あるいは江戸通澄・同通長の連署形式で発給されたものが圧倒的に多い。そこで、宿老層の発給書状の分析から重通期の江戸氏の権力構造を提示しておきたい。

谷田部・篠原両氏が連名で登場する史料を年次順に提示してみると、

谷田部雅胤カ・**篠原泰朝**カ（年不詳三月二十九日付江戸忠通書状写「石川氏文書」）→**谷田部通種**・**篠原通知**（年不詳四月二十九日付篠原通知外連署状写「吉田神社文書」）→**谷田部重胤**・**篠原通知**（天正六年〔一五七八〕「小川岱状」、天正十三年二月二十四日付同連署証状写「田山景子氏所蔵文書」）→**谷田部重胤**・**篠原枩房丸**（天正十四年十二月二十四日付同連署証状写「鳥羽田文書」）

の組み合わせが確認できる。

彼らの発給する連署状（あるいは単独発給文書においても）の内容は、鹿島神宮（茨城県鹿嶋市宮中）から江戸領の和田・平磯郷（同常陸太田市・同ひたちなか市）に課せられた灯明料の徴収（「鹿島神宮文書」）や、鳥羽田氏や田山氏といった江戸氏に従属している領主層の「名代之儀」、あるいは「御恩賞之儀」の保障などが確認でき（「鳥羽田文書」「田山景子氏所蔵文書」）、江戸領内の村落における問題解決がおもな役割であった。

それに対し、江戸通澄・通長の場合は、宛先が佐竹氏・宿老の岡本禅哲（一五二八～八三）（「水府志料附録」）、陸奥国白川氏・家臣の関氏（「関文書」）といった他家の家臣層である。

江戸重通と結城晴朝（一五三四～一六一四）の娘の婚姻について、結城氏側から江戸氏側へ打診があった際には、江戸通長が佐竹氏の元へ行き、家臣の岡本禅哲と話し合っている（「常光寺文書」）。天正六年に小河の原（茨城県筑西市）で佐竹氏が小田原北条氏と対陣した際には（「小河台合戦」）、江戸通澄が佐竹「洞中」の真壁氏幹（一五五〇～一六二二）とともに陣所周辺を巡見し、佐竹氏の一家・宿老に対して意見を述べていることから（「小川岱状」）、他家との外交がおもな役割だったことが判明する。

すなわち、重通期（十六世紀後半）の江戸氏宿老層では、谷田部・篠原両氏は江戸領内を、江戸通澄・通長は江戸領外をおもな担当とする分業体制が執られていたのであった。

江戸氏と鹿島・行方郡の領主たち

十六世紀後半に佐竹氏との協調関係を維持した江戸氏は、鹿島・行方郡（霞ケ浦の東部）に進出していった。

江戸氏の南下（本拠地は水戸城）は、文明十三年（一四八一）の「小鶴原合戦」（江戸通雅と小田成治（一四四九～一五一四）の戦い。茨城県茨城町小鶴）、文明十八年の「烟田・徳宿城合戦」（江戸氏と徳宿氏の戦い。同鉾田市烟田・徳宿）以来繰り返し行われてきたものであり、天文年間（一五三二～五五年）には涸沼（同茨城町・同鉾田市・同大洗町）南岸一帯にまで勢力を伸張させていた。

天文十五年（一五四六）ごろに発生した「小川城合戦」（同小美玉市小川）では、江戸氏が「行方・鹿島人衆」二十余騎に軍勢催促しており、鹿島・行方郡の領主層が江戸氏の麾下にあった様子がうかがえる。

江戸氏と鹿島郡の領主層との関係で、象徴的な事象を二つ挙げておきたい。ひとつは、江戸氏が以下の三度にわたる「鹿島氏の内訌」に介入していることである。

①永禄十二年（一五六九）、鹿島氏幹と弟の鹿島義清との間で内紛が起こった際、下総千葉氏の支援を受ける氏幹に対して、江戸氏は義清を支援し、翌十三年には江戸忠通の娘が義清の元に嫁いだ（202頁の江戸氏略系図を参照）。

②天正七年（一五七九）から同九年に「鹿島洞中」に内紛が発生し、千葉氏派による鹿島義清の暗

殺および鹿島城（茨城県鹿嶋市城山）奪取が起こると、江戸重通は鹿島城攻めを実行し、鹿島通晴を支援して天正十年に惣大行事職および鹿島氏当主に就けた。

③天正十四年二月、下総国矢作城（千葉県香取市本矢作）城主の国分胤政の支援を受けた鹿島貞信・清秀兄弟が、鹿島通晴を倒して鹿島城を占拠すると、江戸重通は額賀氏（鹿島氏の四家老の一家）・石崎氏を調略して鉾田城（茨城県鉾田市鉾田）を奪取している。

ふたつ目は、江戸氏と鹿島・行方郡の領主（太字で表記）**との個別のつながり**である。

鹿島郡では、江戸通澄の子である大炊頭が津賀要害（茨城県鹿嶋市津賀）を修繕して**津賀氏**を称しており、**島崎氏**（同潮来市島須）は江戸氏と婚姻関係を結んでいる（「烟田旧記」）。「鹿島洞中」の**烟田氏**（同鉾田市鉾田）については、烟田忠幹が江戸氏の近習になっており（「烟田旧記」）、永禄十一年（一五六八）には烟田通幹の元に江戸通政の娘が嫁いだ（２０２頁の江戸氏略系図を参照）。

鹿島・行方郡の領主層に対する佐竹氏の軍勢催促は、江戸氏を介したものであったことはすでに指摘されているが（市村：一九九四）、江戸氏は鹿島・行方郡の領主と個別に関係を結び、彼らを「江戸洞」に編成することで軍事指揮権を行使できたようである。

行方郡については、永禄二年に勃発した**玉造氏**（同行方市玉造）と**小高氏**（同行方市小高）の所領争いにおいて、小高氏側についた**山田治広**（同行方市山田）・**武田通信**（同ひたちなか市武田）が江戸氏に援軍を求め、江戸氏・宿老の谷田部通種が出兵したことが確認できる。このことからも、当該地域においても江戸氏が紛争発生時に「頼まれる存在」だったことがわかる。
その背景には、鹿島郡の領主たちと同様、江戸氏と行方郡の領主たちの間にも、個別の緊密なつながりが存在していたといえよう。

三　江戸氏・額田小野崎氏の滅亡とその後

天正年間後半の相次ぐ合戦

天正十三年（一五八五）八月から翌十四年十一月、江戸氏は常陸国府中城（茨城県石岡市総社）城主・大掾氏と衝突した。

合戦の原因は、大掾氏領の田木谷村（同小美玉市田木谷）の百姓と江戸氏に従属していた薗部氏領の小川（同小美玉市小川）の百姓との境界争いという説や、江戸氏に従属していた小幡対馬守が大掾氏に内応していたことが発覚したためという説がある。

いずれにせよ、隣接する地域間紛争が根底に存在したものと考えられよう。このときの合戦は、佐竹氏や結城氏の調停によって和睦が成立したが、天正十六年一月から五月にはふたたび戦乱が発生、最終的には佐竹氏の支援を受けた江戸氏が戦況を有利に進め、大掾氏の請願によって和議が結ばれた。

大掾氏と和睦した半年後の天正十六年十二月、江戸氏宿老の江戸通澄と神生右衛門太夫（神生館

小野崎氏略系図

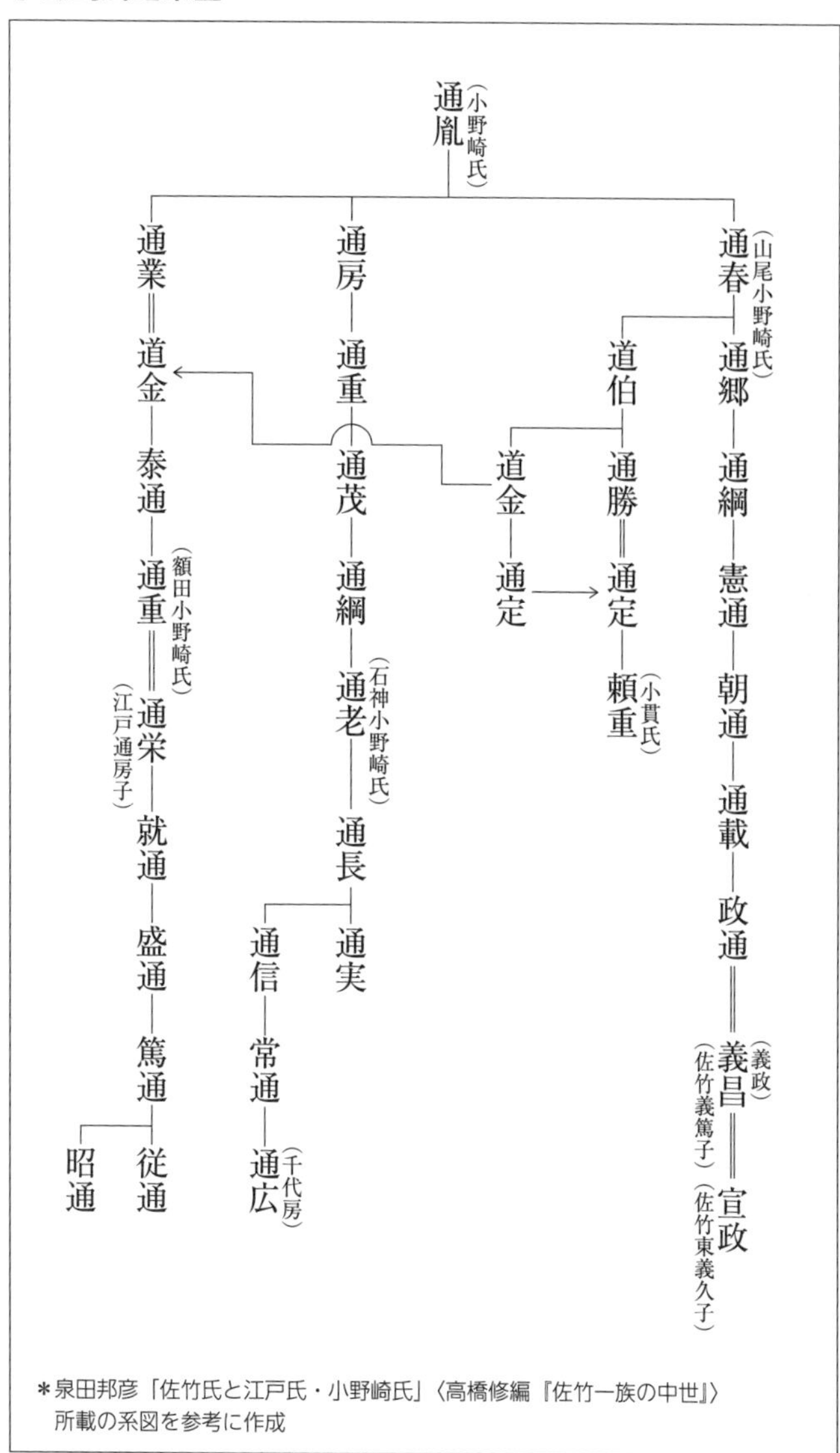

＊泉田邦彦「佐竹氏と江戸氏・小野崎氏」〈高橋修編『佐竹一族の中世』〉所載の系図を参考に作成

（同水戸市飯富町）が領内の徳政をめぐって意見を対立させ、「神生の乱」とよばれる内訌が生じた。通澄に館を攻められた神生氏は、額田城（同那珂市額田）の小野崎篤通・昭通父子の元へと逃走したため、天正十七年春には江戸氏と額田小野崎氏の合戦へと発展した。

江戸氏は佐竹氏の支援を受け、額田小野崎氏を降し、同年五月に和睦となった。

佐竹氏、江戸氏・額田小野崎氏を滅ぼす

本稿の「はじめに」ですでに触れたように、江戸氏・佐竹氏に敗北し、常陸北部で劣勢に立たされた小野崎昭通は、この状況を打開するため、天正十七年十月に伊達政宗と起請文による同盟関係を結んだ（菊池家蔵「小野崎文書」）。

当時、政宗は天正十七年六月の「摺上原合戦」（福島県磐梯町・猪苗代町）で佐竹義宣（一五七〇～一六三三）・蘆名義広（一五七五～一六三一）連合軍を破り、居城を米沢城（山形県米沢市丸の内）から黒川城（福島県会津若松市追手町）へと移しており、常陸への南下をもくろみ、佐竹氏の支配する陸奥国高野郡南郷地域（福島県棚倉町・塙町・矢祭町）への進出をうかがっていた。

政宗が昭通に与えた起請文では、佐竹氏と手切れした後の昭通の身柄の保障と、佐竹氏・江戸氏との合戦に勝利した際には江戸領を与えることが誓約されており、佐竹攻めの機運が高まっていたことは間違いない。

しかし、同盟による佐竹攻めは、天正十八年三月に計画されていた政宗の南郷出馬が延引し、政宗が同年四月に豊臣秀吉（一五三七〜九八）による「小田原攻め」への参陣を命じられたため（小野崎昭通は佐竹氏とともに五月二十七日、政宗は六月五日に小田原着陣）、結局実現することはなかった。

そして天正十八年八月、佐竹義宣が豊臣秀吉から常陸・下野両国の支配を公認されると、常陸の状況は一変する。秀吉の後ろ盾を得た佐竹氏は、天正十八年末から翌十九年二月にかけて領内の統一を図るため、鹿島・行方郡の領主「南方三十三館（なんぽう）」、大掾氏、江戸氏、額田小野崎氏攻めを実行したのである。

天正十八年十二月十九日、佐竹氏に攻められた江戸重通は、岳父（妻の父親）である下総国（しもうさ）結城城（ゆうき）（茨城県結城市結城）の城主・結城晴朝（はるとも）（一五三四〜一六一四）の元へ逃れ、常陸江戸氏は滅亡した。続いて天正十九年二月二十三日には、佐竹義宣が額田城を攻め、当主の小野崎昭通は本拠地である額田城から逃れた。

紆余曲折を経て常陸に戻った小野崎昭通

額田城を逃れた昭通は、起請文による同盟関係を頼って政宗の元に身を寄せた。

伊達家では「客将」としての扱いを受けたようで、朝鮮出兵（文禄（ぶんろく）の役）のため西国に赴いていた政宗から、文禄（ぶんろく）二・三年（一五九三・九四）に昭通に宛てられた書状が三通残されている（菊池家蔵

「小野崎文書」）。文禄三年十一月二十八日付の政宗書状には、岩出山城（宮城県大崎市岩出山）御留守居の屋代景頼（一五六三〜一六〇八）を通じて、昭通の「堪忍分」（客分の士または討死した家臣の遺族などに給与する禄）を差配することが記されているため、昭通は岩出山城周辺にいたのかもしれない。

その後、詳しい経緯は不明ながら、昭通は徳川家康（一五四三〜一六一六）六男の松平忠輝（一五九二〜一六八三）に仕官している。昭通は慶長二十年（一六一五）の「大坂夏の陣」にも忠輝の下で出陣したが、元和二年（一六一六）に忠輝が越後高田藩（新潟県上越市）から改易されると、ふたたび流浪することとなった。

そして、元和四年から水戸藩に仕官し、初代藩主・徳川頼房（家康の十一男。一六〇三〜六一）から知行六百石を与えられ、同家は以降幕末にいたるまで水戸藩士として存続した。ちなみに、水戸藩に仕官した昭通は「額田照通」と名乗っている。

四　佐竹氏に従った山尾・石神小野崎氏

義政の入嗣と山尾小野崎氏

佐竹氏に滅ぼされた江戸氏・額田小野崎氏に対し、山尾・石神両小野崎氏は、その後も佐竹氏の下で存続した。その理由には、彼らと佐竹氏との関係が十六世紀後半に大きく転換したことが考えられる。以下では、その後も存続した山尾・石神両小野崎氏と佐竹氏との関係の変化に注目してみたい。

十六世紀前半から中ごろに起こった「佐竹天文の乱」（「部垂の乱」「江戸忠通の乱」）後、山尾小野崎氏は佐竹「洞」に属する国衆として活動していた。

佐竹義篤期（十六世紀前半）には、当主・政通が佐竹氏の軍事指揮下にあり、「書札礼」（書簡を出すときに守るべき礼法）上の扱いも国衆並みであることが確認でき、その立場はその後も十六世紀前半と大きく変わるものではなかった。

しかし、佐竹義昭の弟・乙寿丸（のちの小野崎義政。義昌とも）が山尾小野崎氏に入嗣すると、その状況が一変する。当初、乙寿丸は、佐竹家から山尾小野崎氏に養子に入った後、永禄七年（一五六四）に大掾慶幹の養子となったが、その後、大掾一族・家中の反発に遭い府中城を退去、永禄末年から元亀初年ごろ（一五七〇年前後）に山尾小野崎氏の家督を継いで義政を名乗った（２１３頁の小野崎氏略系図を参照）。

これ以降、山尾小野崎氏の書札礼上の扱いは、佐竹義昭の子・義宗が入嗣した一族の小場氏とともに「御一家」に準ずるものに変化している（「佐竹之書札之次第」「佐竹書札私」）。山尾小野崎氏は、義政という佐竹氏の血縁者が入嗣したことにより、「山尾小野崎」というイエを保ちながら、実態は佐竹氏の「一家」に変貌したのであった（泉田：二〇一九b）。

佐竹義重・義宣期の石神小野崎氏

一方、石神小野崎氏は、永禄六年に佐竹義昭の命で下野に出陣（「阿保文書」）、元亀二年（一五七一）には佐竹義重の下で南奥に出陣しており（「阿保文書」）、江戸氏や山尾小野崎氏と同様、佐竹氏の軍事指揮下にあった。

注目すべきは、佐竹義重・義宣期（十六世紀後半）には、石神小野崎氏が佐竹一門・一族・宿老などとともに佐竹氏当主の儀礼の場に参加していることである。元亀元年七月十六日の佐竹義宣の誕生儀礼では、小野崎越前が「御蟇目之役」（弓の弦で音を出す）を担っている。また、天正十年（一五八二）に義宣が十三歳になった際の「烏帽子始め」の儀礼では、小野崎大蔵が「御宝殿」に「御鎧・御太刀・御弓」を奉納し、さらには「御蟇目之役」を務めた（『国典類抄』第一巻「吉部一」）。

佐竹義重・義宣期の石神小野崎氏は、それ以前の国衆としての立場とは異なり、佐竹氏の一族や宿老層に並ぶ重臣としての立場を獲得していたといえよう（泉田：二〇一九b）。

秋田藩士となった山尾・石神小野崎氏

江戸氏・額田小野崎氏の滅亡後、佐竹義宣は天正十九年に水戸城に居城を移した。

文禄四年（一五九五）、小野崎千代房（通広）は佐竹義宣黒印状をもって「那賀之内石神之地」九百石を与えられ、引き続き石神を居城とした。山尾小野崎氏は義政の跡を東義久（佐竹東家。一五五四

～一六〇二）の子・宣政（?～一六〇二）が継ぎ、佐竹氏の親類としての家格を維持している（213頁の小野崎氏略系図を参照）。

慶長七年（一六〇二）、佐竹氏が徳川家康から秋田移封を命じられると、山尾・石神両小野崎氏はほかの重臣らとともに秋田へ付き従った。江戸時代の秋田藩（久保田藩）では、藩主・佐竹氏との親疎関係から序列が決まる「座格制」がとられた。

これは、「一番座・二番座」という親類衆を最上位に据え（「引渡」）、それ以外の「一族の嫡男ならびに宿老家の子、面立たる浪人」で構成される「三番座」が次ぎ（「廻座」）、以下に一騎、駄輩、不肖、近進・近進並と続くものである。

小野崎源三郎（山尾小野崎氏）および小野崎大学（石神小野崎氏）は、元和七年（一六二一）正月朔日の年賀の着座において、「廻座」にその名を確認することができる（「義宣家譜」）。山尾・石神両小野崎氏は、十六世紀後半に佐竹氏とのそれまでの関係を変化させたことで、江戸時代には宿老・家之子並みの座格を与えられ、幕末まで秋田藩士として存続したのであった。

おわりに――江戸氏・小野崎氏研究のこれから

以上、十五世紀から十七世紀初めにおける江戸氏・小野崎氏の動向を概観してきた。

両氏の研究は、佐竹氏との関係を軸に成果が蓄積され、政治的動向が把握できるようになってきたといえる。しかし、一次史料の乏しさゆえ、個々の国衆がどのように領域支配を行っていたのかについては、いまだ不明確な部分が多い。

江戸氏・小野崎氏研究を進展させるには、地道な資料調査を継続し、未翻刻史料を見いだすとともに、これまで十分に活用されてこなかった棟札（むなふだ）などの金石文や、寺社の縁起（えんぎ）、中世城館跡やその発掘成果などを検討の対象に入れ、多角的な視野から考察を試みる必要があるだろう。

なお、本稿の内容は、拙稿（泉田：二〇一七・二〇一九b）に依拠している。併せて参照されたい。

【主要参考文献】

藍原怜「「小野崎家文書巻」調査報告」（那珂市歴史民俗資料館編『「小野崎家文書巻」調査報告書』那珂市教育委員会、二〇一九）

泉田邦彦「佐竹氏と江戸氏・小野崎氏」（高橋修編『佐竹一族の中世』所収、高志書院、二〇一七）

同「戦国期常陸江戸氏の領域支配とその構造」（『常総中世史研究』七号、二〇一九a）

同「佐竹天文の乱と常陸国衆」（『地方史研究』三九八号、二〇一九b）

市村高男『戦国期東国の都市と権力』（思文閣出版、一九九四）

同『東国の戦国合戦』（「戦争の日本史」10、吉川弘文館、二〇〇九）

茨城史料ネット「レスキューされた伊達政宗の「密書」―新発見　ひたちなか市菊池家蔵「小野崎文書」の翻刻と解説―」(『常総中世史研究』創刊号、二〇一三)
笹岡明「戦国期在地領主の伝承と実像―山尾小野崎氏を事例として―」(吉成英文編『常陸の社会と文化』所収、ぺりかん社、二〇〇七)
佐々木倫朗「「額田小野崎文書」」(十王町史編さん委員会『十王町の歴史と民俗』一三号、二〇〇四)
十王町史編さん調査会編『十王町史　通史編』(日立市、二〇一一)
藤木久志「常陸の江戸氏」(萩原龍夫編『江戸氏の研究』所収、名著出版、一九七七。初出『水戸市史』上、一九六三)

【さらに詳しく学びたい読者のために】

本稿で扱った江戸氏・小野崎三家について、より理解が深まる論文・書籍を四点挙げておく。

①柴辻俊六「常陸江戸氏の発展と滅亡」(『歴史手帖』一〇-三、一九八二)
②高橋裕文「額田小野崎氏の系譜に関する一考察」(『常総中世史研究』二号、二〇一四)
③東海村歴史資料館検討委員会編『常陸石神城とその時代』(東海村教育委員会、二〇〇〇)
④笹岡明「戦国期山尾小野崎氏の家臣団―江戸期における伝承記録をめぐって―」(『十王町の歴史と民俗』一八号、二〇〇九)

①は、数少ない江戸氏に関する専論であり、対象は本稿とほぼ同時期である。天文二十年（一五五一）の和睦後の江戸氏と佐竹氏との関係を、家臣化や臣従化ではなく、同盟関係であったと主張する。

②は、既知の系図に加え、茨城県立歴史館寄託「額田氏系譜」を紹介し、額田小野崎氏の系譜を整理し、歴代の事績を再検討したものである。このほか高橋氏の額田小野崎氏に関する研究成果は多岐にわたるが、論文の註では、既存の額田小野崎氏研究が引用されているので参照されたい。

③は、石神小野崎氏と石神城を文献史学（中近世）・考古学の成果から総合的に分析したものである。高橋裕文氏の執筆部分の一部は、高橋裕文『中世佐竹氏の研究』（青史出版、二〇二〇）に再録されている。

④は、山尾小野崎氏に関する近世の伝承記録を収集し、近世に伝わる戦国期家臣団の構成を検討したものである。伝承記録を活用することには検討すべき課題も多いが、分析対象の幅を広げた意義は大きい。

〈第九章〉
【領国内の支配関係②】

大掾氏との関係は、同盟か従属か？

中根　正人

はじめに——そもそも「洞」とは何か？

佐竹氏権力について考えるうえで、市村高男氏によって検討がなされた「洞（うつろ）」という概念は重要なものといえる（市村：一九九四）。

「洞」とは、戦国期の東関東から東北地域の伝統的領主層が実際に使用した言葉で、彼らが戦国社会に対応し、領域支配を実現させるために、一族を中心に、周辺の非血縁者をも擬制的に取り込んで結集させた「**同族的地縁共同体**」と定義されている（第七章の千葉論文・第八章の泉田論文を参照）。

また「洞」は、それぞれの階層に個別に存在し、大名クラスの勢力が構成する「洞」には、周辺の国人（こくじん）（在地領主・地侍（じざむらい））や土豪クラスの作る「洞」が包摂され、包摂された国人クラスの「洞」のなかに、さらに下の階層の「洞」が包摂されるという、「重層的な構造」で成り立っていた。

この関係性については、大名の「洞」を「**家中と同義**」とする見解と、「洞」は「**家中の連合体の上に成り立つ**「**公的性格**」**を帯びたもの**」とする見解の二つの考え方が提示されている。そして、大名の「洞」の範囲についても、「洞」という概念をどの規模でとらえるかによってさまざまであり、明確な回答は出されていない。

一様ではない、研究者たちの意見

佐竹氏の権力構造については、**常陸一国**（茨城県の大部分）の「**諸勢力を指揮下に抑えていた**」という見方（市村：一九九四、今泉：二〇〇二）と、「**諸勢力間の同盟の盟主的存在**」という見方（市川：二〇一〇）があり、研究者間の回答も一様ではない。

そこで本稿では、佐竹氏と同じく常陸国内に拠点を持ち、中世の東国において、佐竹氏と同等の家格を有した常陸大掾氏（以下、大掾氏）について、佐竹氏との関係をみていくことにしたい。

大掾氏についても、佐竹氏の「**目下の同盟者**」や「「**洞**」**の一員**」など、佐竹氏に従属していたとする見解が多くみられる（佐々木銀弥：一九八六、市村：一九九四など）が、本当に大掾氏が佐竹氏の下に属する立場にあったのか、永禄から天正年間（一五五八〜九二年）にかけての時間経過に沿ってみていくこととしたい。

一　大掾氏とはどんな家なのか？

常陸平氏の嫡流家、一時は滅亡の危機に

本稿で取り上げる大掾氏は、平安中期（十世紀）の東国の大乱である「平将門の乱」（九三五〜九四〇年）に際して、将門（？〜九四〇）と戦った平貞盛（？〜九八九？）の弟・繁盛を祖とする常陸平氏の嫡流である。

「大掾」という名字は、古代律令制下の国司にかかわる官名の守、介に次ぐ三番目の官職にちなんだものである。この名字を選んだのは、貞盛・繁盛兄弟の父・国香（？〜九三五）が、「大掾職」＝「常陸大掾」に就いたことから、その所伝に基づくものとされる。

しかし、繁盛の子孫が「常陸大掾」を世襲していたわけではなく、鎌倉幕府の初期（十二世紀末）に、常陸平氏の嫡流であった多気氏が没落した後、源頼朝（一一四七〜九九）によって取り立てられた庶流の馬場資幹が「常陸大掾」に任じられ、常陸平氏を統率しうる一族の惣領として位置づけられるにあたり、「大掾」を名字としたようである（高橋：二〇一〇）。

資幹とその子孫は、国府のある常陸府中（茨城県石岡市）に入って活動を展開し、南北朝期には、常陸守護の佐竹氏に匹敵する影響力を一族の勢力圏に有していた。しかし、その勢力拡大を危惧した鎌倉府（室町幕府が、関東十カ国を統治するために設置した機関）の圧力を受けた。また、当主の詮国

(?~一三八六)の死にともなう家督相続に際し、幼い嫡男(のちの満幹〔?~一四二九〕)が継ぐなど家中の事情もあり、徐々に勢力を削がれていった(中根:二〇一九)。

その満幹は、関東管領であった犬懸上杉禅秀(氏憲。?~一四一七)と結んで勢力の回復を図ったが、その禅秀が応永二十三年(一四一六)に「上杉禅秀の乱」を起こし、第四代鎌倉公方(鎌倉府の長)の足利持氏(一三九八~一四三九)と衝突した。このとき、満幹も禅秀に味方し、持氏と対立したが、敗れて降伏した。

その後、今度は鎌倉府と室町幕府の対立のなかで幕府と結び、その扶持を受けるようになったが(「京都扶持衆」)、鎌倉公方・持氏の攻勢により「京都扶持衆」は壊滅的な打撃を受け、満幹自身も最終的には永享元年(一四二九)十二月、鎌倉で持氏によって実子とともに殺害されてしまった。

また、その二年前の応永三十四年には、江戸氏により水戸城(茨城県水戸市三の丸)を奪われ、その周辺の所領を失っており、所領の失陥と満幹の死により、大掾氏は滅亡の危機に立たされることとなった。

関東では高い政治的地位を誇る

満幹の死後、その家督は佐竹義人(一四〇〇~六七)の子(のちの戸村義倭か)が継いだとされる。彼は幼少であったため、その政務には常陸守護の佐竹氏がかかわった可能性が高い。しかし、永享十

大掾氏略系図

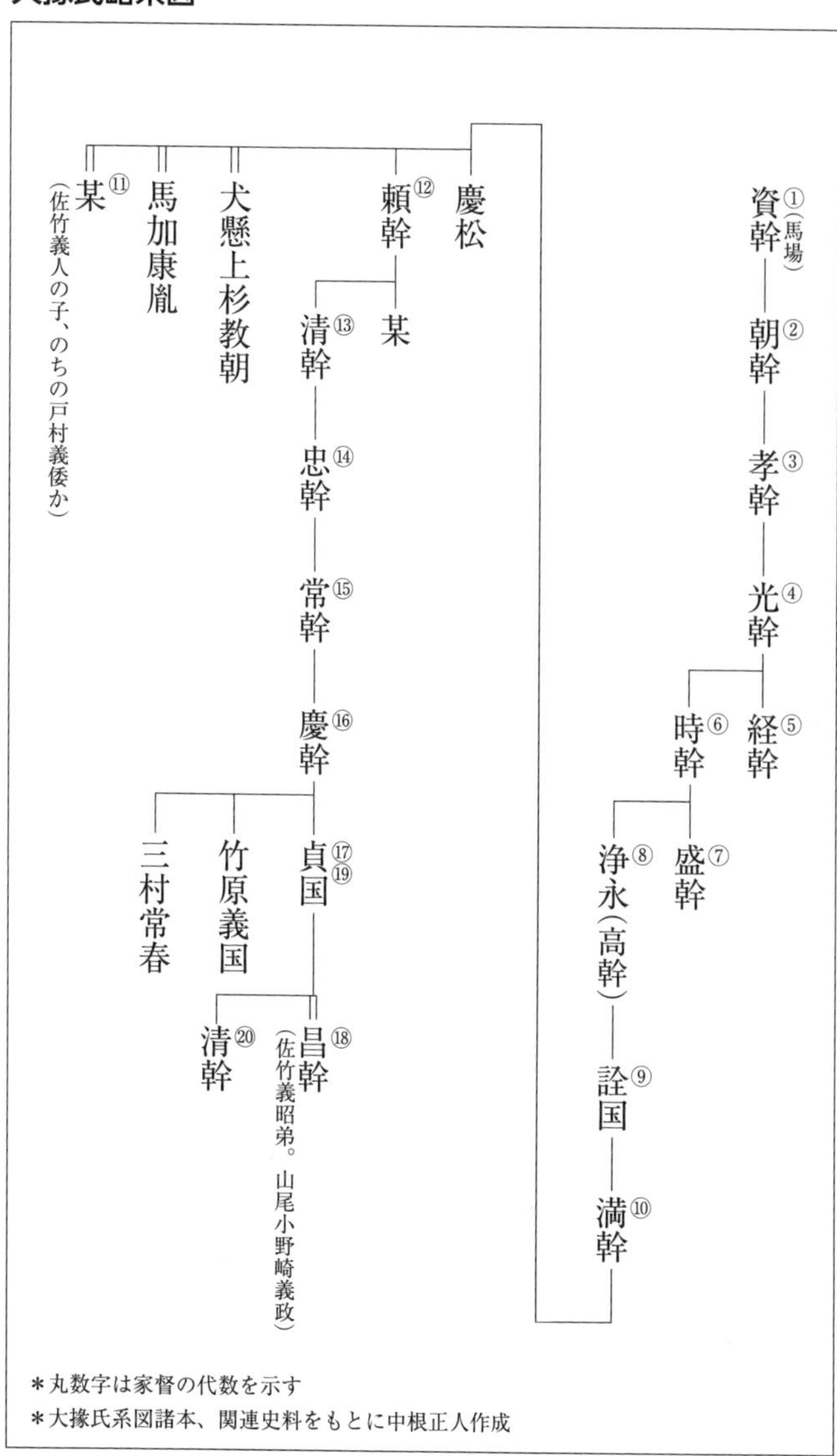

＊丸数字は家督の代数を示す
＊大掾氏系図諸本、関連史料をもとに中根正人作成

年の「永享の乱」、同十二〜十三年の「結城合戦」という、鎌倉府を揺るがす大きな戦乱が続くなかで、大掾氏の血を引く頼幹に家督が交代すると同時に、滅亡の危機を乗り越えた（中根：二〇一九）。

その後、「享徳の乱」（関東における戦国時代の始まりといわれる、第五代鎌倉公方・足利成氏〔初代古河公方。一四三八〜九七〕と室町幕府・上杉氏の争い。一四五四〜八二年）においては、大掾氏は常陸における幕府・上杉方の主力格として活躍し、戦国期に入ってもなお、府中周辺に一定規模の勢力を有した。

また周辺地域に対しても、常陸平氏の嫡流家として、大きな影響力を持ちつづけていた（中根：二〇一九）。そのような大掾氏の、関東における政治的地位は高いものがあり、それは書札礼（書簡に関する礼法）にも表れている。

古河公方家（鎌倉公方家の後裔）や里見氏、佐竹氏の「書札礼書」をみてみると、大掾氏の書札礼は、常陸では佐竹氏や小田氏と、また下総の結城氏、千葉氏、下野の宇都宮氏、小山氏、那須氏といった「屋形」クラスの名門と同格のものであり、公方家、関東管領上杉氏に次ぐ書札礼が適用される存在であった（市村：一九九七、今泉：二〇〇二）。

二　佐竹義昭による大掾家中への介入

昌幹の入嗣と大掾氏の〝乗っ取り〟

さて、戦国期の佐竹氏と大掾氏の関係は、永禄年間（一五五八〜七〇年）に勃発した、佐竹義昭（一五三一〜六五）による大掾氏家中への介入に始まる（中根：二〇一九）。その経緯は左記のようになる（「烟田旧記」『茨城県立歴史館史料叢書二〇　安得虎子─古文書・古記録編─』）。

永禄六年（一五六三）
十二月　佐竹義昭、大掾貞国の姉妹を後妻に娶る。

永禄七年（一五六四）
正月　上杉輝虎（謙信）、佐竹氏らとともに小田城を攻略。
六月　義昭、府中城へ入城。

永禄八年（一五六五）
十二月　義昭、大掾貞国を隠居させ、自らの弟・義政を大掾氏当主にする。義政は昌幹と改名。
十一月　義昭、病没（三十五歳）。
十二月　小田氏治、小田城を奪還。

永禄九年（一五六六）

六月　大掾氏家臣団が昌幹を追放し、貞国を復帰させる。

佐竹義昭が大掾氏に介入した背景には、常陸南部に大きな勢力を持つ、小田城（茨城県つくば市小田）の小田氏治（一五三〇〜一六〇二）の存在があった（余談だが、義昭の母は氏治の叔母で、義昭と氏治は従兄弟（いとこ）の関係にあたる）。

永禄六年（一五六三）二月、氏治は大掾貞国（?〜一五七七）を攻撃し、小田・大掾の両軍は三村（みむら）（同石岡市三村）で激突、小田氏が勝利した（「秋田藩家蔵文書　四八」『茨城県史料　中世編Ⅴ』第二七号）。この直前に、貞国の父・慶幹（のりもと）が病死したとみられ、家督交代の間隙（かんげき）を突く形で小田氏が侵攻したことになる。近年、テレビの歴史番組などで、その負けぶりとそこからの復活劇が話題となっている小田氏治だが、この戦においては、大掾氏を打ち破り、勢力拡大の足がかりを作ったのである。

その勢力伸長を危惧したのが佐竹義昭であり、小田氏と対峙（たいじ）するにあたり、劣勢の大掾氏を取り込むことで、自らの勢力拡大と小田氏への圧力をかけたい考えがあったと思われる。かくして義昭は、大掾貞国の姉妹を娶り、自ら府中城（同石岡市総社（そうじゃ））へ入った。

このころの義昭は、すでに子の佐竹義重（よししげ）（一五四七〜一六一二）に家督を譲って隠居しており、妻の実家である府中城は事実上の隠居所となったが、その行動は同時に、大掾氏を佐竹家中に取り込む

大掾氏関係要図

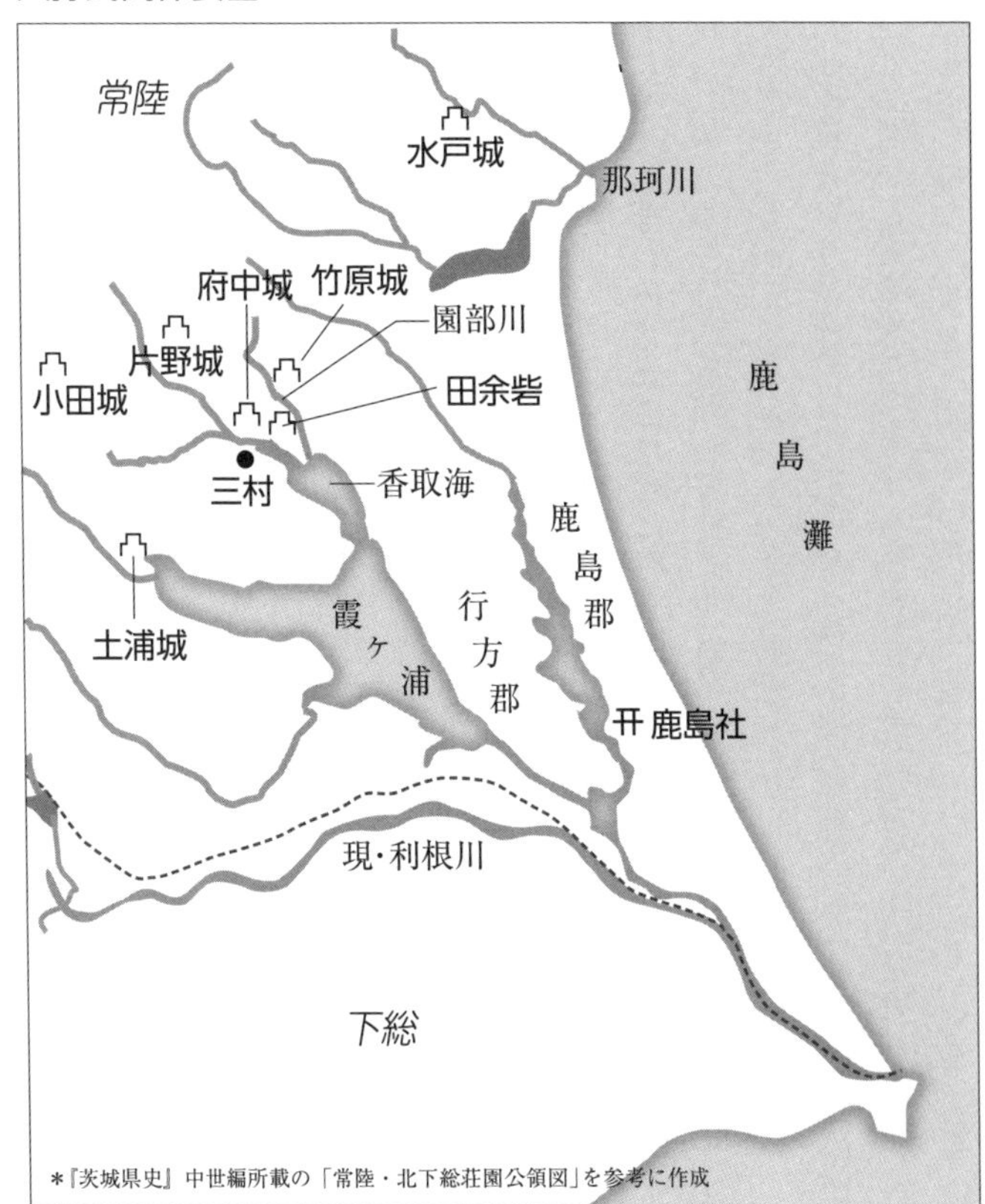

＊『茨城県史』中世編所載の「常陸・北下総荘園公領図」を参考に作成

ためのものであった。

さらに義昭は、義兄弟になった大掾貞国を隠居させ、山尾小野崎氏の当主であった弟・義政を大掾氏の当主に据え、「昌幹」という大掾氏の通字「幹」を持つ名前に改めさせることで、大掾氏の乗っ取りを成功させたのである。

昌幹が追放されるも、関係は維持

その後、大掾氏の政務を、昌幹が当主として行っていたことは史料上でも確認できる（「秋田藩家蔵文書　四八」『茨城県史料　中世編V』第六〇号）。また小田氏に対しても、上杉謙信（当時は輝虎だが、謙信で統一。一五三〇〜七八）との共同戦線によって小田城を奪うなど、義昭の当初のもくろみは、順調に達成されていったといえる。

しかし、その流れは、永禄八年十一月、ほかでもない義昭自身が府中城において、三十五歳の若さで死去したことで狂うこととなった（「義昭家譜」『佐竹家譜　上巻』）。

翌月、小田氏の重臣・菅谷氏の土浦城（茨城県土浦市中央）に逃れていた小田氏治は、義昭の死による佐竹家中の混乱を受け、小田城奪還に動いた。復活戦にめっぽう強い氏治は、佐竹氏の重臣・大山義近を戦死させ、城主・北義斯（佐竹北家。一五四五〜九九）を追い払い、小田城を奪い返したのである。

また、大掾氏家中では、昌幹を介した佐竹氏主導の政策に対する不満が高まりつつあった。昌幹とともにやってきた佐竹家臣には、府中周辺の所領が与えられ、近郊の片野城（茨城県石岡市根小屋）には、このころ佐竹氏を頼っていた元扇谷上杉氏家臣の太田資正（三楽斎道誉。一五二二〜九一）・梶原政景（一五四八〜一六一五）父子を配置したりしていた。

対小田氏という共通の目的があるとはいえ、佐竹氏による大掾氏領周辺への進出には、大掾氏の家臣団から強い反発を受けたとみられる。そして永禄九年六月末、ついにその不満が爆発し、昌幹は府中城を追われた。そして三村にいた貞国が当主に復帰したことで、佐竹氏による大掾氏の取り込みは、失敗に終わることとなったのである。

しかしながら、「昌幹追放」という大事件があった後も、佐竹義重と大掾貞国の関係は比較的良好であった。それは永禄十二年の「手這坂の戦い」において、小田氏治の侵攻に対し、大掾氏が真壁氏とともに佐竹方の太田・梶原父子を救援し、小田勢を破ったことからも明らかである（「烟田旧記」。第四章の佐々木論文を参照）。

このころの佐竹氏と大掾氏は、対小田氏という共通の目的の下で同盟を結び、昌幹の入嗣と追放を経た後も、その関係を維持していたといえよう。

三　「東方之衆」の軍事行動と大掾氏

北条氏への抵抗と東関東諸氏の動向

永禄年間（一五五八〜七〇年）以降、小田原北条氏（以下、北条氏）の勢力伸張を受け、常陸、下野、北下総といった東関東の反北条勢力は、越後（新潟県の本州部分）の上杉謙信と結んで対抗した。

ところが永禄十二年（一五六九）、それまで抗争を続けてきた上杉氏と北条氏が、突如として同盟（「越相同盟」）を結んだ。これに強く反発した東関東の諸氏は、北条氏と断交した甲斐（山梨県）の武田信玄（一五二一〜七三）と結んで抵抗を継続した。

しかし、元亀年間（一五七〇～七三年）に入り、武田氏と北条氏の同盟（「甲相同盟」）が再成立し、それによって「越相同盟」が崩壊する。これを受け、東関東の諸氏はふたたび謙信と結ぶこととなるが、先の「越相同盟」への不信感を持つ東関東の諸氏は、それと合わせて「自らの周辺との関係」を強化することで、上杉氏や武田氏の支援を受けずとも、北条氏と戦える体制の構築を図った。そのなかで、東関東の諸氏の間で結ばれた体制を「東方之衆」という（中根：二〇一九）。

元亀年間から天正年間にかけ（一五七〇～九二年）、北条氏が下野方面へ侵攻するなかで、「東方之衆」はこれに抵抗していくことになる。その中心的地位に立ったのが佐竹義重であり、佐竹氏を軸として、常陸、下野、北下総の反北条勢力が結集することとなった。

このころ、佐竹氏が勢力を拡大させるきっかけのひとつになったのは、この「東方之衆」の中核に同氏が位置づけられたこともあったと思われる。たとえば北条氏側の史料には、佐竹氏が「常州一国諸士」を率いたと記したものもあるが（「山﨑輝子氏所蔵赤松文書」『戦国遺文後北条編　第三巻』第一九九四号）、それが事実を表した言葉であるかといえば、必ずしもそうではない。

北条方の岡見、土岐、菅谷氏のように、常陸国内には反佐竹氏勢力も存在し、また佐竹氏とともに参陣したほかの常陸の勢力が、すべて佐竹氏の従属下にあったことも確認できない。佐竹氏が「東方之衆」による軍事行動に際して、その総大将的な地位にあって衆を統率したことは間違いないが、それはあくまでも合戦時という一時的なものであり、「東方之衆」諸氏の関係は、「共通の目的を持つ同盟」によって結ばれていたと思われる。

同盟関係は、けっして安定していなかった

さて、大掾氏当主の貞国も「東方之衆」の一翼を担って活動していたが、彼自身は天正五年（一五七七）十月に死去し（「常陸日月牌過去帳」『牛久市史料　中世Ⅱ』）、その跡を継いだのは当時五歳の嫡男（のちの清幹。一五七三〜九〇）であった。

幼い当主が家督を継いだことで、大掾氏の政務は、叔父の竹原義国（竹原城〔茨城県小美玉市竹原〕城主）や家臣によって行われた。その後も大掾氏は、「東方之衆」として軍事行動に参加して佐竹氏とともに戦い、また織田政権の関東進出にともなう周辺の情勢変化への対応についても、竹原義国が佐竹氏へ提案を行うなど（「佐竹文書　一坤」第四七号。佐々木：二〇一〇）、協力して北条氏の圧力をはねのけようとしていた。

当時の両者の関係もまた、かつての対小田氏を目的としていたころと変わらず、北条氏と戦う同盟関係にあったといえる（中根：二〇一九）。

「東方之衆」の強い抵抗により、北条氏の勢力拡大の速度は大きく低下したが、一方でこの同盟は、あくまでも対北条氏のためであり、周辺勢力同士の対立関係などをすべて包摂することで結ばれたものであった（荒川：一九九七）。そのため、ときには諸氏間の対立が表面化することもあった。

宇都宮氏と那須氏、あるいは真壁氏と芳賀氏などのように、ときには直接的な衝突に発展し、「東方之衆」を構成するほかの勢力が仲裁を図るなど、その同盟関係はけっして安定しているとはいえない状況にあった。

そして大掾氏についても、「東方之衆」の一員として、天正十二年の「沼尻合戦」（第五章の千葉論文を参照）など対北条氏との戦いに参陣したりする一方で、所領を接する水戸城の江戸重通（一五五六〜九八）との対立が表面化し、激しい合戦へと発展することとなった（先にも触れたように、もともと水戸城は大掾氏の本拠地であった）。

四　「府中合戦」における大掾氏と佐竹氏

それぞれ独立した同盟関係

天正十三年（一五八五）八月、近隣同士の所領争いに端を発したとみられる大掾清幹と江戸重通の合戦は、大きく二度に分かれて展開した。この一連の合戦を「府中合戦」とよぶが、その経過をみていくこととする（中根：二〇一九）。

まずは「第一次府中合戦」（一五八五〜八六年）である。江戸氏側には宍戸氏や行方武田氏が、大掾氏側には芹澤氏や真壁氏が味方し、両者は香取海（現在の茨城県南東部から千葉県北東部に広がっていた内海）に流れ込む園部川流域（茨城県石岡市・小美玉市）の支配をめぐって、常陸中南部の広範な地域で合戦を展開した（２３１頁の地図を参照）。この状況に対して、佐竹義重は両者の和睦の仲介を図ったが、単独での和睦仲介は失敗に終わった。最終的には翌天正十四年十一月に、同じ「東方之衆」である下総の結城晴朝（一五三四〜一六一四）と佐竹義重の共同での仲介によって和睦を成立させた（「秋田藩家蔵文書　一七」『茨城県史料　中世編Ⅳ』第二号）。

この点、前述した宇都宮氏と那須氏の対立に際しても、「東方之衆」の一員たる佐竹・結城氏が中心となって和睦を進めたことを考えるならば、この大掾氏と江戸氏の対立の仲裁も、佐竹・結城の両氏が「東方之衆」の中心的な構成者としてかかわったとみることができる。

そうであるならば、当時の大掾氏・江戸氏と佐竹氏の関係は、佐竹氏の従属統制下、つまり佐竹「洞」中に両氏がともにあったとは考えがたく、もともとは佐竹氏の有力被官であった江戸氏はともかく、当時の大掾氏と佐竹氏の関係は、これまでと同じく「東方之衆」の一員として、志を同じくする、それぞれ独立した同盟関係にあったと思われる。

和睦を受け入れない大掾氏を攻撃

続く「第二次府中合戦」は、和睦から一年少しが経った天正十六年二月、その和睦が破られたことに始まる。

このときの佐竹氏の動きは「第一次合戦」とは大きく異なった。当初こそ、再度の和睦を図ろうとしていた佐竹義重・義宣（一五七〇～一六三三）父子であったが、それと並行して軍を南下させ、和睦が成立しなければ、そのまま大掾氏に武力行使をする準備を進めていたのである（「真壁文書」『真壁町史料　中世編Ⅰ』第九五号）。

そして結果として和睦は成立せず、佐竹氏はそのまま江戸氏に味方し、派遣した軍勢によって大掾氏を攻撃した。数に勝る佐竹・江戸の連合軍は、府中城下を焼き、大掾氏が園部川の西側に築いた要衝である田余砦（玉里砦とも。茨城県小美玉市田木谷）を攻略し（「取手山の戦い」）、五月初めには大掾清幹を事実上の降伏に追い込んだ（「烟田旧記」）。

第一次と第二次の合戦における佐竹氏の動きは、合戦に直接関与したか否かで大きく分かれた。その背景には、当該期の周辺情勢の目まぐるしい変化があったとみられる。このころの東関東では、北条氏が下野方面に着実に勢力を伸ばし、壬生氏や皆川氏、そして佐野氏らがその軍門に降り、また、東関東の北部では宇都宮氏と那須氏が激しく争うなど、「東方之衆」にとって厳しい状況にあった。

また佐竹氏としては、北から伊達政宗（一五六七～一六三六）が精力的に南下を図っており、義重の次男・義広（蘆名義広。一五七五～一六三一）を養子に入れた会津黒川城（福島県会津若松市）の蘆名氏らの支援にも兵を割く必要があった。

なぜ佐竹氏は、大掾氏を滅ぼさなかったのか？

そのようななかで、佐竹氏が江戸氏に味方して大掾氏を直接攻撃した背景には、かつて「一家同位」の地位を認めていた江戸氏を助けることと同時に、「東方之衆」の力を結集して苦境に対応するために、常陸中南部の安定を図る考えがあったと思われる。

それゆえに佐竹氏には、大掾氏との合戦での勝利が必要であり、最大の激戦であった「田余砦攻略」の翌日には、家臣たちの戦功を賞した感状をまとめて大量に発給した（「秋田藩家蔵文書　五」『茨城県史料　中世編Ⅴ』第二〇号など）。こうした行動からも、「第二次府中合戦」での勝利が、佐竹氏にとって大きなものであったといえるだろう。

しかし一方で、府中城下を焼きながら、最終的に大掾氏を滅ぼさずに和睦を結んだのは、北条氏や伊達氏への対応もあると同時に、大掾氏が「東方之衆」としての貴重な味方（戦力）であったからとも考えられる。

さて、「第二次府中合戦」の和睦後も、江戸氏と大掾氏はたびたび小競り合いを繰り返したとみられ、双方にこの間の感状や官途状が残っている。その一方で、佐竹氏と大掾氏の関係をみるならば、二度の「府中合戦」の前後で大きな変化はみられず、伊達政宗への対応のため南奥に出陣していた佐竹義宣に、大掾清幹が陣中見舞いの書状を送ったり（「佐竹文書　三乾」『千秋文庫所蔵佐竹古文書』第二七九号）、「府中合戦」で大掾方に味方した芹澤氏が、佐竹氏の下に参陣したりしたこと（「芹沢文書」

『茨城県立歴史館史料叢書二二』第三九号）をみても、両者の同盟関係は「府中合戦」後も続いていたと考えられよう。

五　「小田原合戦」、その戦後処理と大掾氏の滅亡

豊臣政権への対応を誤った大掾氏

天正十八年（一五九〇）、豊臣政権による北条氏攻め（「小田原合戦」）が行われた際、常陸の諸勢力の動きは大きく三つに分かれた（次頁の地図参照）。

①**豊臣方として出陣したもの**（佐竹・真壁・嶋崎(しまざき)氏など）。
②**北条方として応戦したもの**（岡見・土岐・菅谷氏など）。
③**中立的な立場を取り、居城に引き籠もったもの**（大掾・江戸・鹿島(かしま)氏など）。

これまで、大掾氏については、近世の系図類の記述から、北条方と盟約を結び、出陣しなかったとする説が語られてきた（石岡市史：一九八五）。

しかし、北条氏に与(くみ)したことを示す一次史料は確認できず、逆に大掾清幹が豊臣政権の動きをある

常陸国衆の分布図(1580年代)

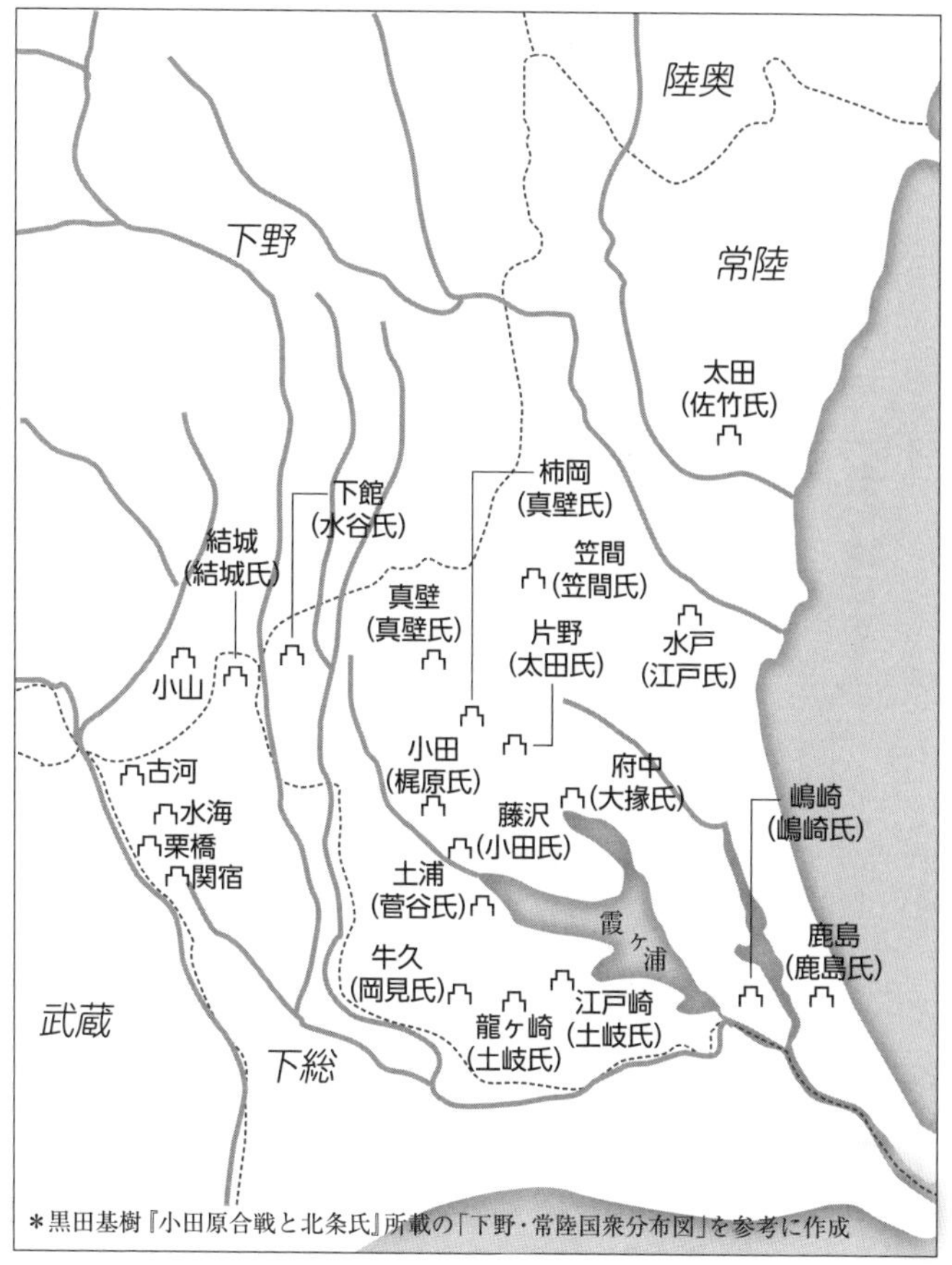

*黒田基樹『小田原合戦と北条氏』所載の「下野・常陸国衆分布図」を参考に作成

程度把握し、佐竹義宣に自身の執り成しを依頼する書状が確認できる（「松蘿随筆　集古一」）。大掾氏が豊臣方に立つ考えを持ちつつも、おそらくは江戸氏との関係から参陣できず、そのために佐竹義宣に執り成しを頼んだと考えられる（中根：二〇一九）。

そして、小田原落城後の大掾氏については、近年発見された石田三成（一五六〇～一六〇〇）の家臣・嶋左近（清興。一五六〇～一六〇〇）の書状のなかに、清幹が人質の拠出についての相談をしていることが確認でき、豊臣政権と大掾清幹が直接交渉をしていたことがわかる（個人蔵文書、『戦国遺文　下野編　第三巻』第一九六八号）。

しかし、このときに清幹は、人質の拠出などの対応を誤ったとみられ、まもなく豊臣政権は佐竹氏に対し、「常陸国・下野国之内所々当知行分貳拾壱万六千七百五拾八貫文（二十一万六千七百五十八貫文）」を安堵した（「佐竹文書　五坤」『龍ケ崎市史　中世史料編』第四章第一節第一号）。

これは、佐竹氏領である常陸北部および旧小田氏領だけでなく、江戸氏や大掾氏、そして近世に「南方三十三館」とよばれた鹿島・行方両郡の小規模領主たちの所領を含んでいたとみられる。これは当該地域を佐竹氏に任せるという、豊臣政権の意思表示と考えられる。

「対等な同盟関係」ゆえに、一気に滅ぼす

豊臣政権という後ろ盾を獲得した佐竹氏は、天正十八年十二月に兵を挙げ、水戸城を攻め落として

江戸氏を没落させると、そのまま南下して大掾氏の府中城を攻撃した。清幹はこれに応戦するも敗れ、府中城下で十八歳の若さで自害した。彼の死により、中世を通じて常陸に大きな勢力を持ってきた大掾氏は滅亡した。

なぜ佐竹氏は、このような武力行使によって、大掾氏を打倒するにいたったのであろうか。おそらくは、佐竹氏と大掾氏の関係が、天正末年（一五八〇年代末）の段階にいたるまで、共通の敵に対する合戦においては佐竹氏が大将となり、大掾氏らをその軍事指揮下に組み込むことができていた一方で、それ以外の部分では、佐竹氏の統制下に大掾氏が属さない立場で活動していたためと思われる。佐竹氏と大掾氏の関係は、天正末年の段階に入ってもなお、互いに「**対等な同盟関係**」であったのであろう。そしてそれゆえに、佐竹氏は豊臣政権という後ろ盾を獲得したことで、大掾氏を一気に攻め滅ぼしたのであった。

また並行して、江戸氏や額田（ぬかだ）小野崎氏、そして「南方三十三館」の諸氏についても、佐竹氏は武力行使や謀略によりこれを滅ぼした（中根：二〇一九。第八章の泉田論文を参照）。それらの所領を手中に収めた佐竹氏は、中心拠点を太田城（茨城県常陸太田市中城（なかじょう）町など）から水戸城に移し、豊臣政権下の大名として、新たな政治体制の構築と所領経営を図っていくことになる（佐々木：二〇一一）。

おわりに——大掾氏と佐竹氏の関係は「味方中」

以上、永禄期から天正末年ごろにかけての大掾氏の歩みをみてきた。戦国期の大掾氏は、佐竹義昭による家中への介入に晒されながらも、自らの立場を守り抜き、「東方之衆」の一翼を担いつつ所領を維持しつづけた。その過程で、佐竹氏とはときに対立して武力衝突にまでいたったこともあったが、基本的には友好的な関係を維持し、また「東方之衆」としての軍事行動にも積極的に参加していたといえる。

このような大掾氏と佐竹氏の関係は、たしかに合戦に際しては佐竹氏が総大将的な立場にあったが、それ以外の状況においては、どちらが上、どちらが下というようなものがあったとは考えられず、いわゆる佐竹「洞」に大掾氏が属するような関係ではなかったと思われる。両者は基本的には「**同盟関係**」の下で、合戦においては共通の敵を相手として戦う「**味方中**」の関係であったといえるだろう。

【主要参考文献】
荒川善夫『戦国期北関東の地域権力』(岩田書院、一九九七)
池田公一「群雄割拠と大掾氏」(石岡市史編さん委員会編『石岡市史　下巻』第三編第三章に所収、石岡市、一

九八五）
市川悠人「戦国期領主佐竹氏と「東方之衆」」（『立教史学』二号、二〇一〇）
市村高男『戦国期東国の都市と権力』（思文閣出版、一九九四）
同「中世領主間の身分と遺構・遺物の格―戦国期の書札礼の世界から見た若干の提言―」（『帝京大学山梨文化財研究所研究報告』第八集に所収、一九九七）
今泉徹「戦国大名佐竹氏の家格制」（『國史学』一七七号、二〇〇二）
佐々木銀弥「戦国時代の常陸・北下総」（茨城県史編集委員会監修『茨城県史　中世編』第四章に所収、茨城県、一九八六）
佐々木倫朗「史料紹介「佐竹文書　一」」（『鴨台史学』一〇号、二〇一〇）
同『戦国期権力佐竹氏の研究』（思文閣出版、二〇一一）
高橋修「「常陸平氏」再考」（同編著『常陸平氏』所収、戎光祥出版、二〇一五、初出二〇一〇）
中根正人『常陸大掾氏と中世後期の東国』（岩田書院、二〇一九）

【さらに詳しく学びたい読者のために】

主要参考文献で挙げたものもあるが、大掾氏について、より詳しく知りたいという方には、次の三冊を読んでいただければと思う。

①石岡市文化財関係史料編纂会編『常府石岡の歴史―ひたちのみやこ千三百年の物語―』（石岡市、一九九七）
②高橋修編著『常陸平氏』（シリーズ・中世関東武士の研究　第16巻、戎光祥出版、二〇一五）
③中根正人『常陸大掾氏と中世後期の東国』（岩田書院、二〇一九）

①は、古代から現代にいたるまでの石岡（常陸国府の所在地）に関する歴史をまとめた一冊である。中世分は糸賀（いとが）茂男氏が「中世国府の盛衰と大掾氏」という題で執筆されており、大掾氏について、さまざまな観点から検討を行っている。
②は、大掾氏をはじめとする常陸平氏一族に関する重要な論文を集成した一冊であり、平安期から戦国期にいたるまでの常陸平氏一族を知るうえで、便利な一冊となっている。
③は、筆者がこれまで積み上げてきた成果をまとめた一冊であり、鎌倉後期から戦国・織豊期にかけての大掾氏およびその周辺について、より詳しく知りたいという方は、ぜひとも手に取っていただければ幸いである。

第Ⅳ部

信長・秀吉・家康 統一政権下の佐竹氏

〈第十章〉

【信長と佐竹氏・「東方之衆」】

信長と佐竹氏は、いかなる関係を築いたのか

柴　裕之

はじめに――信長が東国に送った「天下布武」の朱印状

天正三年（一五七五）五月二十一日、遠江国（静岡県西部）の大名・徳川家康（一五四二〜一六一六）の救援に赴いた織田信長（一五三四〜八二）は、三河国長篠・設楽原（いずれも愛知県新城市）における戦いで、東国の強力な敵対勢力であった甲斐国（山梨県）の武田勝頼（一五四六〜八二）の軍勢に勝利した。

信長はこの「長篠の戦い」の勝利によって、同年八月に越後国（新潟県）の上杉謙信（一五三〇〜七八）によって行われた越中国（富山県）・加賀国（石川県南部）の侵攻に合わせて、越前国（福井県嶺北地方）の一向一揆を平定、十月には畿内で唯一の敵対勢力であった大坂本願寺と和睦する。

こうして信長は、元亀年間（一五七〇～七三年）から引き続いた室町幕府第十五代将軍の足利義昭（一五三七～九七）らとの抗争を優位な情勢に置き、「天下静謐」（中央情勢の安泰と秩序の正常化）を成し遂げた。そして十一月には、朝廷から従三位権大納言・右近衛大将に叙任され、足利将軍家に代わる日本の中央に君臨する天下人として歩みはじめる（柴：二〇二〇）。

そのなかで信長は、甲斐武田氏の討伐に備えて、十一月二十八日に東国の大名・国衆へ「天下布武」の朱印を押捺した書状（朱印状）を送った。

一　関東情勢と中央の対立状況

信長の連絡に応じた佐竹義重

このときに信長が送った朱印状は、現在、三通が確認される。そして、そのうちの一通が常陸国太田（茨城県常陸太田市）を拠点に活動していた佐竹義重（一五四七～一六一二）に宛てたものであった（「飯野盛雄氏所蔵文書」）。

この信長朱印状には、いずれも冒頭に「未だ申し通ぜずと雖も」（これまで互いの通交がなかったが）と記されている。つまり、信長が朱印状を遣わした佐竹義重らとは、これまでに互いの通交はなく、これが両者のファースト・コンタクトであったのだ。

このファースト・コンタクトで信長は、義重らに甲斐武田氏の討伐にあたり、天下人の自分に従って活動することを求めた。では、ここに接触を持った織田・佐竹両氏は、その後どのような関係を築きあげていったのだろうか。

信長からのファースト・コンタクトに、佐竹義重は応じた。義重が応じたわけには、このときに常陸佐竹氏が置かれていた情勢が大きくかかわっていた。それは、長年にわたり敵対してきた相模北条氏が、前年の天正二年（一五七四）閏十一月に、古河公方足利家の重臣・簗田晴助（一五二四〜九四）が城主だった下総関宿城（千葉県野田市）を開城させ（「第三次関宿合戦」）、北関東や上総国（千葉県中央部）に侵攻し、優勢な状況をみせていたからだ。

この事態に義重は、天正三年八月に、一時途絶えていた上杉謙信との同盟を復活させていたが、謙信はこのころ北陸方面の対応に追われていた。

こうした対北条氏の情勢が、佐竹義重に「天下」＝日本の中央に君臨した有力な領域権力の織田家（以下、「織田権力」と表記）との政治的・軍事的保護＝統制・従属関係を選ばせることになった。それは、相模北条氏との戦争に備える道でもあった。

動きだした反織田勢力

信長は、佐竹義重が示した織田権力に従う態度を賞したようだ。その証に、翌天正四年（一五七六）

六月、信長の執奏（天皇への奏上）によって、同月十日に義重は従五位下常陸介に叙任された（『歴名土代』）。また十二日には、一門衆の佐竹東義久（一五五四〜一六〇一）が山城守の受領に任官している（『秋田藩家蔵文書』）。

一門衆の義久がこのときに山城守の受領に任官しているのは、彼が対織田権力との取次（交渉担当）を務めた「恩賞」からであろう。そして、常陸佐竹氏が織田権力に政治的・軍事的保護を求め、その下で北条氏との戦争に備えるという政治的対応は、ほかの北関東国衆らもそれに倣って、織田権力へ接近する動きを起こしていった。

こうして織田権力は、北関東大名・国衆をその勢威の下で緩やかながらも従えていくことになる。ところが同時期、信長に京都を追われ活動していた将軍義昭が、足利将軍家による中央政治の再興（「当家再興」）をめざして、各地の反織田勢力に軍事協力を求めて動きだす。このなかで将軍義昭は、東国方面では甲斐武田・越後上杉・相模北条の三氏に「当家再興」の軍事協力を求め、講和（「甲越相三和」）を取り進めた（平山：二〇一七、丸島：二〇一七）。

すでに長篠敗戦にともなう織田権力の攻勢を前に、早急な対応を求められていた武田勝頼は、上杉謙信に講和を求め、天正三年十月には、両者による「越甲一和」が落着の方向に進んでいた（『謙信公御書』）。将軍義昭は、この甲斐武田・越後上杉両氏による講和への動きのうえに、相模北条氏も含めた「三和」を進めたのだが、上杉謙信は相模北条氏とは宿怨からか、和平を望まない態度をとった

（「楢崎憲蔵所蔵文書」）。

一方、北条氏政（一五三九〜九〇）は、将軍義昭の「当家再興」の尽力要請に武田勝頼と協働のうえで応じるという従順な意志を示した（「小田原城天守閣所蔵文書」ほか）。

将軍義昭のこうした働きかけは、翌天正四年二月に、安芸毛利氏を頼り備後国鞆（広島県福山市）に居所を構えた後も続けられた（「神奈川県立歴史博物館所蔵北条文書」）。そして相模北条氏は、甲斐武田氏との同盟（「甲相同盟」）の下、将軍義昭を中核とした反織田勢力に与した外交に、その立場を置いた。

こうして関東にも、中央の対立状況の影響が広がったことになる。ここに対立の構図は、織田権力に従い活動する佐竹義重ら北関東大名・国衆と、将軍義昭を中核とした反織田勢力として活動する甲斐武田氏、同氏と同盟関係を結んだ相模北条氏との間で、緩やかながら展開していく（柴：二〇一三）。

二　「東方之衆」の結束強化と有力大名たちの動向

盟主となった常陸佐竹氏

天正五年（一五七七）十一月、相模北条氏は、交戦中であった安房国（千葉県南部）の里見義弘（一五二五〜七八）と、戦況を優位に保ったまま和睦を結んだ（「喜連川文書」）。これによって、房総も相模北条氏の影響下に置かれる状況となった。

こうした相模北条氏の攻勢に、常陸佐竹氏の客将として常陸片野城（茨城県石岡市）にいた太田道誉（実名は資正。元扇谷上杉氏の家臣。一五二二〜九一）、その子で常陸柿岡城（同）にいた梶原政景（一五四八〜一六二三）、常陸下館城（同筑西市）の城主・水谷勝俊（下総結城氏麾下の従属国衆。一五四二〜一六〇六）は、織田権力に軍事援助を要請しつづけた。

彼らが相次いで出した要請を受け、信長が「関東御発向」（関東への出陣）を約束したことが、織田権力側の取次として活動していた小笠原貞慶（元信濃国〔長野県〕の守護・小笠原家の後裔。一五四六〜九五）宛ての書状（天正五年十二月）のなかにみえる（「『笠系大成付録』所収書簡并証文集」ほか）。

しかし、このときに信長が示した「関東御発向」の意向は、織田権力がこのころ追われていた越後上杉氏への対応が優先され延期されてしまう（「太田文書」）。だが、常陸佐竹氏ら北関東大名・国衆は、その後も織田権力との関係を深めていった（『信長公記』ほか）。その一方で、彼らは引き続き互いの存立保持を目的として、佐竹義重を盟主とした「東方之衆」として活動し（以下、佐竹氏ら北関東大名・国衆連合を「東方之衆」と表記）、相模北条氏と攻防を続けた。

天正六年四月に起きた常陸国小川（茨城県筑西市）での戦い（「小川台合戦」）では、常陸佐竹氏を盟主とした「東方之衆」の結束が固められ、相模北条氏（氏政）と対峙を遂げた。これ以後、両勢力が拮抗しあうという情勢が展開する。

謙信の死と北条氏・武田氏の関係悪化

こうした関東情勢のなかで、天正六年（一五七八）三月の上杉謙信の死去にともない、越後上杉氏の領国では今後の政治路線をめぐって、後継の景勝（一五五六〜一六二三）と反景勝方が擁する景虎（相模北条氏よりの養子。一五五四〜七九）との間で内乱（「御館の乱」）が起きた。

相模北条氏との同盟（「甲相同盟」）に従い景虎方の援護に出陣した武田勝頼は、景勝・景虎両陣営の和睦を図ったが成功せず、最終的には景勝方に与することになってしまう。これにより、翌天正七年三月に景勝勢は景虎を敗死させ、「御館の乱」は景勝の勝利で終わる。

この「御館の乱」がきっかけとなって、相模北条氏は甲斐武田氏との関係を悪化させ、「甲相同盟」を決裂させてしまう。そして北条氏は、この事態への対応として、甲斐武田氏と敵対する遠江徳川氏との同盟を結んだ（『家忠日記』）。そして天正七年九月、駿河・伊豆両国（いずれも静岡県東部）の国境を舞台に、相模北条氏と甲斐武田氏との間でついに戦争が始まる。

この事態に応じて甲斐武田氏は、「甲相同盟」の締結以前から通交関係を持っていた、常陸佐竹氏と手を結び、相模北条氏と交戦していく。こうして関東では、甲斐武田氏と手を結んだ常陸佐竹氏ら「東方之衆」と相模北条氏とが対立し、相模北条氏は東西に敵対勢力を抱える情勢となった（第五章の千葉論文を参照）。

信長と「甲江和与」を進める武田氏

その一方で甲斐武田氏は、上杉景勝に勝頼の異母妹の菊姫（一五五八〜一六〇四）を嫁がせ、越後上杉氏との同盟（「甲越同盟」）を強めた。しかしながら甲斐武田氏は、依然として織田権力と遠江徳川氏とは対立関係にあったうえに、さらに相模北条氏とも敵対してしまい、こちらも東西に敵対勢力を抱える状況にあった。

この状況の改善に、甲斐武田氏は天正七年（一五七九）十一月には常陸佐竹氏を通じて、織田信長との講和（「甲江和与」）交渉を進めていった（丸島：二〇一七）。

「甲江和与」交渉とは、常陸佐竹氏が織田権力と通交関係を持っていたことから、その関係を活かして行われたものであった。武田勝頼は、この信長との和睦交渉を通じて、西側で対峙する遠江徳川氏との和睦の道も開き、相模北条氏に対抗しようとしたのである。

織田権力に従属化する北条氏

こうした事態によって劣勢に追い込まれた北条氏政は、情勢の打開を図るために、織田権力に接近する。そして天正八年（一五八〇）三月、相模北条氏は信長の元へ家臣の笠原康明らを使者として派遣し、織田権力の政治的・軍事的保護を求め従属化することを鮮明に示した（『信長公記』。黒田：二〇一二）。

ここに関東の情勢は、相模北条氏と常陸佐竹氏ら「東方之衆」とが対立し戦争を行いながらも、両勢力が織田権力に従属するという事態となった。

また信長は、相模北条氏の従属を受け入れたことで、甲斐武田氏との「甲江和与」交渉には応じる気を示さなかった。このため、その実現を望んでいた甲斐武田氏はいっそう厳しい状況となり、常陸佐竹氏を通じた「甲江和与」交渉は挫折してしまう。

こうした状況の打開に、甲斐武田氏は、天正八年末より今度は南化玄興（一五三八～一六〇四）ら臨済宗の高僧を仲介とした「甲濃和親」を試みだす（『南化玄興遺稿』ほか）。これは、美濃岐阜城（岐阜市）にいた信長嫡男で織田家当主の信忠（一五五七～八二）との交渉から、信長との和睦を実現させようとしたものであった（平山：二〇一七）。

この交渉によって、天正九年（一五八一）九月に甲斐武田氏から常陸佐竹氏に伝えられたところによると、織田権力との和睦（「江甲無為」）が「過半落着」（おおかた決着）をみたという状況に、一時はいたったようである（『武州文書』）。

ところが、翌天正十年になると、事態は急変する。そしてその事態は、常陸佐竹氏にも新たな対応を求めていくことになる。

三　甲斐武田氏の滅亡と「東国御一統」

織田勢力の進撃と勝頼の死

天正十年（一五八二）正月、信濃国衆の木曾義昌（一五四〇〜九五）が甲斐武田家を離反し、織田権力に従属した。義昌は妻が武田信玄の娘で、甲斐武田家の一門衆にあった。しかしながら、義昌は木曾領が織田領国に接した「境目」（政治的・軍事的境界）にあるなか、甲斐武田氏が政治的・軍事的保護をなしえていない現状を顧み、離反したのだ。

この義昌の対応に、武田勝頼は木曾氏の討伐へと動いた。これに対して、義昌は織田信長に救援を求めた。

同年二月、信長は木曾氏の要請に応え、徳川家康や相模北条氏を動員して甲斐武田氏の討伐戦（「甲州征伐」）を開始する（『信長公記』）。織田勢の進撃を前にして、甲斐武田家内部では一門衆の穴山信君（一五四一〜八二）らの離反が相次いだ。

この事態に、武田勝頼は居城の甲斐新府城（山梨県韮崎市）から撤退に追い込まれ、三月十一日に織田家重臣の滝川一益（一五二五〜八六）が率いる軍勢の攻撃を受け、甲斐国田野（同甲州市）で自刃した。

「東国警固」を任された滝川一益の登場

こうして東国の有力大名であった甲斐武田氏は滅亡した。そして、織田権力に敵対する東国勢力は越後上杉氏だけとなった。信長は、関東・奥羽（東北地方）の多くの大名や国衆と政治的・軍事的影響力の下に修好関係を維持していたことから、「東国御一統」といわれる情勢になった（柴：二〇一三・二〇二〇）。

これにともない織田権力は、関東・奥羽の大名や国衆の統制・従属を深化させ、それぞれ独自の動きや取り組みを強く規制するなど、織田権力傘下で活動していくことを強いていった（「佐竹文書」）。こうした情勢は、常陸佐竹氏らに、これまでとは異なる「御窮屈」との認識を与えていくことになった（『秋田藩家蔵文書』）。

こうした情勢下の天正十年三月、旧武田領国の所領配分で功績のあった重臣の滝川一益が、信長より上野国（群馬県）と信濃国佐久・小県二郡（長野県小諸市・上田市など）を管轄地域として与えられた。そのうえ一益は、東国の保全に努めつつ関東・奥羽の大名や国衆への取次としての役割（「東国警固」）を任されたのだった（『信長公記』ほか）。

織田権力による統制が進む東国

上野国に入った一益は、まず上野箕輪城（群馬県高崎市）に入った後、厩橋城（同前橋市）に移る。

そのうえで、独自の裁量にて管轄地域の経営を進めつつ、由良国繁（一五五〇～一六一一）や真田昌幸（一五四七～一六一一）ら麾下の従属国衆を従え、その影響は武蔵国北部（埼玉県）にまで及んだ（「滝川一益事書」）。

また「東国警固」の任務に基づき、関東・奥羽の大名や国衆の「目付」（監視・相談役）として、統制・従属の促進に努めた（「太田文書」ほか）。そのなかで天正十年（一五八二）四月には、安房里見氏らに通交の深化を求め（「滝川文書」）、下野国（栃木県）の宇都宮国綱（一五六八～一六〇八）には、越後上杉氏の討伐にあたって出陣を命じている（「小田部庄右衛門氏所蔵文書」）。

そして五月には、相模北条氏と常陸佐竹氏ら「東方之衆」との間で、抗争の火種になっていた下野祇園城（栃木県小山市）を、相模北条氏から元城主の下野小山氏へ返還させている（「立石知満氏所蔵文書」）。常陸佐竹氏も、こうした滝川一益の活動に応じることを求められる状況にあった。

このように東国では、緩やかながらも織田権力の政治的・軍事的な影響力のもとに活動が求められ、大名や国衆による独自の動向に規制が進み、「御窮屈」と認識される状況になる。こうして、のちに「信長御在世之時」惣無事（私戦の禁止）といわれる情勢が創出されることになる（柴：二〇一三・二〇二〇）。

四　信長死後の情勢と「関東惣無事」

「本能寺の変」と北条氏の離反

ところが天正十年（一五八二）六月二日、「本能寺の変」が起き、天下人・織田信長とその後継予定者（家督はすでに継承）の信忠が討たれた。このクーデターによって、織田権力が管轄する「天下」＝日本の中央では動揺が生じ、信長のめざしていた同時代の政治秩序を活用した国内諸勢力の統合であった「天下一統」は中断されることになってしまう。

その一方で、押さえつけられていた各地の勢力が再動を始めた。この情勢のなかで、信長の在世中は従属下にあった相模北条氏が、織田権力と断交し上野国と武蔵国北部における勢力圏の奪還に動きだす。この事態は、当然のことながら滝川一益との対立を生じさせ、ここに「神流川の戦い」が起こる。

天正十年六月十八日から十九日、「神流川の戦い」は武蔵国金窪（埼玉県上里町）・本庄原（同本庄市）の神流川河畔で戦われた（「松平義行氏所蔵文書」）。一益は、常陸佐竹氏ら関東諸大名・国衆に協力を求め迎撃に努めたが（「佐竹文書」）、信長を失い斜陽の状況のなかでは協力を得ることができず、相模北条氏に敗れ撤退に追い込まれる。

こうして、織田権力による「東国御一統」の下での統治は終わり、東国はふたたび独自の地域動向が展開していくことになる。

「天正壬午の乱」と「関東惣無事」の後退

神流川での勝戦により上野国を押さえた相模北条氏は、さらに織田勢が追われ無主となった甲斐・信濃両国へ侵攻していく。そして織田権力の了承のもとに、甲斐・信濃両国の平定を進める徳川家康と対立する。

ここに天正十年（一五八二）七月から十月にわたる、旧武田領国の領有をめぐる戦争としての「天正壬午の乱」が起こる（平山：二〇一五）。家康はこの戦争のなかで、親交のある下野国衆の皆川広照（一五四八～一六二八）らを通じて、常陸佐竹氏・下野宇都宮氏・下総結城氏ら「東方之衆」との通交を発展させ、対北条氏戦を進めていった（「宇都宮氏家蔵文書」）。さらに徳川氏の援軍として、織田権力からも北条氏討伐の出勢が行われようとしていた（「小田部庄右衛門氏所蔵文書」）。

しかし、信長・信忠父子という政治的中核を失っていた織田権力は、信長の子息・信雄（一五五八～一六三〇）・信孝（一五五八～八三）兄弟の対立や、羽柴秀吉（一五三七～九八）・柴田勝家（一五二二?～八三）ら宿老間の内紛（「上方忩劇」）に追われ出勢を果たせず、家康には相模北条氏と和睦することを求めた。

これを受け、家康は相模北条氏と和睦交渉を進め、十月二十九日に和睦が成立し「天正壬午の乱」

は終結した（『家忠日記』）。このとき、家康は対北条氏で手を結んだ常陸佐竹氏ら「東方之衆」にも、乱以前の「信長御在世之時」惣無事を求めた（『譜牒余録』）。だが、相模北条氏と常陸佐竹氏ら「東方之衆」との対立は継続し、家康には関東諸大名・国衆から停戦と存立保証に携わる「関東惣無事」を求める動きが続いていく。

ところが家康は、領国の東方面の早急な安泰化の対応から、北条氏との同盟強化を図ってしまう。その結果、北条氏との同盟強化は逆効果となる。こうした事態は、北条氏と常陸佐竹氏ら「東方之衆」との対立を家康自身が黙認してしまうことになり、家康の「関東惣無事」の活動は後退することとなった（柴：二〇一七）。

おわりに——関東情勢にかかわりはじめる秀吉

存立保護を求める佐竹義重と「東方之衆」

こうしたなか、天正十一年（一五八三）四月に、羽柴秀吉は柴田勝家を「賤ケ岳の戦い」（滋賀県長浜市）で破り、織田権力の内部における政争に勝利した。そして、秀吉が織田家の有力宿老として勢威を増し、信長を継ぐ天下人としての立場を示しだす（柴：二〇一八、柴編：二〇二〇）。

これを受け、佐竹義重をはじめ「東方之衆」は、秀吉に相模北条氏に対するそれぞれの存立保護を求める。秀吉は、常陸佐竹氏ら「東方之衆」に信長生存時の関係を求め、徳川家康には停滞している「関東惣無事」の実現を督促する（『武徳編年集成』）。

十一月十五日、家康は相模北条氏に秀吉から督促された「関東惣無事」の指示を伝達し、熟慮のうえで対応を示すよう指示した（「持田文書」）。こうして天下人をめざす秀吉が、関東情勢にかかわりはじめ、影響をもたらすこととなった。

豊臣政権に属す大名へ

こうした情勢のなかで、織田権力内の主導権争いと、それぞれの存立をめぐる関東諸大名・国衆間の対立が連動しだすことになる（第五章の千葉論文を参照）。そして天正十二年（一五八四）三月からの「小牧・長久手の戦い」（愛知県内の各所）の勃発を機に（織田信雄・徳川家康VS羽柴秀吉）、織田家当主の信雄に味方した徳川家康が、相模北条氏との同盟関係を活用した。その一方で、家康と信濃国の領有をめぐって対立する越後上杉氏と、常陸佐竹氏ら「東方之衆」は、織田氏に代わり天下人へと進む秀吉との政治的関係を強め、対抗していく。

このような対立構図から生じた情勢の解決が、やがて豊臣政権（天下人・秀吉の下での統一政権）による統制・従属の下で、東国における紛争（私戦）を禁じ、天下人・秀吉による解決を求めた「関東・奥両国惣無事」として展開し、その動向を規定しはじめる。こうした動向に応じて常陸佐竹氏も、豊臣政権に属する大名としての態様を求められていくことになるのである。

【主要参考文献】

金子拓「織田信長と東国」(江田郁夫・簗瀬大輔編『中世の北関東と京都』所収、高志書院、二〇二〇)
黒田基樹『小田原合戦と北条氏』(「敗者の日本史」10、吉川弘文館、二〇一三)
柴裕之「織田権力と北関東地域—神流川合戦の政治背景と展開—」(江田郁夫・簗瀬大輔編『北関東の戦国時代』所収、高志書院、二〇一三)
同『徳川家康—境界の領主から天下人へ—』(「中世から近世へ」、平凡社、二〇一七)
同『清須会議—秀吉天下取りへの調略戦—』(シリーズ【実像に迫る】017、戎光祥出版、二〇一八)
同『織田信長—戦国時代の「正義」を貫く—』(「中世から近世へ」、平凡社、二〇二〇)
柴裕之編『図説　豊臣秀吉』(戎光祥出版、二〇二〇)
高橋修編『佐竹一族の中世』(高志書院、二〇一七)
長塚孝「織田信長と常陸国」(江田郁夫・簗瀬大輔編『中世の北関東と京都』所収、高志書院、二〇二〇)
平山優『増補改訂版　天正壬午の乱—本能寺の変と東国戦国史—』(戎光祥出版、二〇一五)
同『武田氏滅亡』(角川選書、二〇一七)
丸島和洋『武田勝頼—試される戦国大名の「器量」—』(「中世から近世へ」、平凡社、二〇一七)

【さらに詳しく学びたい読者のために】

本章で触れた、織田信長の東国政策と常陸佐竹氏との関係については、近年一般書でも取り上げられるようになってきたが、研究自体は少ない。そのなかで「主要参考文献」と重複するが、以下の三点を挙げよう。

①高橋修編『佐竹一族の中世』（高志書院、二〇一七）
②江田郁夫・簗瀬大輔編『中世の北関東と京都』（高志書院、二〇二〇）
③柴裕之『織田信長―戦国時代の「正義」を貫く―』（〔中世から近世へ〕、平凡社、二〇二〇）

①は、佐竹氏の成立から秋田移封までを扱った著書で、十一章の佐々木倫朗「謙信の南征、小田原北条氏との抗争」では、戦国時代後期の佐竹氏の動向を追究するなかで、信長の東国政策との関係についても触れられている。

②は、中世北関東と京都との関係性を検討した論文集で、第三部「北関東の大名・国衆と織田政権」では、「主要参考文献」に挙げた金子・長塚両論文のほかに、青木裕美「織田政権と上野国」、江田郁夫「織田政権と下野国―信長の下野支配とその影響―」が収録されている。いずれも、織田権力と北関東それぞれの諸勢力との関係について詳細な検討がなされた貴重な成果である。

③は、織田信長を戦国時代に生きる「同時代人」という視点からとらえなおした著書で、そのなかで東

国政策にも触れ、佐竹氏ら関東大名・国衆との関係もみている。また、本章でみた戦国時代の政治秩序のもとに大名・国衆へ統制と従属を強いていった、織田権力による国内統合の「天下一統」の実態も検討した。

〈第十一章〉

【「朝鮮出兵」と中近世移行期の佐竹氏】

豊臣政権から迫られた〝新たな時代〟への対応

佐々木　倫朗

はじめに

領国安堵と「軍役負担」という足枷

佐竹義宣（一五七〇～一六三三）は、天正十八年（一五九〇）五月末に「小田原攻め」（神奈川県小田原市周辺・関東一帯）中の豊臣秀吉（一五三七～一五九八）に拝謁し、服属を明確にした。そして、同年八月一日に常陸国（茨城県の大半）と下野国（栃木県）の「当知行分弐拾壱万六千七百五拾八貫文（二十一万六千七百五十八貫文）」を安堵された。

一般的にはこれによって、佐竹氏は豊臣政権の下での存続を認められ、常陸国一国の安堵を認められたと考えられている。しかし、厳密にいうと、牛久城（茨城県牛久市）は由良氏に与えられ、旧小田氏の領地（同土浦市など）は結城秀康（家康の次男、秀吉の養子。一五七四〜一六〇七）に与えられたりするなど、常陸国一国すべてを佐竹氏が知行したわけではない。しかし、戦国期の支配領域を超えて、常陸国のほぼ全体と下野国の一部が佐竹氏に与えられたのは事実である。

このように、ある意味では、佐竹氏は統一政権に従属することによって飛躍することができたのだが、それは同時に、佐竹氏が政権の要求するさまざまな責務を果たさなければならなくなったことを意味していた。

政権側からの要求のなかで、即時の対応を求められたのが「軍役負担」、つまり政権が求める軍事動員への出兵であった。佐竹氏は、領地安堵を受けた直後に豊臣政権の「奥州仕置」のために奥州（東北地方）へ出兵し、翌天正十九年には、南部氏の家臣・九戸政実（一五三六〜九一）が反乱（「九戸一揆」＝南部家当主・信直〔一五四六〜九九〕への反旗と豊臣政権の奥州仕置に抵抗）を起こしたことへの対応として、再度の奥州出兵を行った。さらに翌文禄元年（天正二十年〔一五九二〕）には「朝鮮出兵」の動員と、立て続けに指示を受け、これに対応しなければならなかった。

佐竹氏の苦しい胸中とは？

しかし、安堵された領地の状況は、戦国期の領主層の割拠状態を引き継いだものであり、すみやかな対応は無理な状況にあった。

佐竹義宣は、常陸国統一（江戸氏や大掾氏などを攻め滅ぼす。第九章の中根論文を参照）後の天正十九年六月に、先に触れたように政権側から奥州・九戸城（岩手県二戸市）への二万五千の軍勢派遣を求められながら、これは「俄には成しがたい」として、自己の判断でより少ない軍役を家臣に課している。

しかしながら義宣は、その軍役も果たせないようなら、家臣たちの「身上の安危」にかかわると述べ、苦しい胸中を一族の大山氏に漏らしている（「秋田藩家蔵文書」七）。

その状況は、翌文禄元年から行われる「朝鮮出兵」においても、同様であった。出陣の段階で、領国全体を統一的に把握する「太閤検地」がいまだ行われてはおらず、実質的に「兵農未分離」な状況のなかで、佐竹氏の出陣は行われる。

本稿では、そのような豊臣政権期から江戸幕府成立へと連なる「中世から近世へ」の体制の移行が、未整備な状況で行われた佐竹氏の出陣に注目したい。また、同氏の出陣の動向を追うなかで、「朝鮮出兵」が佐竹氏ないし在陣した諸大名に、どのような意味をもっていたのかも考えていきたい。

「朝鮮出兵」と信憑性が高い家臣の書状

なお、本稿で扱う佐竹氏家臣の平塚瀧俊（生没年未詳）の書状（瀧俊が、「朝鮮出兵」〔文禄の役〕で名護屋〔佐賀県唐津市〕に従軍した折の記録）は、現状では江戸時代に書写されたものが伝えられている。またその文体は、当時の文書の形態としては「一次史料」（当事者が同時代に記した手紙・文書・日記など）とは言いがたいため、そのまま「一次史料」の写（うつし）であるということはできない。

しかし、文中の内容は、「一次史料」と並べて検討してみるかぎりにおいては、ほかの史料と大きく齟齬（そご）する内容は含まれていない。また、記されている肥前国（ひぜん）（佐賀県、長崎県〔対馬（つしま）・壱岐（いき）を除く〕）の名護屋城・陣所の位置に関する描写も、現在、佐竹氏の陣所が比定されている場所と一致した描写になっている。

そのため「平塚の書状」は、全体としては信憑性（しんぴょうせい）が高いものと考えられる。そこで本稿では、平塚瀧俊の書状を基本的には江戸時代に「一次史料」を口語体に書き改めた史料と考え、内容を信用して叙述に用いていくことにしたい。

また、佐竹氏などの東国大名の多くは、二度にわたる「朝鮮出兵」のうち、「慶長（けいちょう）の役」（一五九七～九八年）の出兵には出陣しておらず、そのため叙述は、文禄年間（一五九二～九七年）の出陣（「文禄の役」）に限定することにしたい。

一　肥前・名護屋での佐竹氏の台所事情――強いられた貨幣経済

地元へ送る書状に頻出する言葉

文禄元年（一五九二）一月に出陣した佐竹義宣と配下の約三千の軍勢は、日本側の出撃拠点が置かれた肥前国の名護屋に約一年半在陣する。

その間に義宣は、国元における政治を委ねていた家臣の和田昭為（一五三二〜一六一八）に多くの書状を送っている。それらの書状の多くに共通するのは、「中登」という文言が登場することである。「中登」の語の意味を、義宣の書状の内容から意訳すると、「国元からの送金」と考えられる。

じつはこの語を用いているのは義宣だけではなく、一族の長倉義興（一五七三〜一六〇〇）も同様に用いており、佐竹家中に共通する用語や認識として用いられていたものと考えられる。では、「中登」の語が広く佐竹家中で共通して用いられ、なぜ頻出するのか。それは、名護屋における生活がそれまで佐竹家中が経験した在陣生活とは、大きく異なるものだったからと思われる。

戦国期佐竹氏が経験していた軍事行動やそれにともなう在陣生活は、大ざっぱにいうと常陸北部（茨城県北部）を中心とした領土の奪い合いであり、常陸を離れていても数日で往来することができる場所である（もっとも遠くは、対伊達との戦いの舞台である陸奥南部〔福島県中央部〕か、対北条との戦いの場である上野南東部〔群馬県南東部〕）。つまり、本領からの補給（兵站）を期待することができる範囲の戦闘や生活であった。また、戦場では略奪・暴行などを含んだ現地徴発を行うことを通じて、自らの糧(かて)を得ることもあった。

遠隔地での日常物資の補給問題

それに対して、名護屋における生活は、本国・領地を遠く離れた生活であった。そのため、日常物資の補給は、基本的に本国に依存することはできなかった。

また、豊臣政権の指示の下に、豊臣秀吉自身が在陣する場所での生活であり、基本的には現地徴発を行うことは不可能といってよかった。もし現地徴発を行えば、改易(かいえき)(領地・身分の没収)に直結する可能性すらあった。

そのため必然的に、義宣を含めた名護屋に在陣する豊臣政権下の諸大名すべてが、名護屋での補給は政権から給与される扶持(ふち)(政権からの俸禄(ほうろく))か、現地での物資の購入に依存するしかなかったのである。

しかし扶持だけでは、当然のこと十分に賄いきれないため、大名たちは金銭による消費生活を送るしかなかった。そのために、手元に金銭が必要となった義宣や家臣たちは、国元への書状に国元からの送金を必要とし、送金＝「中登」の文字が頻出することになったのである。

二　苦しい在陣生活が、国元へ与えた影響——収奪の強化へ

実際にあった石田三成からの借金

物資については、名護屋の町に豊富に集積されていたようで、佐竹氏が名護屋に到着して間もない文禄元年（一五九二）五月一日に書かれた平塚瀧俊の書状には、京都や大坂・堺の商人が集まっており、米などは山のように積まれていると記されている。

そのため瀧俊は、金銀さえあれば人馬ともに問題なく帰国できるであろうと記している。これに対して、翌年（一五九三）の七月四日に記された長倉義興の書状には、国元に対しておおよそ一月に金八両ほどが必要であると具体的な金額が記されている。さらに、国元から送金してくれれば、「無二の忠臣」であるとまで記している（「秋田藩家蔵文書」六）。一年を超える在陣生活で、生活に困窮している様子がうかがえる。

平塚瀧俊の書状には、もし佐竹氏の在陣費用が足りない場合には、豊臣政権との仲介役をしてくれている石田三成（一五六〇〜一六〇〇）が、何年間でも費用を借用させてくれる見込みであることが記されている。この三成からの借金は、実際に行われていたようで、義宣の書状に「中登」で返済したとある。

瀧俊の認識のような無期限なものではなかったが、豊臣政権の奉行として、三成が佐竹氏に果たし

た貢献の一部を知ることができる。

しかし、このような借金のみでは在陣生活の費用は賄えず、当然国元への「中登」要請は、熾烈を極めることになる。そして、次のような苛烈な指示も国元に飛ぶようになっていく。

文禄二年二月十七日付と考えられる義宣の書状には、「百姓たちが、佐竹氏が朝鮮に渡ってしまえば、二度と帰らないものと考えて年貢を払わないようにしている」として、「そのような郷は、二、三郷でも女・男を問わず、残らず磔にせよ」という指示が記されている（「秋田藩家蔵文書」三十四）。ほかにも年貢や役銭（所得に応じて課された銭納の雑税）の徴収を担当している者の監視の強化や、より厳しい徴収を求めている。

「在地領主制」の否定を認識していた佐竹義宣

また、名護屋陣中に当主が死去した竹原氏については、義宣が次のように指示している。竹原氏は、その親が病気であり、また子どもも幼少であるため、求められる軍役を果たしがたい状況であった。義宣は、その竹原氏に「今は豊臣政権から軍役を「きわとく」命ぜられているので、子どもが成人するまでの間は、佐竹氏が家臣である竹原氏から領地を借り置いておくので、竹原氏は領地を離れて水戸へ移させておき、常陸への帰国の後で堪忍分（客分の者や討死した家来の遺族などに給与する俸禄）を与えるように」と指示している（「秋田藩家蔵文書」十六）。

これは、竹原氏が比較的小身（俸禄が少ない）であるため行うことのできた処置と考えられる。武士にとって領地は、「一所懸命」（自らの領地を命懸けで守ること）の地であり、太閤検地がいまだ行われていない段階で、「役」負担を名目に、領地からその支配者である武士を引きはがそうとした点において、注目される指示である（『水戸市史』上巻）。

これは、領地＝知行地を所持する以上は、それに見合う軍役を果たす義務があるという、近世の「役」の認識を、佐竹義宣自身がこの段階で持っていたことをうかがわせる。義宣は、「役」を果たすために、それまで行われていた「在地領主制」を否定する必要性をある程度は認識していたのである。

佐竹家中に共有されていた「改易」への危機感

竹原氏の「領地借り置きの処置」は、先の「住民すべてを磔にするという指示」に並ぶ、強硬な処置と考えることできる。そこで、佐竹氏がなぜこのような強硬措置をとれたのかを考えてみたい。

その理由としては、この時期に佐竹家中において軍役を果たさなければ、佐竹氏やその家臣たちの「身上の安危」にかかわるという認識（「秋田藩家蔵文書」七）が広まっていたことにあると考えられる。有力一族である長倉義興は、名護屋の在陣生活を問題なく果たさねば「長倉名字之断絶」になると認識し、国元に送金を求めている。

外様の家臣である平塚瀧俊も、前述の石田三成の保護を述べたうえで「御国替有之間敷」と記し、

「軍役を果たすことができねば、豊臣政権が国替えや改易などの処置をとる可能性があり、三成の保護の様子では大丈夫であろう」と、国元に対して危機感を持っていることを前提に書状を記している。そのため、「軍役奉公」である名護屋在陣が、佐竹氏の改易、引いては自らの改易につながるという危機感が、佐竹家中に広く共有されていたと思われる。そのような切迫した危機感が、前述のような強硬な措置を家中が受け入れる土壌になっていたのである。

三　陣所における佐竹家中の日常生活

平塚瀧俊・書状の注目される記述

名護屋の陣所における佐竹家中については、多くの史料が残されているわけではない。しかし、平塚瀧俊の書状には、以下のようなことが記されている。

「義宣様は、家中に対して非常に親しく接していて、自分なども毎日といってよいほど義宣様に拝謁している。そのため、非常に面白い在陣生活である。今回供（とも）してきている人々は、国元では一年に一回も、あるいは生きているうちに一度も会うことができない方々であるのに、名護屋の陣所では、毎日膝を並べて話をする日々を送っている。そして、陣の取り方も、昔とは違っており、一流（ひとなが）れに棟（むね）を続けて建物を建てて陣所を作っている。その陣所の前に築地（ついじ）を作り、その築地の中では脇差（わきざし）ばかりの気軽な格好で行動しており、少しも手持ち無沙汰（ぶさた）や寂しさを感じていない」

この瀧俊の描写で、注目できることが二点ある。

一点目は、陣所の取り方である。戦国期であれば、家臣はそれぞれ自らが率いる軍勢を中心に独立した陣所を設けていたと考えられる。しかし、名護屋においては、佐竹氏は現在の佐賀県唐津市波戸（はど）漁港の傍らに陣所を置いていたとされている（高瀬：二〇〇八）。

地理的に考えて、ほかの大名の状況も同様であると考えられるが、三千あまりの軍勢が陣を取るにはスペース的に余裕がある状況ではなかった。また、東国大名は通常より軽い負担で出陣してきており、家臣たちが率いる軍勢もそれに応じて少なく、独立した陣所を営むにはスペースが足りない状況であったと思われる。

そのことも相まって、瀧俊が記す棟を続けて建物を作るような、家臣たちが陣所をともに設ける状況になっていたのである。そのため、ほかの家臣もいる築地の中を軽装で歩き回り、挨拶・会話するような身近な交流が生まれていたのである。

在地領主から大名家の家臣へ

二点目は一点目にかかわることなのだが、在陣生活において、義宣と家臣の距離が非常に近いものとなっていること、また同様に、家臣相互の距離感が非常に近いものになっている点である。

義宣と家臣、そして家臣相互の物理的な距離の近さが、お互いのかかわりの深さにつながったことは、すでに触れた。これまでは、先に瀧俊が記しているように、「常陸では一年に一度も、一生に一度も会うことがない」と表現されたように、家臣相互の距離感が重要であった。

この点は、家臣ひとりひとりが自らの所領では〝一国一城の主(あるじ)〟であり、在地領主として存在していた戦国期までのあり方を示している。しかし、豊臣政権下で軍役として九州の名護屋にともに在陣し、日々膝を突き合わせる生活を送るなかで、「政権の大名」である佐竹氏に仕える者としてのかかわりが深まった。

つまり、近世的な大名に転化しつつある佐竹氏家臣としての自覚をもつ者が、増えつつあったと思われる。「軍役負担」への危機感を共有するなかで、戦国期の独立した在地領主としてのあり方から、中央政権の下で存続を許された「大名家の家臣」として、「自らの家」の存続を考える存在への転化が、静かに進行していることがそこにうかがえるのである。

四　茶の湯・能の流行と大名家存続の願い

ほかの大名に負けたくないという意識

これまでは、佐竹氏の在陣生活の「内面的な部分」に触れてきたが、別の側面として指摘できる事柄がある。名護屋においては、茶の湯や能などの芸能が秀吉自身や大名同士によって催されることが多く、佐竹義宣や家臣たちも、それらの〝新しい文化〟に接点を持ったことである。

義宣は、文禄二年（一五九三）正月末の国元への書状（阿保文書『茨城県史料』中世編Ⅳ所収）において、「陣中で茶の湯が流行している様子はただならないものがあり、自身もほかの大名に招待されることが多い」ことを記している。

その様子は、大名である義宣本人ばかりではなく、その一族や家臣にも及んでいた。家臣の大和田重清（?～一六一九）は、文禄二年五月四日に佐竹北義憲（一五七〇～九九）とともに秀吉の御伽衆のひとり、今井宗薫（一五五二～一六二七）に招かれて、宗薫が手前（茶の湯の作法や所作）を披露したことを日記に記している（「大和田重清日記」）。

その所作から料理にいたるまでの詳細を日記に記した内容は、当時一流の文化人である宗薫から、重清が多くを学ぼうとする姿勢を読み取ることができる。そして、義宣自身も先の書状のなかで、自らも茶の湯を稽古しており、関東における「一之すきしや」たろうとする意気込みを示している。

茶の湯という〝最先端の芸能〟に接し、ほかの大名に負けずに身につけたいという意識を感ずることができる。

豊臣政権の大名がもつべき教養

茶の湯と並んで、多くの史料に表れているのが能である。能は、秀吉が関心をもち、能役者の暮松新九郎の指導の下で自ら演ずるほどの熱意を示していた。

義宣は先の書状に「大閤さま日々之御能」であるため、陣中では乱舞がはやっていることが記されている。義宣は、国元から鼓・笛などを送らせており、帰国の後に国元で能を興行することを願っている。

このように能や茶の湯に接し、それらを熱心に身につけようとする義宣の姿勢には、豊臣政権の大名たちがもつべき教養としてこれらを意識し、自ら進んで身につけようとしていることがうかがえる。そこには、中央政権に属し、その一員として大名家の存続を図る一大名の姿を読み取ることができる。

おわりに――変革を求められた中近世移行期の佐竹氏

以上のように、文禄年間（一五九二〜九六年）の名護屋における佐竹氏の在陣生活を中心にみてきた。そこでうかがえる在陣生活による影響は、きわめて興味深いものであった。

まず本国常陸を離れた在陣生活は、佐竹氏にとって必然的に貨幣経済に依存した生活を強いるものであった。そして、その在陣生活は、「豊臣政権に対する義務」として佐竹義宣自身や家中に強く意識されたものであり、自らの「家」の存続のために必要なものと認識されていた。

そのためには、国元からの送金、その出発点となる税の徴収の強化、つまり〝収奪の強化〟は必要なものであり、避けがたいものと考えられた。家中の者が属するものとして、佐竹氏という「家」が意識され、名護屋での在陣生活のなかでお互いの距離の近さから、それはより強く意識されたと考えられる。

このようにみてみると、名護屋における在陣生活は、佐竹氏が中世から近世へ移行するなかで、変革を求められるさまざまな問題をあらわに示したものといえる。

「朝鮮出兵」が果たした意義

佐竹氏が、豊臣政権に従属したのは天正十八年（一五九〇）であり、「朝鮮出兵」は、そのわずか二年後に開始される（「文禄の役」）。義宣自身や家中の者にとって出陣は、「面白き御陣（ごじん）」（瀧俊書状）と表現されることが多いが、実際にはカルチャーショックとして受け取られた事柄も多かったと推察される。

佐竹氏は、常陸への帰国後の文禄三年（一五九四）に大々的に太閤検地を行い、翌四年には家臣団の大幅な配置転換を実施する。その過程で、「在地領主制」の止揚（しよう）が試みられる。その体制変換の必要性を強く認識し、受容させる大きな契機となったのが、文禄年間の「朝鮮出兵」であった。その意義を、十分に考えなければならないと思う。

また、義宣自身も近世大名の一員として、武家のもつべき教養となるさまざまな芸能に接し受容する姿勢を強くもっていた。それは家中の者も同様であり、佐竹氏とその家中の近世化に果たした「朝鮮出兵」の意義を、侵略だけではない、違った視点からもあらためてとらえなおす必要がある。

【主要参考文献】

天野文雄『能に憑かれた権力者—秀吉能楽愛好記—』（講談社選書メチエ、一九九七）

岩沢愿彦「肥前名護屋城図屏風について」（『日本歴史』二六〇号　一九六八）

小葉田淳「大和田近江重清日記（1）～（6）」（『日本史研究』四四～四六号・四八～四九号・五二号、一九五九～一九六一）

佐々木倫朗「大和田重清と連歌」（『常総の歴史』四二号、二〇〇五）

同「佐竹氏の朝鮮渡海」（宇高良哲先生古稀記念論文集刊行会編『歴史と仏教・宇高良哲先生古稀記念論文集』所収、青史出版、二〇一二）

高瀬哲郎『名護屋城跡—文禄・慶長の役の軍事拠点—』（『日本の遺跡』26、同成社　二〇〇八）

藤木久志「豊臣期大名論序説—東国大名を例として—」（『歴史学研究』二八七号　一九六四）

水戸市史編さん委員会『水戸市史』上巻（水戸市、一九六三）

【さらに詳しく学びたい読者のために】

朝鮮出兵に関するものとしては、以下の二著をお薦めしたい。

①中野等『秀吉の軍令と大陸侵攻』（吉川弘文館、二〇〇六）

②同『文禄・慶長の役』（「戦争の日本史」16、吉川弘文館　二〇〇八）

二著は、朝鮮出兵に関する全体像を提示するもので、とくに、②は一般向けの書籍として書かれており、わかりやすく全体像を把握できる。

〈第十二章〉

【運命の「関ケ原合戦」】

激動の時代を乗り越え、秋田二十万石の大名として存続

森木　悠介

はじめに——研究の停滞状況を見直す動き

慶長(けいちょう)五年（一六〇〇）の「関ケ原(せきがはら)合戦」（主戦場は岐阜県関ケ原町）から同七年の「秋田転封(てんぽう)」までは、常陸(ひたち)佐竹氏の歴史に終焉(しゅうえん)をもたらした激動の三年間であった。

この間の具体的な経緯については、『水戸市史　上巻』（伊東：一九六三）に拠(よ)るところが大きく、同書の刊行以来、「秋田転封」の引き金となった「関ケ原合戦」における佐竹氏の西軍寄りの態度については、

①佐竹氏は徳川氏と懇意ではなかったこと。

②戦国末〜豊臣期（十六世紀末期）にかけて、佐竹氏が豊臣政権から享受した利点。

③当時の当主・佐竹義宣（よしのぶ）（一五七〇〜一六三三）と豊臣家臣・石田三成（いしだみつなり）（一五六〇〜一六〇〇）の関係性。

この三つが、その要因として強調されてきた。ただそうすると、佐竹氏が、石田三成が主導した西軍側に本格的に参戦せず、結果的に情勢を傍観する立ち位置になったことへの説明がつかない。

佐竹氏の「関ケ原合戦」「秋田転封」に関する研究は、『水戸市史　上巻』によって基本的事実が明らかにされて以降、一次史料の少なさもあって停滞気味なテーマであった。しかし、近年では「関ケ原合戦」を「豊臣政権と佐竹氏」という広い視点（森木：二〇一四・二〇一七）から、「秋田転封」も「近世側の視点」（平岡：二〇一七）から、それぞれ見直す動きも生まれてきている。

そこで本稿では、全国統一を果たした豊臣秀吉（一五三七〜九八）の死後、政権が豊臣家から徳川家へと移り変わるきっかけとなった時代の節目において、佐竹氏がどう行動したのか、最新の研究により紹介する。

一 「関ケ原合戦」当時の佐竹氏

全国規模の争乱の始まり

「関ケ原合戦」勃発の背景には、秀吉死後の政局の主導権をめぐる豊臣政権内部の対立があり、それが慶長五年（一六〇〇）に入り、本格化した。会津上杉氏に謀反の疑いがかけられると、同年六月には徳川家康（一五四二〜一六一六）が、秀吉の遺児・豊臣秀頼（一五九三〜一六一五）の名のもとに上杉征討軍を率いて東征の途に就いた。

七月中旬、家康不在となった上方では、石田三成らが秀吉死後の家康による掟破りの行動を弾劾、家康を討つべく挙兵した（**西軍**）。下野国小山（栃木県小山市）で西軍挙兵を知った家康は、上杉征討軍のほとんどを自軍勢力に組み込むことに成功した（**東軍**）。こうして、全国の諸大名が石田・毛利方（**西軍**）と徳川方（**東軍**）の二つの勢力に分かれて抗争を展開することになったのである（笠谷：二〇〇七）。なお、この列島規模で展開された一大争乱については、多くの概説書が出版されているので、詳細はそちらをご覧いただきたい。

佐竹氏と与力大名

さて、まずは「関ケ原合戦」当時の、佐竹氏の立ち位置を確認しよう。

当時の佐竹氏は、当主・佐竹義宣のもと常陸国水戸（茨城県水戸市）を本拠地とし、五十四万五千七百六十五石を治めていた（『佐竹文書』一乾・三坤）。

この五十四万石余のなかには、義宣の弟・蘆名盛重（常陸国江戸崎〔茨城県稲敷市〕四万八千石。一五七五〜一六三一）、義宣の父で前当主の義重（常陸国太田〔同常陸太田市〕・山尾〔同日立市〕五万石。一五四七〜一六一二）、一族・佐竹東義久（常陸国鹿島・筑波郡〔同鹿嶋市・神栖市・鉾田市・つくば市・つくばみらい市など〕などに六万石。一五五四〜一六〇二）の知行地も含まれていた。

加えて、佐竹氏には与力大名の岩城氏（陸奥国平〔福島県いわき市〕十一万四千六百五十一石）と相馬氏（陸奥国牛越〔同南相馬市〕六万四百二十八石）がいた（『磐城志案録』『利胤朝臣御年譜』）。

佐竹氏と彼らの関係について、『水戸市史　上巻』をはじめとする先行研究では「与力大名」と紹介されるものの、「関ケ原合戦」における立ち位置については具体的に説明されてこなかった。彼らの動向はけっして無視できるものではなく、やや長くなるが、ここで解説しておきたい。

親戚とはいえ、彼らはあくまでそれぞれ独立した大名であり、佐竹氏と主従関係にはない。その点は、佐竹氏らの親戚である伊達氏も同様である。ただ、彼らの場合は石田三成が取次であり、「奥羽仕置」（一五九〇〜九一年）や「文禄の役」（一五九二〜九三年）で実際に佐竹氏を中心に行動をともにしてきた経緯がある（「鹿島神宮文書」『常陸遺文』『大和田重清日記』「名護屋陣ヨリ書翰」など）。

しかし、豊臣政権による公的な戦争であった「奥羽仕置」、「文禄の役」、「上杉征伐」と違い、「関ケ原合戦」は互いに大義名分を掲げたとはいえ、豊臣政権下の大名同士による私戦である。必ずしも行動をともにする必要はなかった。

佐竹氏を中心とする集団

では、「関ケ原合戦」時、佐竹・岩城・相馬氏の周囲は、彼らをどのように認識していたのか。「関ケ原合戦」本戦の前後、伊達政宗（一五六七〜一六三六）は佐竹義宣から連絡を受けたときに、相馬氏の動向は佐竹氏しだいと考えていた（「留守家文書」）。上杉氏は、佐竹氏と軍事協定を結んだ際、佐竹・岩城・相馬氏は味方になったと考えていた（『目の幸所収文書』）。「関ケ原合戦」本戦の勝敗が奥羽にまで伝わった後のことだが、出羽国山形（山形県山形市）の最上義光（一五四六〜一六一四）は、岩城家臣の竹貫氏に、今こそ佐竹氏と相談して上杉領の仙道（福島県中通り）へ向けて軍事行動を起こすべきと勧めている（『会津四家合考所収文書』）。

後述するように、慶長七年に徳川家康は、佐竹・岩城・相馬氏の処分を同時期に実施した。また、佐竹氏の処分を知った周防国岩国（山口県岩国市）の吉川広家（一五六一〜一六二五）は、七、八十万石を「所勘」（管理すること、指揮すること）する佐竹氏が国替を命じられ、出羽国で十万石（秋田国替後の佐竹氏の領地高が、正式に確定するのは寛文四年〈一六六四〉）を拝領したと報じている（「西禅永興両寺旧蔵文書」）。

佐竹・岩城・相馬氏の石高の合計が約七十二万石であることから、三氏は〝佐竹氏を中心とする集団〟と見なされていたことがわかる。

一方で、肝心の佐竹・岩城・相馬氏自身はどうだったのか。

それぞれの思惑・動向は詳しく後述するが、「関ケ原合戦」本戦の決着直後、上洛を求められた相馬氏が、佐竹氏しだいと返事しており（「伊達家文書」）、少なくとも相馬氏はある程度、佐竹氏に歩調を合わせて行動するつもりであったようだ。しかし、「関ケ原合戦」が全国の諸大名を巻き込んだ豊臣政権樹立以来の未曾有の内乱となった以上、佐竹氏の内部も含め、それぞれの動向・思惑に微妙な影を落とすことになる。

「関ケ原合戦」時の佐竹氏当主・義宣所用の人色皮包仏胴黒糸縅具足（秋田市立佐竹史料館蔵）

三氏の〝立ち位置〟の確認

最後に、佐竹・岩城・相馬氏を合わせた軍事的・地理的位置を確認しておく。少なくとも周囲が三氏をひとつの集団として認識していた以上、三氏をまとめた立ち位置を把握しておくことには一定の意味があると思われる。

①軍事力

佐竹・岩城・相馬氏の兵力を合わせることができれば、守備兵力を除いても二万人以上を出撃可能兵力として確保できたことだろう（森木：二〇一七）。

②地理的位置

佐竹・岩城・相馬氏は、常陸国の大部分・下野国東部・南奥東部（茨城県の大部分、栃木県東部、福島県浜通り・東白川郡）を勢力圏としており、関東と奥羽（東北地方）をつなぐルートのひとつ（近世の水戸街道・岩城相馬街道）を掌握する位置にあった（森木：二〇一七）。

彼らの周囲には、北に伊達氏（陸奥国岩出山〔宮城県大崎市〕五十八万石）、上杉氏（陸奥国会津若松〔福島県会津若松市〕百二十万石）、南には徳川氏（武蔵国江戸〔東京都千代田区〕二百五十六万石）らが位置していた（笠谷：二〇〇七。次頁の地図を参照）。

それぞれの動向と思惑

では実際に、「関ケ原合戦」本戦にいたる直前、すなわち慶長五年六〜八月における佐竹氏と与力大名をはじめ、関係する東西両軍の動向・思惑をみていこう。

①佐竹義宣（佐竹氏の当主）

本来は、家康の命で上杉氏討伐に参戦する予定であった（『内府公軍記』）。六月九日、上方にいた義

「関ケ原合戦」時（1600年）の東国・奥羽のおもな大名配置図

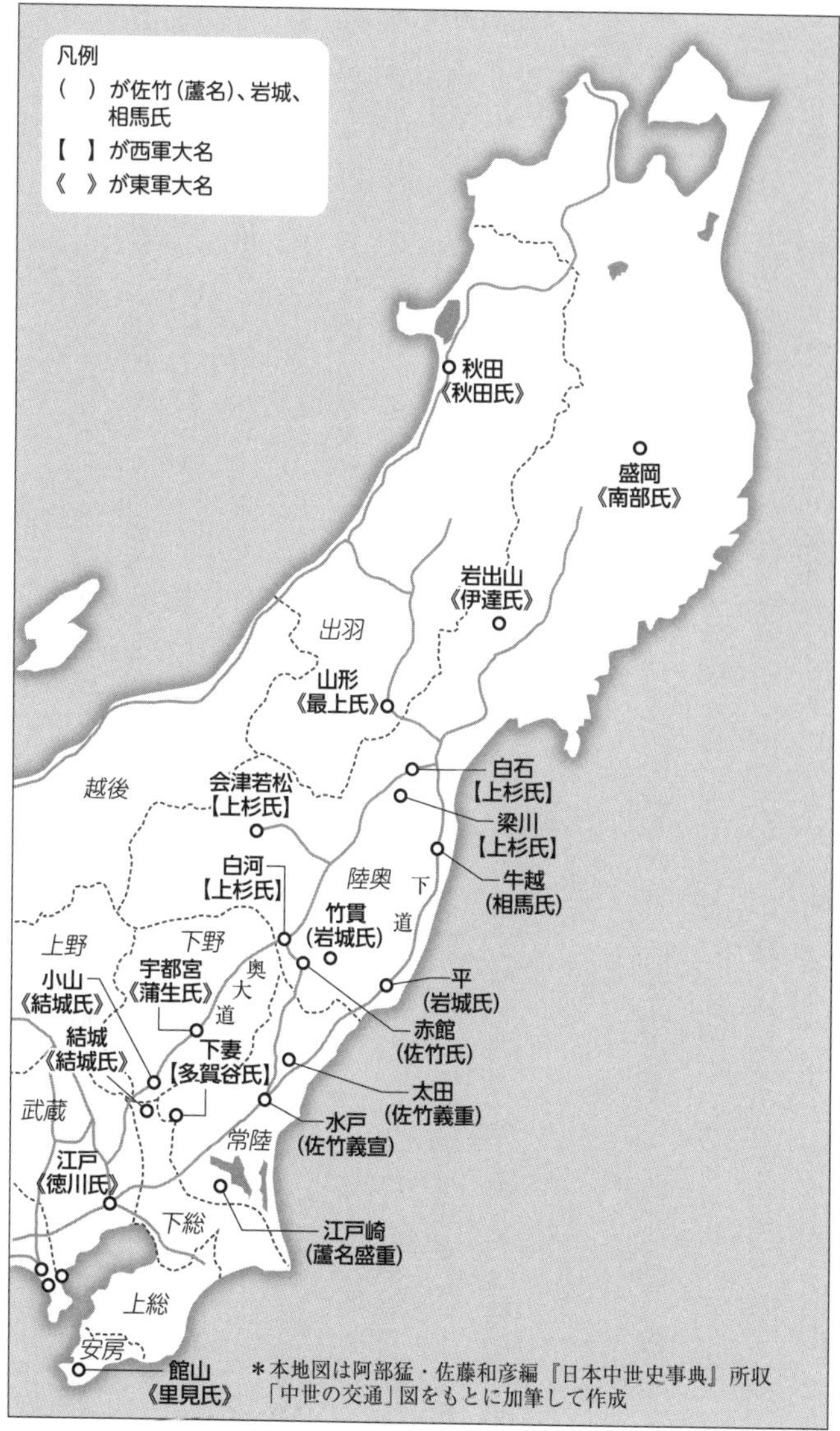

＊本地図は阿部猛・佐藤和彦編『日本中世史事典』所収「中世の交通」図をもとに加筆して作成

宣は国元を預かる重臣・和田昭為（一五三二〜一六一八）に宛てて書状を認めた。最上義光や伊達政宗が常陸国や岩城・相馬領を経由して帰国するため、その宿泊の準備を命じ、併せて岩城・相馬氏および弟・蘆名盛重あての書状をすぐに届けるよう指示した。そして、来たる十六日に徳川家康が（大坂を）出立するので、自身は十七日に出立すると伝えた（『古書類集』）。七月に帰国した義宣は同十五日に自軍に向けて軍法を発布した（「奈良文書」）。だが、義宣は三成からの連絡を受け、七月二十三日に返答の使者を派遣するとともに、佐竹領最北端の赤館（福島県棚倉町）まで到達していた先遣部隊に進軍停止を指示した（『秋田藩家蔵文書』一七、『歴代古案』）。

一方で、義宣は七月下旬に家康から人質を差し出すよう求められるも拒絶した（『歴代古案』『慶長年中卜斎記』）。そして、八月上旬から中旬にかけて、徳川氏（東軍）との手切れを想定し、上杉氏（西軍）と軍事協定を結ぶにいたった（『歴代古案』「奈良文書」）。その後、八月二十五日には情勢を見極めるためか、水戸城に帰陣した（「千秋文庫所蔵佐竹古文書」）。

②蘆名盛重（佐竹義宣の実弟）

盛重は当主・義宣の弟として佐竹家中でも高い地位にあったが、旧会津領主でもあるという特異な経歴をもっていた。盛重は七月二十八日付で家康から、九月三日付で家康の三男・秀忠（一五七九〜一六三二）から、それぞれ返書を送られており（「関沢家文書」「千秋文庫所蔵佐竹古文書」）、兄・義宣とは逆に徳川氏と誼を通じた。義宣が赤館から帰陣した後も在陣を続けており、盛重と蘆名旧臣たちは、会津上杉氏討伐を会津領主として復帰する好機ととらえていたのかもしれない。

③岩城貞隆（岩城氏当主。義宣の実弟。一五八三～一六二〇）

貞隆は当初予定されていた上杉氏征伐のため、岩城領西端の竹貫（福島県古殿町）まで出陣していた。また、貞隆の養祖父である岩城親隆（?～一五九四?）室の桂樹院（佐竹義宣の父・義重の妹）は、東軍の伊達政宗に対し、伊達軍が七月二十五日に上杉領の白石城（宮城県白石市）を攻め落としたことを祝福する書状を送り、併せて貞隆の動向を伝えていた（「伊達家文書」）。

なお、岩城氏は、佐竹氏と協定を結んだ上杉氏から味方と認識されていたが（『目の幸所収文書』）、岩城・上杉氏間で交渉がもたれた痕跡は今のところ確認できていない。

④相馬義胤（相馬氏当主。一五四八～一六三五）・**相馬三胤**（のち利胤。義胤嫡男。一五八一～一六二五）

義胤・三胤父子は、七月の早い段階から上杉氏（西軍）と連絡を取り合っていた（「大津文書」「本村文書」）。そのため、八月末ごろ、北隣の伊達氏側は、相馬氏と戦闘状態に入ることを覚悟していた（『引証記』二十）。

⑤結城朝勝（下野宇都宮氏当主・国綱〔一五六八～一六〇七〕の弟。一五六九～一六二八）

佐竹義宣にとっては従兄弟にあたる。慶長二年に豊臣政権により宇都宮氏が改易された後、佐竹氏の元に身を寄せていたとされる（市村：一九八三）。

「関ケ原合戦」時には上杉軍に身を投じ、上杉領の白河城（福島県白河市）を守備していた（「阿保文書」）。さらには佐竹氏との縁故を買われてか、佐竹氏と上杉氏が軍事協定を結ぶ仲立ちを行った（「奈良文書」「阿保文書」）。朝勝の一連の行動は、大名・宇都宮氏の復活が目的であったと推測されている（市村：一九八三）。

⑥上杉景勝（豊臣政権の五大老のひとり。西軍。一五五六〜一六二三）

佐竹氏と軍事協定を結ぶことに成功した点は、先述したとおりである。協定を結んだことで、佐竹・岩城・相馬氏は味方と認識していた（『目の幸所収文書』）。九月には佐竹氏と共同で関東出兵を行うことを企図していたが（「読史堂史料」「真田文書」）、実際には後背を固めるために、矛先を東軍の最上氏へ向けることになる（長谷堂城〔山形県山形市〕の攻防戦など）。

⑦伊達政宗（東軍）

佐竹義宣にとっては、従兄弟にあたる（母が政宗の祖父・伊達晴宗〔一五一九〜七八〕の娘）。八月に岩城貞隆やその家臣猪狩氏に対し、岩城領通過の折に世話になった礼を伝えた。さらに猪狩氏には、今後も申し合わせていきたいとして貞隆への執り成しを頼んでいた（『仙台市史　伊達政宗文書』所収「所蔵者不明文書」）。政宗は、岩城氏とは連携できると考えていたのかもしれない。

⑧石田三成および西軍諸大名

三成からの連絡に応えた佐竹氏を、味方（西軍）と認識し、上杉・佐竹・真田氏による関東出兵（江戸攻撃）を期待していた（「真田文書」『歴代古案』「島津家文書」）。佐竹氏を、上杉氏らとともに東軍の背後を突く重要戦力とみていたのである。

⑨徳川家康（豊臣政権の五大老筆頭。東軍）

佐竹氏に人質提出を断られた点は先述した。それにもかかわらず、家康は八月七日付の書状で、伊達政宗に対して佐竹氏は味方（東軍）だと伝えている（「伊達家文書」）。一方で佐竹氏の徳川領侵攻を警戒しており（『保科御事歴巻三二所収文書』）、実際は東軍諸氏を安心させるため、動かない佐竹氏を利用した家康の戦略であったことがわかる。

義宣の翻意

このように、佐竹氏の内部とその周囲では、さまざまな思惑が渦巻いていた。そして、九月に入り、事態は急変する。義宣は九月当初までは上杉氏と連絡を取っていたものの（「清野文書」「読史堂史料」）、中旬に入り、東軍の伊達政宗と連絡をとることで方針を転換したのである（『引証記』十九・「留守家文書」）。

その後、下野国宇都宮（栃木県宇都宮市）に駐屯する家康の次男・結城秀康（一五七四～一六〇七）や伊達政宗と連携して、再出兵を図っていたようだが（「秋田家文書」「真壁文書」）、時すでに遅く、九月十五日の「関ケ原合戦」本戦で西軍主力が壊滅的大敗を喫していた。結局、佐竹氏が東西両軍に対し、軍事行動を起こすことなく終戦を迎えることになった（森木：二〇一四・二〇一七）。

二　佐竹氏が参戦しなかった理由

動かなかった・動けなかったのはなぜか

佐竹氏は戦局に影響を与えるだけの軍事力を持ち、実際、東西両軍にその存在を強く意識されていた。しかし、軍事行動を起こして対外的に旗幟（きし）を鮮明にすることはなかった。結果として何もできぬまま、情勢を傍観する立ち位置になってしまったわけだが、佐竹氏が当初、西軍へ荷担する動きをみせたのは、義宣と石田三成の関係が要因であったことは間違いない。義宣は領国運営に関して、取次である三成らの指導・助言を受けてきたこともあり、前年の慶長四年（一五九九）閏（うるう）三月に起こった三成の危機（加藤清正（かとうきよまさ）〔一五六二〜一六一一〕ら豊臣七将による三成襲撃事件）を救援するほど恩義を感じていた（『伊達日記』）。

それにもかかわらず、佐竹氏が動かなかった（動けなかった）のは、四つの理由があったと考えられる。

①**地理的理由**　佐竹氏＋与力大名をも上回る上杉・徳川氏という大勢力に挟まれた位置にあったこと。

②**軍事的理由**　軍事協定を結んだ上杉氏の協力がなければ、関東に残った東軍勢力に対抗できなかったこと。

③**時期的理由**　西軍挙兵から「関ケ原合戦」本戦まで、わずか二カ月で大勢が決したこと。

④**内部的理由**　三成からの恩義を裏切れない義宣、その義宣に同調する相馬氏が西軍寄り、徳川氏と誼（よしみ）を通じていた蘆名盛重、上杉氏と対立する伊達氏に好意的な岩城氏が東軍寄りと、佐竹氏と与力大名の足並みが乱れたこと。

とくに主要因となったのは④であろう。「関ケ原合戦」を引き起こした要因のひとつが、豊臣政権の支配体制（諸大名の統制）の限界にあったとされ、佐竹氏の豊臣政権への服属・豊臣大名化は利点ばかりではなかった。

その代償・影響としては、①豊臣政権による東国大名の再編、②義宣と三成の強いつながり、③たび重なる軍役・普請役（ふしんやく）などの課役、④秀吉から五万石前後の知行を認められた前当主・義重、義宣の弟・蘆名盛重、一族の佐竹東義久の存在（とくに旧大名の流れをくむ盛重）、⑤改易の危機、⑥義宣と義重、そして盛重、義久は、「関ケ原合戦」以前から節句の贈答などを通じて豊臣氏・徳川氏と接点をもっており、隣国として徳川氏ともそれなりに付き合いがあったことなどが挙げられる。

「関ケ原合戦」での動向をみても、先行研究で指摘されるほど、佐竹氏は親豊臣・親三成勢力であったとはいえない。結局のところ、佐竹氏内部では積極的に西軍に荷担しようという空気が醸成されておらず、上杉氏との協定自体、東軍による佐竹領国への侵攻を懸念した義宣の焦りから、内部の意思統一が図られぬまま、性急に結ばれたものだったのではないか。そして、三成らの当初の思惑ほどに事態が好転しないなかで、義宣は盛重をはじめとする家中の徳川派の意見を入れて翻意したと考えられる。

意思決定に強い影響力をもつ一族・重臣がいる西軍の島津・毛利氏も、意見の不一致により、家中挙げて西軍を支援できず、それが西軍敗北の一要因となっていた。佐竹氏も似たような状況に陥った結果、佐竹氏内部と与力大名の足並みの乱れにつながったのである。それは服属・豊臣大名化にともなう代償・影響に起因するものであった（以上、森木：二〇一四・二〇一七）。

三　戦後処理と出羽国秋田への転封

戦後の佐竹氏が置かれた状況

戦後すぐに、佐竹義重、蘆名盛重、佐竹東義久が、徳川秀忠へ祝賀の使者を送ったものの（『佐竹文書』一乾・『秋田藩家蔵文書』四・『楓軒文書纂』五一）、佐竹氏が置かれた状況について伊達政宗は、「佐竹はどんなことを命じられても御意（家康の命令）に背けないだろう」と的確に指摘している（「天理図書館所蔵伊達家文書」）。

実際、佐竹義宣は、徳川氏に対して徹底した恭順姿勢をとった。翌慶長六年（一六〇一）、義宣は本拠地の江戸に下向してきた家康・秀忠父子を、それぞれ出迎え、会津再派兵問題や盛岡南部氏の領内で発生した一揆など、戦後の出兵案件には即時対応できるよう手配していた（『引証記』二十一・「真壁文書」）。一方、万一に備えてか、水戸城普請も進めていた（「土井文書」「真壁文書」『秋田藩家蔵文書』三一）。

佐竹氏は、島津・毛利・上杉氏らのように、東軍に正面切って対峙したわけではなく、家康へ直接、謝罪工作をするわけにはいかなかった。そこで、現状の佐竹氏に可能な活動を積極的に展開することで、家の存続へ向けて舵を切ったのである（森木：二〇一七）。

「秋田転封」とその影響

慶長七年三月、義宣は上洛して家康・秀頼に謁見を果たした（「真壁文書」）。ところが五月上旬になり、家康は突如、義宣に出羽国秋田への転封を通達した（『国典類抄　第十巻』『当代記』『慶長見聞録案紙』。正確な日時については、記録類により諸説ある）。

一方、与力大名の岩城・相馬氏には、改易という厳しい処分が下された（のちに相馬氏は本領復帰を認められ、岩城氏も信濃国川中島〔中村〕藩〔長野県木島平村〕一万石を経て、出羽国亀田藩〔秋田県由利本荘市〕二万石の大名として返り咲いている）。

転封を伝え聞いた国元は当然、大混乱に陥った（『秋田藩家蔵文書』四〇）。義宣は、実質的な人質として京都に留め置かれ（『石川正西聞見集』）、詳細がわからないなかで、国元に転封の準備を指示することになった。

その内容を要約すると、五十・百石取りの給人や在郷給人は連れていかず、常陸国内の寺院の移転も不要としたうえで（どちらも厳格には適用されず）、さらに牢人衆は召し放ち、小禄の給人は、土着して百姓になるのも他家に仕官するのも自由とした。さらに道具類・兵糧の処理、年貢の扱いなど細々とした指示を出している（『秋田藩家蔵文書』一六・五八）。

移動の準備が整うと、新領地の秋田の受け取りや初期統治についても指示を出した（『秋田藩家蔵文書』一六）。

こうして佐竹氏家臣団は在地との結びつきを絶たれ、由緒や家格制を核とした近世家臣団が成立していく（以上、伊東：一九六三、根岸：一九九一、平岡：二〇一七など）。しかし、にわかの転封は佐竹氏研究の基礎となる家臣所蔵文書の伝来に影響を与え、親子兄弟が離れ離れになったことで、常陸時代の由緒・記憶の断絶につながるなど（佐々木：二〇一四、平岡：二〇一七）、秋田転封の影響は計り知れないものがあった。

佐竹氏処分と家康の思惑

そもそも、佐竹氏の処分が慶長七年までずれ込んだのはなぜだろうか。

上杉氏との密約が露顕したからではないかという意見もあるが（伊東：一九六三）、実際は東軍と直接対立した上杉・島津氏との講和問題の解決が優先されたからだろう。上杉氏は慶長六年七月に上洛し、家康に正式に謝罪して出羽国米沢（山形県米沢市）への減転封となり、島津氏は、慶長七年四月に家康から本領安堵を確約されていた（笠谷：二〇〇七）。

この後、家康が江戸（関東）を中心とした統治体制を構築したことを考えると、家康の国家構想上、江戸近郊に佐竹氏のような大大名をそのままにしておくわけにはいかなかった。そのため、島津氏との講和問題解決の目途が立ち、義宣の上洛が重なったことを好機ととらえ、佐竹氏への処分を実施した、というのが実情であろう。「関ケ原合戦」での曖昧な態度（＝家康に対する非協力的態度）は、減転封を行うだけの大義名分を家康に与えることになったのである（森木：二〇一七）。

とはいえ、家康にとって佐竹氏への処分実施は戦後処理の集大成であり、佐竹領の受け取り・管理には、本多正信（一五三八〜一六一六）ら徳川家の重臣を派遣し、進捗状況を気にするなど（「鹿島神宮文書」「千秋文庫所蔵佐竹古文書」『綿考輯録所収文書』など）、処分の遂行には慎重を期していた。そして、翌慶長八年二月、満を持して征夷大将軍に任じられた家康は、江戸に幕府を開くことになる（笠谷：二〇〇七）。

おわりに――秋田藩の成立

慶長七年（一六〇二）七月上旬には、佐竹領全土の明け渡しが完了した。同月二十七日、家康は義宣に、「秋田・仙北」（秋田郡・檜山郡〔のちの山本郡〕・豊島郡〔のちの河辺郡〕・山本郡〔のちの仙北郡〕・平鹿郡・雄勝郡のこと。秋田県の大部分）の支配を認める領知安堵状を与え、秋田への下向を許可した（「千秋文庫所蔵佐竹古文書」『秋田藩家蔵文書』一七）。

同年九月に入国を果たした義宣は、新領地となった秋田の統治や家臣団の不和、義宣の後継者問題など、さまざまな問題に腐心することになる（『秋田県史　第二巻　近世編上』『佐竹家譜　上』）。

不本意な形で先祖伝来の地・常陸国を去ることになったとはいえ、当時は江戸幕府に少しでも隙を見せれば、簡単に取り潰される武断政治の全盛期である。そうしたなかにあって、義宣は明治維新まで続く、秋田藩（久保田藩）二十万五千八百石（国持大名）の初代藩主として藩政の確立に努め、激動の時代を乗り越えたのであった。

【主要参考文献】

秋田県編『秋田県史　第二巻　近世編上』（秋田県、一九七七）
市村高男「近世成立期東国社会の動向―結城朝勝の動向を中心として―」（江田郁夫編『下野宇都宮氏』、戎

光祥出版、二〇一一、初出一九八三）

伊東多三郎「佐竹氏の秋田移封」（『水戸市史　上巻』第十三章に所収、一九六三）

笠谷和比古『関ヶ原合戦と大坂の陣』（『戦争の日本史』17、吉川弘文館、二〇〇七）

佐々木倫朗「戦国期権力佐竹氏の家臣団に関する一考察―側近・奉行人層の分析を通じて―」（『大正大学大学院研究論集』第三十八号、二〇一四）

根岸茂夫「元禄期秋田藩の修史事業」（『栃木史学』第五号、一九九一）

原武男校訂『佐竹家譜　上』（東洋書院、一九八九）

平岡崇「秋田移封―つき従った者たち―」（高橋修編『佐竹一族の中世』所収、高志書院、二〇一七）

森木悠介「佐竹氏と関ヶ原合戦」（谷口央編『関ヶ原合戦の深層』所収、高志書院、二〇一四）

同「豊臣政権と佐竹氏―関ヶ原合戦への道―」（高橋修編『佐竹一族の中世』所収、高志書院、二〇一七）

〈特別収録〉

【戦国大名と仏教】

波瀾の人生を生きた佐竹氏一族の高僧・宥義

坂本　正仁

はじめに――大名家が抱える「祈願所」と「菩提寺」

戦国大名と仏教の関係を論じるとき、とくに中心になってきたのは、領国内の仏教集団や寺院、そして僧侶の統制策であった。これは、領国統治の一貫であり、重要な意義をもっていた。

一方で戦国大名の個々人の信仰については、研究的にはあまり深化されていないようである。史料上の制約もあろうが、戦国大名は統治者として宗団（宗教集団）や寺院を客観化する一方で、大名個人の信仰から特定の宗派や寺院とつながっていた。

さらに彼らは（戦国大名に限ったことではないが）、個人の信仰とは別に、家を単位として特定寺院との寺檀（寺院と檀家）関係をもつことも一般的であった。当時、寺院には「**祈願所**」（祈願寺・祈禱寺）と「**菩提寺**」の二種類があり、前者が**現世**（祈禱）、後者が**来世**（滅罪）の祈りを担った。

江戸時代に入ると、大名は領国や江戸にそれぞれ「菩提寺」を抱えていたが、もうひとつの「祈願所」などとよばれた寺院を同時に抱えることも普通であった。

たとえば薩摩島津氏の場合は、**菩提寺**が**曹洞宗福昌寺**（かつて現在の鹿児島市池之上町にあったが、廃仏毀釈によって明治二年〔一八六九〕に廃寺）、**祈願所**が**新義真言宗大乗院**（談議所。かつて鹿児島市稲荷町にあったが、同じく廃仏毀釈で同時期に廃寺）であった。

佐竹氏も秋田転封（一六〇二年）後は、**菩提寺**が**曹洞宗天徳寺**（秋田市泉三嶽根）、**祈願所**が**新義真言宗の寶鏡院・一乗院**といった例がある。

寺院の住職に、一族の者を送り込む

徳川将軍家も例外ではなかった。**菩提寺**は**増上寺**（東京都港区）・**寛永寺**（同台東区）・**伝通院**（同文京区）などであったが、これらの寺院は現世利益を目的とする祈りにはかかわらなかった（寛永寺の場合は配慮を有するが）。

江戸初期（十七世紀初め）から明治維新（十九世紀中ごろ）まで、**将軍家祈願所**の筆頭は**新義真言宗**の**護持院**（元禄元年〔一六八八〕に前身の知足院を改称したもの。現在の千代田区神田錦町にあったが、享保二年〔一七一七〕に焼失し、文京区音羽の護国寺境内に移動）が担っていた。

こうした関係の固定化が、いつの時代まで遡及できるかは一様ではないが、戦国期を生き延び近世大名になった諸氏の幾例かをみると、戦国期半ば（十六世紀中ごろ）までの成立を確認できる。

島津氏や佐竹氏の例は、戦国期までに確定していた菩提寺・祈願所の関係が引き継がれた姿である。ちなみに、佐竹氏の菩提寺・天徳寺や祈願所の寶鏡院・一乗院は、そのもとをたどると茨城県常陸太田市の佐竹氏発祥地までさかのぼる。天徳寺は、創建が寛正三年（一四六二）、寶鏡院は、嘉吉二年（一四四二）である。

各地の大名は、こうした寺院に祈願・祈禱、そして菩提供養を独占させ、檀那（檀家）の義務として寺院の永続を保証する一方で、住持に大名一族の者を送り込むことも一般的であった。

そうした寺院は、領国内に存在する同宗派寺院の頂点に位置づけられただけでなく、領国内にあった諸宗派全寺院のなかで最上の寺格を与えられていた。この構図は、大名自身にとっても寺僧の統制に有効であったといえる。

一　佐竹氏出身の僧・宥義と新義真言宗

歴史的な意味をうかがう好例

ここでは、大名の一族出身僧の具体例として、佐竹氏出身の真言僧の生涯を取り上げてみたい。その僧とは、戦国期（十六世紀後半）から江戸初期（十七世紀初期）にかけて活動した宥義（一五四六〜一六一八）である。

宥義の事績は、通史はもちろんのこと、仏教史のなかでもまったくといってよいほど言及されていない。彼が住持となった新義真言宗の総本寺である長谷寺小池坊の歴史で言及される程度である。

しかし、その経歴は、戦国大名と仏教、戦国大名と寺院との関係をうかがううえで興味深いものがある。戦国時代に大名家や一族出身の僧で、上方（京都・大坂をはじめとする畿内）と故地（縁故のある土地）にまたがる活動をした僧侶はおびただしい。その歴史的意味をうかがう好例でもある。

なお、長谷寺は奈良県桜井市初瀬にあり、現在は真言宗豊山派総本山の寺院で、新義真言宗の流れをくむ。新義真言宗とは、空海（七七四〜八三五）を始祖とする真言宗の宗派のひとつで、真言宗中興の祖で高野山（和歌山県高野町）の金剛峯寺内に大伝法院を開創した覚鑁（一〇九五〜一一四四）を祖とする。

鎌倉期後半に大伝法院の僧衆らは金剛峯寺と対立し、根来寺（和歌山県岩出市）に移り、高野山や根来寺を拠点に活躍した頼瑜（一二二六〜一三〇四）によって、高野山の伝統教学とは異なる新たな教義が打ち立てられた。

のちにこの教義は「新義」とよばれるようになり（「新義」に対して高野山の伝統教学は「古義」とよばれた）、根来寺は新義教学の拠点として、全国、とくに東国から多数の修学僧を集めるようになった。

新義真言宗は、根来寺を教学上の本山として、同寺に学んだ全国の僧らによって形成された宗団である。

宥義の事績を伝える『豊山傳通記』

「宥義伝」として知られるものは、江戸期に長谷寺小池坊能化（住持）の隆慶（一六四九〜一七一九）が編み、享保四年（一七一九）十二月に梓行された『豊山傳通記』中巻（『豊山全書』）に所収される歴代小池坊能化伝中の「第三世宥義和尚伝」のみである。

同伝は、宥義の生涯の履歴を簡潔にまとめているが、後世のものなので若干の錯誤はある。しかし同伝が、歴代能化の一人として宥義を記述しているため、新義真言宗の総本寺として、一宗の頂点に位置した寺院の住持たちが、どのような経歴をたどって最高位に出世したかをうかがううえでは好都合の史料ともいえる。

この『豊山傳通記』の記述を軸としつつ、諸種の史料を交えて、佐竹氏との関係、新義真言宗総本寺の根来寺などでの修学、佐竹氏関係寺院の住職就任、小池坊能化への就任、そして晩年の徳川家康（一五四二〜一六一六）の命による小池坊からの退院などに触れたい。

二　社務職就任のため、上方でキャリアアップ

将来を嘱望された出家

宥義の仮名（通称）は玄音房、俗姓は佐竹氏である。元和四年（一六一八）七月十七日に七十三歳で没しているから、逆算すると天文十五年（一五四六）の誕生である。

「源姓佐竹氏総系図」（秋田県公文書館所蔵）によると、「佐竹三家」のひとつ、佐竹氏北家の佐竹義廉（一五一六〜六五）の三男、庶子として生まれた（14・15頁の佐竹氏系図を参照）。同系図によると、北家は常陸太田城（茨城県常陸太田市中城町など）の北に屋敷があったので、宥義もそこで生まれたのであろう。戦国期の北家は、佐竹氏一族のなかでも事実上、宗家に次ぐ地位を有していたとされる。

『豊山傳通記』によると、宥義は早くから世俗を超越し、閑静を好み、出家することを望んでいた。宥義を鍾愛（大切にかわいがる）する両親は出家の希望を諫めたが、宥義は志を貫いて十五歳で源頼義（九八八〜一〇七五）以来の由緒を伝え、源氏・佐竹氏代々の尊崇が厚い、太田馬場（常陸太田市馬場町）の佐竹八幡宮社務職である光明院に入寺した。

程なく光明院の本寺筋で、佐竹氏祈願所の頂点にあった太田の寳鏡院住持・宥舜の弟子として出家、得度（出家のために受戒すること）した。宥義はその出自、入寺や出家寺の地位からしても、将来を嘱望された出家といえよう。

常陸国（茨城県の大部分）における修行時代の様子は定かでないが、当時、関東の真言宗は、根来寺に生成発展した真言思想（新義教学）を受容した寺院・僧侶集団が圧倒的な勢力を誇っていた。佐竹氏領内の真言宗寺院も同様で、器量ある僧らは、修学を通じて根来寺、ひいては上方の文化につながっていた。

宥義も通例から推しても、師僧のもとで密教を中心とする仏教思想（教相）や密教儀礼（事相）の基礎を学ぶ一方で、各地で機能していた談議所（談林）で「新義教学」を学んでいたはずである。談議所での修学は、将来の根来寺への交衆（修学者の仲間入り）の必須条件であった。

修学上の最高権威に師事する

天正三年（一五七五）春、三十歳の宥義は、全国から多数の新義僧を引き寄せ、新義教学の本寺として名を馳せていた紀伊国（和歌山県、三重県南部）の根来寺に交衆した（『豊山傳通記』）。

そこでは、学侶（密教を専修する僧）から修学上の最高権威と仰がれた能化である、智積院日秀（武蔵国の出身。一四九五〜一五七七）や小池坊頼玄（一五〇六〜八四）らに師事して研鑽を積んだ。また、高野山にも登って、その伝統教学を学び、さらに南都（奈良県奈良市）にも赴き、法隆寺（同斑鳩町）で仏教基礎学ともいえる倶舎や唯識思想、そして律学を学んだ。

根来寺を中心にして、東国での談議所や各地の中核寺院の住持就任に必要な修学を果たした宥義は、常陸国に戻ったが、その年次は定かでない。当時、東国などの「田舎」僧が、「根来寺交衆」で必要となる経費は自弁であり、師匠や檀越、あるいは肉親や一族の者が負担することが普通であった。そのため宥義は、彼ら支援者の期待に応えるべく帰国したとみるべきであろう。

条件は、総本寺・根来寺ほかでの研鑽

元和七年（一六二一）ごろのものと思われる、「寳鏡院 并 八幡六供衆由緒書写」（「秋田藩家蔵文書」五八・寺社文書上〔『茨城県史料　中世編』〕）に注目すべき記載がある。

「社務職光明院（佐竹氏の祈願所）の四代目・宥義は、十五歳のときに佐竹氏当主から将来の社務職就任を約束され、寳鏡院宥舜の弟子となって出家した。やがて宥舜に四度加行（修行者が阿闍梨〔師匠〕となるのに先立って修習される四段階の修行）・許可灌頂（弟子としての資格を得る儀式）を受けて真言僧として成り立ち、そのうえで田舎（常陸）・本寺（根来寺）の学問を成就した後に社務職に就いた」と記している。

先の記述のように、初めて入寺したのが佐竹八幡宮社務の光明院であったことは、すでに本稿中でも触れた。在地領主を檀越とする寺院の住持就任にあたり、宥義が、中央の真言教学研鑽の拠点寺院（根来寺）に学んだ経歴は大きかったはずだ。

また、佐竹氏出身の彼が光明院に入寺したことは、将来を嘱望されており、その条件が中央での研

鑽であったともいえる。戦国期において、領主を檀越とし、その祈願を職分とする真言寺院の住持就任の例をみると、同様の事例は一般的でもある。

たとえば、宥義とほぼ同時代の下野国（栃木県）の皆川氏（藤原秀郷〔?〜九五八〕を祖とする名門）の一族で、膝付氏を出自とする玄宥（一五二九〜一六〇五）は、初度の「根来寺交衆」後、地元に戻り同氏の祈願寺・持明院（栃木県栃木市）の住持となった。しかし、玄宥は、程なく辞して根来寺に登り、やがて同寺学侶の最高指導者である能化職に就いている。

三　常陸を離れ、根来寺に「結衆」する宥義

秀吉軍に攻められ、壊滅する根来寺

宥義は、出家にあたり約束された光明院の社務職に就くため、常陸に戻った。彼がこのまま、佐竹氏累代の尊崇が厚く、その祈願を主務とする寺の住持として生涯を終えたならば、おそらく歴史上に名を遺すことはなかったであろう。

しかし、彼は先に触れた玄宥同様の道を選んだ。天正十二年（一五八四）五月に「常州佐竹太田社務之住」の「玄音房」＝宥義は、あらためて根来寺の往生院に結衆（目的をもって集まる）したのである（長谷寺所蔵「往生院結衆帳」）。

この「結衆」は、最初の「交衆」とは性格を異にする。すでに彼は根来寺をはじめ諸寺での修学を終えており、談義所で所化（修行中の僧）を指導できる能化の地位にあった。そうした僧が根来寺に戻るのは、いっそう高次元の修学を積むためか、あるいは高度の学問器量の裏づけとして、根来寺内で学侶指導者の地位を求めるためであった。

しかし、周知のように根来寺は、天正十三年三月に豊臣秀吉軍と対決し壊滅させられる。このとき、覚鑁、頼瑜以来の新義教学の伝統を継承していた能化職の小池坊専誉（一五三〇～一六〇四）と智積院玄宥をはじめ、多くの学侶らが根来寺を離れた。

やがて小池坊専誉は豊臣秀吉（一五三七～九八）から長谷寺（奈良県桜井市）を、智積院玄宥は徳川家康から京都の豊国寺（京都市東山区）の一部を与えられ、それぞれ小池坊と智積院（同）を再興し、全国の新義真言僧の中央における教学研鑽の場を確保した。

さらにキャリアアップを遂げる宥義

宥義は、こうした流れのなかで小池坊専誉に従った。

聖教（仏教の教えを記した典籍）の奥書類から宥義の動向を追うと、天正十四年二月一日には、醍醐寺報恩院（京都市伏見区）の雅厳から伝法灌頂（阿闍梨という指導者の位を授ける儀式）を受け、同月二十八日には醍醐寺境内の上醍醐で無量寿院堯雅の「伝法灌頂記録」を、同年四月には高雄山（京都市右京区）で「大疏聞書」を、それぞれ借覧して書写している。

天正十七年二月になると、紀伊国の高野山に赴き阿光坊忠実から許可灌頂を受け、同十九年十月上旬には京都に戻っている。そして、平等寺（因幡堂。京都市下京区）に寓居していた元根来寺の清浄光院住持であった頼心房性盛（小池坊専誉の次の長谷寺小池坊能化。尾張国出身。一五三七〜一六〇九）から三宝院流（醍醐寺三宝院門跡初代の勝覚〔一〇五七〜一一二九〕を祖とする教え）を受け、同流の重書（重要な書籍）の書写も許され、付法状（師が弟子に教法を授けたことの証明書）を与えられた。

のちに宥義が小池坊能化に就けたのは、この付法が意味をもったようである。

上方に在っても「社務職」を保持しつづける

上方で活動を続けていた宥義であるが、彼が残した天正十二年から同十九年の間の史料には、自らを「佐竹社務」と記すことが多い。彼は上方に在っても地元の佐竹八幡宮の社務職は保持していたのである。

「寶鏡院并八幡六供衆由緒書写」によると、宥義は「出歩」ので社務光明院は無主となり、八幡宮の祭祀に支障が生じた。そのため寶鏡院宥哲は、佐竹氏家臣の人見藤道（一五六五〜一六〇〇）と相談し、宥宝を社務光明院に住居させた。しかし、宥義は他国に赴くときには、光明院が相承してきた経論・聖教・印信類をすべて携行したので、宥宝はやむなく宥哲から付法を受けたとしている。

社務職は存在しながらも、長期の留守が続いていた佐竹八幡宮の運営状況が垣間見られて興味深い。宥義に限らず、当時の東国では、一寺の住持職を保持したまま、上方で活動を続けた僧は少なくない。そうしたケースの寺院運営の実態をうかがえる好例となろう。

四　佐竹氏の秋田転封と、祈願寺・菩提寺の行方

佐竹八幡宮の遷宮と争論

根来寺壊滅後も、上方で活動を続けていた宥義は、文禄元年（一五九二）十一月までに常陸に戻った。

同三年七月、「権大僧都宥義」は、「常陸江戸吉田山」（吉田山薬王院。茨城県水戸市元吉田町）で佐久山方の伝法灌頂を執行している。吉田山は江戸氏が領主の時代には天台寺院の薬王院であったが、佐竹氏が江戸氏を追放し水戸に進出すると（一五九〇年）、新義真言宗となり、佐竹氏祈願寺の一乗院に替えられた寺院である（佐竹氏が秋田に転封後は、天台宗寺院に戻っている）。

『豊山傳通記』には、慶長三年（一五九八）春に佐竹氏の前当主・義重（一五四七～一六一二）が、宥義を太田から水戸に勧請された八幡宮の社務光明院住持に迎えたと記されているため、彼は同年に常陸に戻ったようにも理解できる。しかし、水戸の八幡宮の勧請は文禄元年であり、慶長三年に本殿

が建立されている。

「寶鏡院并八幡六供衆由緒書写」には、八幡宮の遷宮をめぐり寶鏡院宥哲と宥義の間に争論(そうろん)があったとしている。佐竹氏の水戸進出とともに、八幡宮の水戸遷宮が予定されたならば、社務の職責は重大である。宥義の帰国の理由は、この動きに合わせたもので、遷宮にかかわる諸事を仕切ったものと思われる。

佐竹義重の子息・義宣(よしのぶ)（一五七〇～一六三三）は、本殿の建立(こんりゅう)が成った慶長三年九月十三日付で、宥義の申請に応じて、社務に八幡宮社内と八幡宮付の六口供僧(ろっくぐそう)（八幡宮の祭祀、法会を執行する六人の僧）の支配を安堵(あんど)している（「秋田藩家蔵文書」五八・寺社文書上）。宥義の長期間の留守にもかかわらず、檀越(だんおつ)佐竹氏の信任は厚かった。

あらためて水戸の八幡宮社務職を安堵された宥義だが、しばらくするとまたもや常陸を離れ、やがて新義真言宗の総本寺である長谷寺小池坊の脇(わき)能化（副長老）に就任する。この間の経緯はほとんど明らかではないが、宥義が天下人・徳川家康の知遇を得たことが大きかったようである。

国替後も、水戸の八幡宮社務として残る宥義

佐竹義宣は、慶長七年に家康から突然秋田への国替(くにがえ)を命ぜられた。この事態は、同氏を檀越とする諸寺にとっては死活問題であった。佐竹氏の水戸進出にともなう移転では、既存寺院の利用や新規の

造営により堂舎も確保され、所領面でも太田時代と同様の処遇を受けた。

しかし、秋田転封は大幅な減封をともない、なによりも遠境の地である。水戸に残っても、八幡宮に限らず、佐竹氏祈願寺の寶鏡院や一乗院、そして菩提寺の天徳寺らが、新たに入部してくる領主と佐竹氏同様の関係を結べるとは限らない。むしろ、諸大名は佐竹氏と同様に、以前から特定の祈願寺・菩提寺を抱えており、国替にはそれらを随伴することが常態であったからである。

慶長七年六月二十日付で、佐竹義宣が水戸の祈願寺・寶鏡院宥哲に宛てた書状によると、佐竹氏と寺檀関係を結んでいた諸寺家は、秋田への随伴を願っていた。しかし義宣は、「遠境」と知行の「少分」を理由に、常陸に残るよう説得している。

結局は、祈願寺や菩提寺、そして佐竹氏氏神の八幡宮らは、住持自ら、あるいは弟子らが秋田に移り、城下に堂社を設けて常陸時代と同様の関係を維持した。そして領主の権威を背景に、秋田藩（久保田藩）内でもそれぞれの宗派寺院の頂点にありつづけたのである。

秋田に勧請された八幡宮も、慶長十八年ごろには、社務光明院の客殿・院家（住持の居所）が建てられている。宥義は、法弟（同じ師匠の弟子であるが、自分よりも後に弟子となった僧）と思われる宥増を佐竹義宣に随従させて秋田八幡宮（現在の秋田八幡神社。久保田城内にあったが、秋田市中通二丁目の地を経て、明治三十二年〔一八九九〕に秋田市千秋公園に移転）の社務とした。

自分は水戸の八幡宮社務として残ったが、その永続のためには新たな檀越や所領の獲得などが必要であり、課題も多かったと思われる。そうしたなかで、徳川家康とのつながりが浮かんでくる。

五　家康とつながり長谷寺小池坊の長老となる

小池坊の後継者をめぐる争論

水戸の八幡宮は、慶長七年（一六〇二）十一月二十五日に、徳川家康から社領三百石を寄進された。実態は佐竹氏時代の旧領安堵であり、家康が常陸の諸寺社に宛てた一環でもある。ともかく、新領主の家康五男・武田（松平）信吉（一五八三〜一六〇三）の下で、経済的基盤を確保し存続の途を確保したといえる（まもなく信吉が病死したため、すぐに当時二歳の家康十男・徳川頼宣〔一六〇二〜七一〕が入封）。その後しばらくの間、宥義の動向は定かでないが、慶長十五年になると、宥義は光明院が帰属する新義真言宗の総本寺・長谷寺小池坊能化の後継をめぐる争論のなかに登場する。

小池坊の能化は、根来寺から長谷寺に入り、秀吉の助力によって同坊を再興した専誉の没後は、先にも触れたように、京都の平等寺で宥義も伝授を受けていた性盛が跡を継いだ。性盛は慶長十四年七月十六日に没したが、すぐに後継をめぐる争いが生じた。結果として能化になったのは、空鏡房栄範（土佐国出身。元は長宗我部氏の祈禱寺・常通寺住持。同寺は高知県南国市にあったが現在は廃寺）であった。

栄範の就任後も長谷寺学侶の一部には不満が残り、徳川家康にその正統性をめぐる訴訟がなされた。これを受けて家康は、慶長十五年六月になり、将来の能化は宥義に継承させることを条件に栄範の地位を認め、宥義をまず「脇能化」に任じたのである。宥義が脇能化に推された理由、訴訟との絡みは未詳の点が多いが、無縁であったはずはない。

いったんは、家康によって収拾されたかにみえた問題は、同年九月になり栄範が宥義を住まわせることにした長谷寺内の北坊で、それまで居住していた坊主の扱いをめぐって再度紛糾する。この問題はさまざまな要因が錯綜しており、簡単には説明できない。

しかし、宥義は徳川家康の権威を後ろ楯にして、能化就任を確実にした。宥義はこのころには駿府（静岡市）におり、家康の下で寺院訴訟の問題を扱っていた臨済僧の金地院崇伝（一五六九〜一六三三）らと結び争論に対処していたようである。

前任者を追い出し「能化職」を継承

宥義が脇能化になってからも、栄範は能化として学侶指導にあたり、伝授なども続けていた。

この間も宥義は、能化の後継として、慶長十六年春には二条城（京都市中京区）で家康に謁して、長谷寺の由緒を語っている。さらに翌十七年二月には、江戸に下向して第二代将軍の徳川秀忠（一五七九～一六三二）に謁した。このときは、臨済宗僧侶の円光寺元佶（一五四八～一六一二）と金地院崇伝が、家康側近の本多正信（一五三八～一六一六）に宥義を執り成している。

江戸から駿府に戻った宥義は、同年四月十九日に家康に謁したが、この場で家康に長谷寺小池坊をめぐる一連の様子を報告したようである。それを受けて、家康は栄範の行状に不審を抱き、宥義に栄範を長谷寺から追い出すように命じた。これを受けて宥義は、七月初旬までに小池坊に移住し、能化職を継承している。

諸宗や寺院の統制を強化する家康

宥義が、檀越の佐竹義宣とともに秋田に赴いていたならば、新義真言宗総本寺・長谷寺小池坊の能化職就任の機会はなかった。能化職就任は、宥義にとって得意満面ともいうべきことであった。ただそれがたんに、家康の政治力によったと理解するのは不可である。専誉や性盛の能化就任には、天下人の秀吉や家康は関与していない。それまでは、根来寺や長谷寺の学侶たちから、根来寺における長年の修学成果と、学侶指導のうえで秀でた器量を評価された僧が、前任の能化から推されて就任するのが通例であった。

しかし、家康は大名に対する政治支配力を強固にすると、寺院法度などをとおして、諸宗や寺院の統制を強化した。一宗派の本山や、古来より由緒のある寺院などの住職就任には、自己の承認を必要とさせたのである。この力が小池坊、そしてもうひとつの総本寺である京都の智積院能化の決定に及びはじめた。宥義の能化就任は、その始期にあたったのである。

六　思わぬ〝落とし穴〟から能化職を解任される

篤い信任のもと、強い支配力を行使

能化に就任した宥義は、徳川家康の権威をもって、長谷寺内での能化の地位の強化を図った。それまでの長谷寺領三百石は、豊臣秀吉が文禄四年（一五九五）九月二十一日に「長谷寺」に宛てた朱印状によるものであった。

宥義は慶長十七年（一六一二）五月十三日になって、家康からの寺領の宛所を「長谷寺小池坊」に改めて再寄進してもらった。同年十月四日には、家康から小池坊を宛所とする「長谷寺法度」を発給された。いずれも、寺領配分や長谷寺内部の統制に対する小池坊の強い権限を保証するもので、家康の篤い信任があってこそ実現したものであった。

また、小池坊には、代々の能化が伝承してきた中性院流（真言宗・醍醐三宝院流の一派。醍醐寺中性院の学匠・頼瑜が報恩院流の祖である憲深〔一一九二～一二六三〕に学び、地蔵院流の実勝〔一二四一～九二〕に師事して一派を成した教え）の聖教（経典）を収めた「黒皮籠」がある。

しかし、後継者をめぐる混乱のなかで、栄範が持ち出してしまったために、その返還が問題になっていた。宥義は、板倉勝重（一五四五〜一六二四）や円光寺元佶、そして金地院崇伝ら、家康の下で寺院統制を管掌した者と提携して問題の解決に取り組んでいる。

家康の不興を招いた「水戸八幡宮」の一件

家康の信認を背景に、宥義の長谷寺運営は順調のようにみえたが、思わぬ落とし穴が待っていた。宥義は、小池坊の脇能化になったときには水戸八幡宮の社務職を離れていた。天下人・家康ともつながりをもった前社務の宥義は、八幡宮にとって頼りがいのある存在であった。それを示すように、長谷寺が家康から寺領寄進の朱印状を発給された日と同日付で、水戸八幡宮は家康からあらためて社領の朱印状を発給された。

しかも、宛所は「佐竹八幡宮光明院」と変わっていた。慶長七年時の宛所との差異の構図は、長谷寺寺領の朱印状の場合と同様である。八幡宮領朱印状の再交付に宥義が尽力したことは明らかであり、その目的も、長谷寺同様に社務光明院のいっそうの八幡宮支配の強化をめざしたものであろう。

自らを宛所とする新しい朱印状を受けた水戸八幡宮の光明院宥純は、これを盾に神主出雲や六口供僧らに強圧的な態度に出た。また五十石が社務領として配分されていたにもかかわらず、造営免宛の百石も支配しようとした。これに反発した神主出雲や供僧らの本寺・寶鏡院宥精らは、慶長十八年に宥純の専恣（わがまま）を徳川家康に訴えた。

同年九月八日になって駿府の家康御前で裁許があったが、宥義も前社務として呼び出された。結果は社務側の敗北だった。宥純は水戸代官の芦沢信重（一五七七〜一六四七）に預けられ、前年十七年に交付された朱印状は没収された（『本光国師日記』）。宥義に処罰はなかったものの、家康の不興を招いたことは疑いない。以後、宥義は必死に状況の挽回を画策したが、好転しないままに小池坊能化を解任されることになる。

「改易」後、長谷寺内に閑居する宥義

宥義は社務支配の正統性を認めさせるべく、本寺の寶鏡院側の証拠文書を謀書と見なして、各方面に働きかけをしている。

秋田藩主の佐竹義宣、家康の下で寺院訴訟関係の実務を担っていた金地院崇伝、家康や秀忠の御祈禱も執行し、新義真言宗内に強い影響力をもっていた知足院（徳川将軍家の祈禱寺・護持院の前身〔文京区湯島〕）の光誉らに懸命に働きかけた。

また、慶長十九年五月ごろには駿府に下り、六月ごろには宥義と社務の宥純には越度（違反）はないとする書付を含む目安（訴状）を、某僧に出させるなどの工作も重ねた。さらに七月になると、長谷寺から家康への執り成しを願う書状を崇伝に送ったが、家康は無視したままだった。

状況に変化のないまま、元和元年（一六一五）六月上旬に家康は宥義を「改易」に処した（『義演准后日記』同年閏六月十五日条）。水戸八幡宮内の争論以来の所業を理由に、新義真言宗内における僧侶集団の最高権威・本山能化職を奪ったのである。

宥義はただちに追放されたわけではないが、「改易」後程なく、かつて家康から学問料を与えられていた京識房秀算が、脇能化に任ぜられて小池坊の後継に決定した。宥義は翌年（一六一六）の十二月半ば、能化の最重要の職務である冬の報恩講を主催した後に、能化職を秀算に渡して隠居の身となり、長谷寺内の月輪院に閑居した。

おわりに——時代は〝中世から近世へ〟

天下人・家康の権威は、宥義を能化の地位に就け、総本寺・長谷寺小池坊の地位を確立させたが、反対にも強烈に作用することを知らしめた。こうした面でも、時代は確実に中世から近世を迎えていたのである。

「小池坊閑居」の宥義が、元和三年（一六一七）七月二十一日付で、法弟である秋田の八幡宮社務の宥増に送った書状には、知足院光誉の印象的な言葉が記されている。宥義は、長谷寺を訪れた知足院光誉と、先の訴訟の顚末を語り合った。

そのときに光誉は、「どうも御公儀（将軍家）との交渉事は、たやすく、都合よくいかないものだ」と言ったというのである。光誉は徳川秀忠乳母（うば）の子で、その後援により家康・秀忠の御祈禱を勧め、知足院は将軍家の祈禱寺筆頭の地位を確立した。

さらに光誉は将軍家の権威を背景に、真言宗内にも強い発言力を振るった。光誉の言葉は、彼以上に宥義の実感にほかならなかったはずである。

一方で宥義は、「今の様子は貧楽というようなもので、安らいだ境地にある」と、現在の心境を漏らしている。さらに、上洛した佐竹義宣が、高野山に参詣することを藩家老の向宣政（一五六〇～一六一八）から知らされて、「私も都合がつくならば、高野へ向かう義宣の許に参上して、尊顔を拝するつもりだ」と結んでいる。宥義は、最後まで主家を思う佐竹氏の人であったといえる。

元和四年七月十七日、宥義は月輪院にて七十三歳の波瀾の生涯を閉じた。

【主要参考文献】

茨城県史編集委員会監修『茨城県史　中世編』（茨城県、一九八六）
櫛田良洪『専誉の研究』（山喜房仏書林、一九七六）
坂本正仁「秋田藩家蔵文書五八「寺社文書　上」」及び同文書解説（茨城県史編集委員会監修『茨城県史料　中世編』所収、茨城県、一九九四）

同「専誉没後の長谷寺の動向」（林亮勝・坂本正仁著『長谷寺略史』所収、真言宗豊山宗務所、一九九三）
同「宥義と徳川家康」（林亮勝・坂本正仁著『長谷寺略史』所収、真言宗豊山宗務所、一九九三）

【付記】本稿執筆にあたり、佐々木倫朗氏から佐竹氏の系図や佐竹氏一族内における佐竹北家の地位についてご教示をいただいた。深謝申し上げたい。

常陸佐竹氏関連略年表

＊作成：千葉篤志・編集部

和暦	西暦	事項
寛治元	一〇八七	源義光が出羽へ向かい、「後三年合戦」（一〇八三～八七年）に参加。
寛承元	一一〇六	六月、常陸国で源義光と源義国が抗争（「常陸国合戦」）。
治承四	一一八〇	八月、源頼朝が伊豆で挙兵。**十一月、「金砂合戦」が勃発し、佐竹秀義が源頼朝の軍勢に敗北。**
文治五	一一八九	七月、源頼朝が奥州藤原氏を攻める（「奥州合戦」）。佐竹秀義が宇都宮で源頼朝の軍勢に参加。
承久三	一二二一	五月、「承久の乱」が勃発。佐竹氏が北条泰時の率いる東海道軍に従軍。
寛元三	一二四五	この頃、**佐竹義重（重義。秀義の嫡男）が常陸介に任官。**
元弘三	一三三三	五月、鎌倉幕府が滅亡。六月、後醍醐天皇の「建武の新政」が開始。
建武二	一三三五	七月、「中先代の乱」が勃発。同月、佐竹貞義が北条時行の軍勢と武蔵国鶴見で合戦。八月、佐竹貞義が北条時行の軍勢と遠江国小夜中山で合戦。
延元元 建武三	一三三六	二月、佐竹貞義が楠木正家の籠もる瓜連城を攻撃。八月、佐竹義篤（貞義の嫡男）が瓜連城を攻撃。十一月、足利尊氏が建武式目を制定し、室町幕府が成立。十二月、後醍醐天皇が京都から吉野に移り、南朝が成立。同月、佐竹義篤が瓜連城を攻略。
延元二 建武四	一三三七	**三月、佐竹貞義が足利尊氏から陸奥国雅楽荘の地頭職を与えられる。**七～九月、小瀬義春（貞義の子）が亀谷城を攻撃。

貞和元 興国六	一三四五	八月、後醍醐天皇の供養の儀が京都・天龍寺で行われ、佐竹師義（貞義の子。山入佐竹氏の祖）と佐竹義長（美濃佐竹氏）が参列。
貞和二 正平元	一三四六	**五月、佐竹貞義が足利尊氏から常陸国田中荘の地頭職を与えられる。**
観応元 正平五	一三五〇	十月、「観応の擾乱」（一三五〇～五二年）が勃発。
文和元 正平七	一三五二	九月、佐竹貞義が死去し、義篤が家督と常陸守護職を継承。
文和三 正平九	一三五四	この頃から佐竹義篤が室町幕府の侍所頭人として活動（～延文二年〔一三五七〕）。
応永十四	一四〇七	**九月、佐竹義盛が死去し、関東管領・上杉憲定の次男・龍保丸（義憲・義仁・義人）が養子となり、佐竹氏の家督を継承。山入与義らが龍保丸の家督継承に反対し、義盛の弟・義有を推して対抗（「佐竹の乱」の勃発）。**
応永二十三	一四一六	十月、「上杉禅秀の乱」が勃発。
応永三十	一四二三	**六月、室町幕府が山入祐義（与義の子）を常陸守護に任命。**
応永三十一	一四二四	室町幕府と鎌倉公方・足利持氏が和睦。
応永三十二	一四二五	**閏六月、足利持氏が佐竹義人と山入祐義を常陸半国守護に任命するように室町幕府へ要請。**
応永三十四	一四二七	江戸氏が大掾氏領に侵攻し水戸城を奪取。

永享十	一四三八	八月、「永享の乱」が勃発。
永享十二	一四四〇	三月、「結城合戦」が勃発（翌年四月に終結）。
享徳元	一四五二	**佐竹義頼（義俊）と弟の実定の抗争が勃発（「五郎・六郎合戦」）。**
享徳三	一四五四	十二月、鎌倉公方・足利成氏が関東管領・上杉憲忠を殺害し、「享徳の乱」が勃発。
寛正三	一四六二	佐竹義人の妻（義盛の娘）の死去により、常陸太田に天徳寺が建立される。
寛正六	一四六五	佐竹実定が死去し、嫡子の義実が家督を継承。
応仁元	一四六七	佐竹義頼・義治父子が佐竹義実を水戸城へ退去させ、常陸太田城へ帰還。義頼は義治に家督を譲渡して、義俊と改名。十二月、佐竹義人が死去。
文明十一	一四七九	佐竹義実が死去。
文明十四	一四八二	十一月、室町幕府と古河公方・足利成氏が和睦（「文明の都鄙和睦」）。
延徳二	一四九〇	**四月、佐竹義治が死去し、嫡男・義舜が家督を継承。閏七月、山入義藤・氏義父子が常陸太田城を攻撃し、義舜が孫根城へ逃亡（「山入の再乱」）。**
明応二	一四九三	**十月、岩城氏の仲介により、山入氏義と佐竹義舜が和睦（「明応の和議」）。**
永正元	一五〇四	六月、佐竹義舜が常陸太田城に帰還。**十二月、山入氏義が小田野義正に討滅され、「佐竹の乱」が終結。**
永正七	一五一〇	十二月、佐竹義舜が江戸通雅・通泰父子と起請文を交わし、江戸氏の地位を「一家同位」とする。
永正十四	一五一七	**三月、佐竹義舜が死去し、嫡男・義篤が家督を継承。**

享禄二	一五二九	**十月、佐竹義篤の弟・佐竹（宇留野）義元が小貫俊通の守備する部垂城を攻略（「部垂の乱」の勃発）。**
天文九	一五四〇	**三月、佐竹義篤が部垂城を攻略し、「部垂の乱」が終結。**
天文十	一五四一	十月、岩城氏の仲介により佐竹氏と白川氏が和睦。
天文十四	一五四五	**四月、佐竹義篤が死去し、嫡男・義昭が家督を継承。**
天文十六	一五四七	八月、佐竹氏と江戸氏の抗争が勃発。
天文二十	一五五一	六月、佐竹氏と江戸氏が和睦。
永禄三	一五六〇	九月、長尾景虎（上杉輝虎・謙信）が関東に出兵。
永禄六	一五六三	二月、佐竹義昭が大掾貞国の姉（または妹）と婚姻。
永禄七	一五六四	正月、佐竹義昭が上杉輝虎とともに小田城を攻略。六月、佐竹義昭が府中城に入城。同月、江戸忠通が死去。
永禄八	一五六五	**十一月、佐竹義昭が死去し、嫡男・義重が後継者となる。**
永禄九	一五六六	六月末、大掾氏家臣団が大掾昌幹（佐竹義昭の弟）を追放。
永禄十二	一五六九	正月、佐竹義重が小田領へ侵攻。二月、佐竹氏が関宿城救援のため、「越相同盟」交渉中の上杉輝虎に関東出兵を要請。閏五月、「越相同盟」が締結。**十一月、「手這坂の戦い」が勃発。**
元亀二	一五七一	冬頃、「越相同盟」が崩壊し、「甲相同盟」が締結。
天正二	一五七四	閏十一月、「第三次関宿合戦」が終結し、北条氏が関宿城を攻略。
天正三	一五七五	**十一月、織田信長が佐竹義重へ「天下布武」の印が捺された朱印状を送る。**

天正四	一五七六	**六月、佐竹義重が従五位下常陸介に叙任される。**
天正六	一五七八	三月、上杉謙信が死去。同月、「御館の乱」が勃発（翌年三月に終結）。六月、**「小河台（小川台）合戦」が勃発。八月、佐竹氏と白川氏が和睦し、義重の次男・喝食丸（のちの義広）が白川義親の養子となる。**
天正七	一五七九	**佐竹氏と蘆名氏が和睦。**
天正九	一五八一	**三月、前年からの「御代田合戦」が終結。四月、南奥方面で「惣無事」が成立。**
天正十	一五八二	三月、武田勝頼の自害により、武田氏が滅亡。六月、「本能寺の変」が勃発。同月、「神流川合戦」が勃発。七～十月、旧武田領国の領有をめぐる上杉・北条・徳川の抗争（「天正壬午の乱」）が勃発。
天正十二	一五八四	三月、「小牧・長久手の戦い」が勃発。**五月、「沼尻合戦」が勃発。七月、佐竹氏・宇都宮氏が北条氏と和睦し、「沼尻合戦」が終結。**十月、蘆名盛隆が死去。同月、伊達輝宗が政宗に家督を譲渡。
天正十三	一五八五	八月、「第一次府中合戦」が勃発。十月、伊達輝宗が死去。**十一月、「人取橋の戦い」が勃発。**
天正十四	一五八六	十一月、蘆名亀若丸が死去。同月、佐竹義重と結城晴朝の仲介により江戸氏と大掾氏が和睦し、「第一次府中合戦」が終結。
天正十五	一五八七	二月、白川義広（佐竹義重の次男）が蘆名氏の家督を継承。
天正十六	一五八八	二月～三月、「第二次府中合戦」が勃発、五月初に終結。**六月～七月、「郡山合戦」が勃発。**
天正十七	一五八九	**正月、佐竹義宣が家督を継承。六月、「磨上原の戦い」が勃発し、蘆名義広は常陸へ逃亡。**十一月、秀吉が北条攻めを決定。

天正十八	一五九〇	**五月末、佐竹義宣が小田原に参陣。**七月、小田原北条氏が滅亡。八月、豊臣秀吉により、**佐竹氏が常陸・下野両国内の当知行分の支配を承認される。**十二月、**佐竹氏が江戸氏を攻撃し、水戸城を攻略。同月、佐竹氏が府中城の大掾氏を攻撃し、大掾氏が滅亡。**
天正十九	一五九一	**二月、佐竹氏が鹿島郡・行方郡の領主たちを常陸太田城下で謀殺。**同月、佐竹義宣が額田城の小野崎昭通を攻撃、昭通は逃亡して伊達政宗を頼る。**三月、佐竹義宣が水戸城へ移る。**六月、豊臣政権が佐竹氏に九戸城へ二万五千人の軍勢派遣を命じる。
文禄元	一五九二	**一月、佐竹義宣が約三千人の軍勢を率いて、肥前国名護屋へ向かう。**四月、豊臣秀吉の朝鮮出兵（文禄の役）が開始。
文禄二	一五九三	閏九月、佐竹義宣が肥前国名護屋から水戸に帰還。
文禄三	一五九四	**十月〜十二月、佐竹氏領で太閤検地が実施される。**
文禄四	一五九五	**六月、太閤検地により、佐竹義宣が豊臣政権から五十四万五千石の所領を安堵される。七月〜九月、佐竹義宣が全領内に知行宛行状を発給し、新たな知行割を行い、家臣団の大幅な配置転換を実施。**
慶長五	一六〇〇	九月、関ヶ原合戦が勃発。
慶長七	一六〇二	三月、佐竹義宣が上洛。**五月頃、佐竹氏の出羽国秋田への転封が決まる。**七月、**徳川家康が佐竹義宣に「秋田・仙北」の支配を認めた領地安堵状を与える（久保田藩の成立）。**
慶長八	一六〇三	二月、徳川家康が征夷大将軍に任官される。

執筆者・編者紹介（五十音順）

泉田邦彦　いずみた・くにひこ

一九八九年、福島県出身。東北大学大学院文学研究科歴史科学専攻博士後期課程在籍。現在、石巻市教育委員会複合文化施設開設準備室主事。「戦国期佐竹氏権力と流通―過所と荷留の事例から―」（『地方史研究』四〇六、二〇二〇年）、「南奥における戦国期権力の形成と展開―岩城氏権力と所務相論―」（『歴史』一三五、二〇二〇年）、西村慎太郎・泉田邦彦編『大字誌両竹』一・二（蕃山房、二〇一九・二〇二〇年）ほか。

今泉　徹　いまいずみ・とおる

一九六八年、千葉県出身。國學院大學大学院文学研究科日本史学専攻博士課程後期単位修了満期退学。現在、東京都立葛飾商業高等学校教諭。「戦国期佐竹氏の権力確立と鹿島神宮」（二木謙一編『戦国織豊期の社会と儀礼』吉川弘文館、二〇〇六年）、「戦国期佐竹南家の存在形態」（佐藤博信編『中世東国の政治構造』、岩田書院、二〇〇七年）、「関宿合戦の諸段階―佐竹・宇都宮氏の動向を中心に」（『野田市史研究』二〇号、二〇〇九年）ほか。

坂本正仁　さかもと・まさひと

一九四九年、栃木県出身。大正大学大学院文学研究科博士課程仏教学（仏教史学）専攻単位取得満期退学。元大正大学文学部教授。現在、大正大学名誉教授。著書に『長谷寺略史』（共著。真言宗豊山派宗務所興教大師八百五十年御遠忌記念事業委員会、一九九三年）、『茨城県史料　中世編Ⅲ～Ⅵ』（資料翻刻・解題。茨城県、一九九〇～九六年）、『中性院頼瑜年譜』（監修。人間舎、二〇一八年）ほか。

佐々木倫朗　ささき・みちろう

編者。

一九六六年、静岡県出身。筑波大学大学院博士課程歴史・人類学研究科中退。博士（文学）。現在、大正大学文学部教授。『戦国期権力佐竹氏の研究』（思文閣出版、二〇一一年）、『戦国遺文　下野編』第一巻・第二巻・第三巻（共編。東京堂出版、二〇一七～一九年）、『常陸佐竹氏』（編著。戎光祥出版、二〇二一年）ほか。

柴　裕之　しば・ひろゆき

一九七三年生まれ。東京都出身。東洋大学大学院文学研究科博士後期課程満期退学、博士（文学）。現在、東洋大学文学部非常勤講師。著書に単著『戦国・織豊期大名徳川氏の領国支配』（岩田書院、二〇一四年）、同『織田信長─戦国時代の「正義」を貫く』（平凡社〈中世から近世へ〉、二〇二〇年）、編著『図説 豊臣秀吉』（戎光祥出版、二〇二〇年）ほか。

関　周一　せき・しゅういち

一九六三年、茨城県出身。筑波大学大学院博士課程歴史・人類学研究科単位取得退学。博士（文学）。現在、宮崎大学教育学部教授。著書に『中世日朝海域史の研究』（吉川弘文館、二〇〇二年）、『朝鮮人のみた中世日本』（吉川弘文館、二〇一三年）、『中世の唐物と伝来技術』（吉川弘文館、二〇一五年）ほか。

高橋　修　たかはし・おさむ

一九六四年、埼玉県出身。神戸大学大学院文化学研究科博士後期課程中退。博士（文学）。茨城大学人文社会科学部教授。著書に『中世武士団と地域社会』（清文堂出版、二〇〇〇年）、『信仰の中世武士団 湯浅一族と明恵』（清文堂出版、二〇一六年）、『戦国合戦図屏風の歴史学』（勉誠出版、二〇二一年）ほか。

千葉篤志　ちば・あつし

編者。

一九八一年、千葉県出身。日本大学大学院文学研究科博士課程満期退学。現在、日本大学文理学部人文科学研究所研究員。「和田昭為の政治的位置に関する一考察─文禄期以前を中心に─」（『十六世紀論叢』第八号、二〇一七年）、「天正六年の佐竹氏と白河結城氏の和睦に関する一考察」（渡邊大門編『戦国・織豊期の諸問題』歴史と文化の研究所、二〇一八年）、「文禄期の結城朝勝の政治的位置について」（『研究論集 歴史と文化』第五号、二〇一九年）ほか。

中根正人　なかね・まさと

一九八六年、茨城県出身、國學院大學大学院文学研究科史学専攻博士課程前期修了。現在、国立大学法人筑波技術大学職員。『常陸大掾氏と中世後期の東国』（岩田書院、二〇一九年）、「戦国期の東関東─真壁氏と佐竹氏の関係を中心に」（戦国史研究会編『戦国時代の大名と国衆─支配・従属・自立のメカニズム』戎光祥出版、二〇一八年）、「中世後期志筑益戸氏の系譜と代替わり」（『國史学』二三一、二〇二〇年）ほか。

森木悠介　もりき・ゆうすけ

一九八七年、茨城県出身。茨城大学大学院人文科学研究科修士課程修了。現在、東海村立図書館司書（会計年度任用職員）。「戦国期佐竹氏の代替わりについて―義重から義宣への家督交代を中心に―」（『茨城県立歴史館報』第四三号、二〇一六年）、「戦国期佐竹氏の南奥進出」（高橋修編『佐竹一族の中世』高志書院、二〇一七年）ほか。

監　修

日本史史料研究会　にほんししりょうけんきゅうかい

二〇〇七年、歴史史料を調査・研究し、その成果を公開する目的で設立。主な事業としては、①定期的な研究会の開催、②専門書籍の刊行、③史料集の刊行、を行っている。また、一般の方々を対象に歴史講座を開講し、同時に最新の研究成果を伝えるべく、一般書の刊行も行っている。主な一般向けの監修・編集書籍に『信長研究の最前線』『初期室町幕府研究の最前線』（洋泉社歴史新書y）、『日本史を学ぶための古文書・古記録訓読法』（苅米一志著。吉川弘文館）、『室町幕府全将軍・管領列伝』（平野明夫編。星海社新書）、『家司と呼ばれた人々』（中脇聖編。ミネルヴァ書房）などがある。

＊監修・編者のプロフィールは、P333～335に掲載

編集協力：藤原清貴・武石正昭
図版作成：グラフ
組版：キャップス

戦国佐竹氏研究の最前線

せんごくさたけしけんきゅうのさいぜんせん

2021年3月16日　第1版第1刷印刷
2021年3月26日　第1版第1刷発行

監　修　日本史史料研究会
編　者　佐々木倫朗・千葉篤志
発行者　野澤武史
発行所　株式会社山川出版社
東京都千代田区内神田1－13－13　〒101－0047
電話　03(3293)8131(営業)
03(3293)1802(編集)
印　刷　株式会社太平印刷社
製　本　株式会社ブロケード
装　丁　黒岩二三[Fomalhaut]

https://www.yamakawa.co.jp/

ISBN 978-4-634-15181-9